Informatik-Fachberichte 134

Herausgegeben von W. Brauer
im Auftrag der Gesellschaft für Informatik (GI)

Organisation und Betrieb der verteilten Datenverarbeitung

7. GI-Fachgespräch über Rechenzentren
München, 5. – 6. März 1987

Herausgegeben von F. Peischl

Springer-Verlag
Berlin Heidelberg New York
London Paris Tokyo

Herausgeber

Ferdinand Peischl
Leibniz-Rechenzentrum der
Bayerischen Akademie der Wissenschaften
Barer Str. 21, 8000 München 2

CR Subject Classifications (1987): K.6

ISBN 3-540-17222-X Springer-Verlag Berlin Heidelberg New York
ISBN 0-387-17222-X Springer-Verlag New York Berlin Heidelberg

CIP-Kurztitelaufnahme der Deutschen Bibliothek. Organisation und Betrieb der verteilten Daten-
verarbeitung / 7. GI-Fachgespräch über Rechenzentren, München, 5. – 6. März 1987. Hrsg. von
F. Peischl. – Berlin; Heidelberg; New York; Tokyo: Springer, 1987.
(Informatik-Fachberichte; 134)
ISBN 3-540-17222-X (Berlin ...)
ISBN 0-387-17222-X (New York ...)
NE: Peischl, Ferdinand [Hrsg.]; Fachgespräch über Rechenzentren ‹ 07, 1987, München › ;
Gesellschaft für Informatik; GT

Repro– u. Druckarbeiten: Weihert-Druck GmbH, Darmstadt
Bindearbeiten: Druckhaus Beltz, Hemsbach/Bergstraße
2145/3140–543210

VORWORT

Die Gesellschaft für Informatik war schon immer bestrebt, auch auf Fragen der betrieblichen Praxis einzugehen. Die seit der Gründung der Gesellschaft gewachsene Organisationsstruktur spiegelt dies wider. Während in den Fachausschüssen, Fachgruppen und Arbeitskreisen der Fachbereiche 4 mit 6 (Informatik in Technik, Wissenschaft und Medizin; Informatik in der Wirtschaft; Informatik in Recht und Öffentlicher Verwaltung) unter anderem spezielle Anwendungen behandelt werden, befaßt sich die Fachgruppe "Betrieb von Rechenzentren" und der namensgleiche Fachausschuß im Fachbereich 3 "Architektur und Betrieb von Rechensystemen" allein mit den mannigfaltigen in der Praxis auftretenden Problemen beim Betrieb von DV-Systemen. Die Fachgruppe veranstaltet im zweijährigen Turnus Fachgespräche über Rechenzentren. Das erste wurde auf Initiative von A. Schreiner 1975 in Karlsruhe gehalten. Die weiteren fanden 1977 in Göttingen, 1979 in Bonn, 1981 in Erlangen, 1983 in Tübingen und 1985 in Kassel statt. Die Ergebnisse dieser Tagungen sind in den Informatik-Fachberichten Band 2, 15, 19, 46, 69 und 96 niedergelegt.

Das 7. Fachgespräch über Rechenzentren am 5. und 6. März 1987 in München, gemeinsam ausgerichtet vom Leibniz-Rechenzentrum der Bayerischen Akademie der Wissenschaften und dem Institut für Informatik der Technischen Universität München, hat die verteilte Datenverarbeitung, aufgeteilt in die Themenkreise

verteilte DV-Anwendungen und

(Daten-)Netze,

zum Hauptthema. Der

Mißbrauch von DV-Systemen

ist im Zusammenhang mit der verteilten Datenverarbeitung stark in den Vordergrund gerückt und bildet daher einen eigenen in der Tagung behandelten Themenkreis. Der Ausschuß vertritt einmütig die Meinung, daß auch bei zunehmend verteilter Datenverarbeitung die

Rechenzentrums-Automatisierung

weiterhin von großer Wichtigkeit ist und bei einem Fachgespräch über Rechenzentren nicht fehlen darf. Der Programmausschuß schätzte sich glücklich, daß viele Vortragsanmeldungen aus Industrie und Wirtschaft eingingen, so daß es, wie er glaubt, gelang, eine "gute Mischung" der Vorträge aus universitärem und nicht-universitärem Bereich zusammenzustellen, was bitte nicht als Gegensatz, sondern als Symbiose verstanden werden soll. Bezeichnend ist, daß zum Hauptthema keine Vorträge aus dem Bereich der Öffentlichen Verwaltung angemeldet wurden.

Der größte Dank ist den Vortragenden auszusprechen, die mit viel zusätzlichem Arbeitsaufwand ihr praktisches Wissen und ihre Erfahrung systematisiert zusammengefaßt und sie in diesen Tagungsband eingebracht haben. Meinen Kollegen im Programmausschuß möchte ich für ihr Engagement danken, mit dem sie das Programm der Tagung gestaltet haben. Der Firma Control Data GmbH danke ich insbesondere als örtlicher Tagungsleiter für die großzügige Förderung der Tagung. Mein persönlicher Dank gilt den Mitarbeitern des Leibniz-Rechenzentrums und des Instituts für Informatik der TUM, die mit Einsatz und Begeisterung die Tagung vorzubereiten halfen und auch für einen reibungslosen Ablauf der Tagung sorgen werden.

München, Januar 1987   F. Peischl

PROGRAMMAUSSCHUSS

K. Brauer   Universität Osnabrück

W. Dirlewanger   Gesamthochschule (Universität) Kassel

A. Gerold   Technische Universität München

M. Graef   Universität Tübingen

H. Grohmann   IBM Deutschland GmbH Stuttgart

F. Peischl   Leibniz-Rechenzentrum der Bayerischen
                     Akademie der Wissenschaften München

O. Schem   Kraftwerk Union Erlangen

I. Vögeli   Schweizerische Bankgesellschaft Zürich

K. Wendler   DATEV e.G. Nürnberg

L. Wiese   Siemens AG München

INHALTSVERZEICHNIS

VERTEILTE DV-ANWENDUNGEN

Erfahrung mit einer kommerziellen Anwendung auf einem verteilten Unix-System
Stoffel, C. 1

Beispiele für moderne Benutzerumgebungen durch verteilte Datenverarbeitung
Ilten, D. F. 11

Entwicklung der zentralen und dezentralen Datenverarbeitung im technisch-
wischenschaftlichen Bereich eines Unternehmens des Großanlagenbaues.
Freudenthaler, K. / Hessenauer, H. 19

Information Center bei IBM Deutschland GmbH - Erfahrungsbericht
Hartmann, G. 33

Verteilte Transaktionsverarbeitung und verteilte Datenbanken
- Konzepte und Produkte
Koch, H. von 40

Einsatz von Datenbanken im universitären Bereich
Achilles, A. 51

MISSBRAUCH VON DV-SYSTEMEN

Das Sicherungssystem in Informationssystemen - Analyse eines Security-Falls
Roithmayr, F. 61

Die Risiko-Profil-Methode als ganzheitliche Sicherheitskonzeption für
den EDV-Bereich und das Unternehmen
Weese, E. / Lessing, G. 72

Sicherheitseinrichtungen in modernen GPC-Betriebssystemen
Brandt, P. 83

Ein Ansatz zur Abwehr von Computerviren
Hoffmeister, F. 101

Zugangskontrolle zu Rechnern mit Hilfe einer Chipkarte
Beutelspacher, A. 111

Datensicherung beim PC
Nilgens, M. 119

RECHENZENTRUMS-AUTOMATISIERUNG

Vorgehensweise bei der Rationalisierung und Automatisierung eines
produktiven DV-Betriebs
Kachel, I. 123

Maßnahmen zur RZ-Automatisierung und Rationalisierung bei DATEV
Krafft, V. 140

Rationalisierung im Outputmanagement - ein Erfahrungsbericht
Hain, H. G. 150

IM-Erfahrung bei der Hypobank AG - Stand und Planung
Werner, G. 158

IBIS - Intelligente Betriebsüberwachung mit integrierter Systemsteuerung
Kraft, D. 169

(DATEN-)NETZE

Anwenderorientierte Messungen in verteilten Datenverarbeitungssystemen
Stahl, W. 182

Auf dem Weg zum ISDN? - Erfahrungsbericht von der Inbetriebnahme/dem Betrieb
einer PABX (Nixdorf DVS 8818) an der TU-Berlin
Luckenbach, Th. 184

Einsatz von VAX-Systemen als Server in lokalen PC-Netzwerken - Erfahrungen
bei Aufbau und Betrieb von IBM PC- und IBM Token-Ring Netzwerken im Verbund
mit VAX-Rechnersystemen
Koke, H. 194

Erfahrungen bei der Glasfaserverkabelung im Universitätsbereich
Stehle, W. 201

Das Deutsche Forschungsnetz - Konzepte zur Integration schneller Kommuni-
kationsdienste
Heigert, J. 210

Anschriften der Verfasser 219

Erfahrung mit einer kommerziellen Anwendung
auf einem verteilten Unix-System

C. Stoffel
Orga-Soft, Filderstadt

1. Einleitung

Rechnersysteme lassen sich grob in drei Klassen einteilen:

- zentrale Rechnersysteme
- dezentrale Rechnersysteme
- verteilte Rechnersysteme

Zentrale Rechnersysteme entstanden aus dem Zwang zur optimalen Nutzung teurer Resourcen. Dezentrale Rechnersysteme entstanden aus der Idee der dezentralen Datenverarbeitung, d.h. Datenverarbeitung am Ort des Datenanfalls und des Informationsbedarfs. Typisch hierfür ist derzeit der Einsatz von "personal computers" am Arbeitsplatz.

Durch den Preisverfall und die eingetretene Abschwächung des Grosch'schen Gesetzes/1,2,3/ läßt der Zwang zur Zentralisierung zwecks optimaler Resourcennutzung nach. Andererseits haben dezentrale Rechnersysteme in der Regel noch immer ein schlechteres Preisleistungsverhältnis als zentrale Rechnersysteme und stehen auch dem Trend zur integrierten Informationverarbeitung entgegen. In dieser Situation gewinnen lokal verteilte Rechnersysteme zunehmend Bedeutung, weil sie in der Lage sind, die Vorteile sowohl der zentralen als auch der dezentralen Rechnersysteme in sich zu vereinigen.

Die Knoten in lokal verteilten Rechnersystemen sind eigenständige, funktionsspezialisierte Rechenanlagen. Sie werden je nach Funktion als Arbeitsplatzrechner (Workstation) oder als Dienstleistungsrechner (Server) bezeichnet. Alle Knoten befinden sich in der Regel in einem Gebäude bzw. auf dem Areal einer Firmenniederlassung und sind über lokale Netze (LAN) miteinander verbunden.

Jeder Knoten dient einem Sachbearbeiter, einer Gruppe oder Abteilung bei der Geschäftsabwicklung. Die Kopplung der Knoten dient dem Datenaustausch und der Nutzung gemeinsamer Resourcen. Der Datenaustausch unterstützt die arbeitstechnisch notwendige Kooperation zwischen den Sachbearbeitern. Die gemeinsame Resourcennutzung dient dem gleichen Zweck, kann aber auch zur Auslastung teurer Resourcen eingesetzt werden.

Lokal verteilte Rechnersysteme sind also ein loser Zusammenschluß auto-
nomer Rechenanlagen mit folgenden Prinzipien:

- persönliche Nutzung durch den Sachbearbeiter (personal
  use) wo möglich

- gemeinsame Nutzung, wo Kostenvorteile realisierbar

- Einschränkung der Autonomie, soweit für die Zusammenarbeit im Betrieb notwendig

Als Vorzüge verteilter Systeme werden oft folgende Punkte
angeführt:

- optimales Preis/Leistungsverhältnis
- unbegrenztes, evolutionäres Wachstum der Konfiguration
- mehr Sicherheit durch Redundanz

Im Laufe der vergangenen Jahre wurde das Konzept der lokal verteilten Datenverarbeitung auch in der betrieblichen Praxis zunehmend
diskutiert. Behindert wird dieses Konzept allerdings durch den Mangel
an durchgängigen Standards. Hier zeichnet sich nun im Bereich der
Mini- und Superminirechner Unix als zukünftiges Standardbetriebssys-
tem/4,5/ ab. Außerdem ist mit der Standardisierung von Ethernet/6,7/
im LAN-Bereich eine Basis für standardisierte lokal verteilte Rechnersysteme geschaffen.

Von Anwenderseite werden die genannten Vorzüge und die sich
abzeichnende Standardisierung mit Interesse verfolgt. Daher ist für den
Anwender die Frage interessant: wie bewährt sich ein lokal verteiltes
Rechnersystem auf der Basis der Industriestandards Unix und Ethernet im
Anwendungsalltag, lassen sich die Vorteile realisieren, wo gibt es
Probleme.

Der folgende Beitrag gibt einen Erfahrungsbericht über den Einsatz
eines solchen Rechnersystems bei der Firma Pleuco, einem international
führenden Hersteller von Motorteilen.

2. Anwendung

2.1 Anwendungsumfang

Die typisch kommerzielle Anwendung, welche im Zeitraum von

mehreren Jahren entwickelt wurde, umfaßt alle Verwaltungsbereiche der Firma und ist in integrierter Form realisiert. Insgesamt unterstützt die Anwendung folgende Funktionsbereiche:

- Vertrieb und Verkauf
- Versand
- Fertigungs- und Gießereisteurung
- Management Informationsservice
- Finanzbuchhaltung
- Personalwesen und Lohnfindung
- Kostenrechnung
- Textverarbeitung
- Programmentwicklung und -wartung

Die Anwendung wird interaktiv von etwa 25 Bildschirmen aus durch die jeweiligen Sachbearbeiter und das Management genutzt. Die Datenbasis aller Funktionsbereiche umfaßt etwa 250 MB.

Alle Programme sind in OSBASIC geschrieben, einem speziellen Basic-Dialekt, der durch eine von der Orga-Soft Cooperation realisierte Basicmaschine auf zahlreichen Unix-Rechnern verfuegbar ist. Die Programme werden von der zentralen EDV-Abteilung gewartet und weiterentwickelt.

2.2 Zielsetzung des Anwenders

Die einzelnen Funktionsbereiche der Anwendung wurden im Laufe der vergangenen Jahre auf einem Superminirechner entwickelt und eingesetzt. Die Anwendungssoftware gilt inzwischen als in sich abgeschlossen und erprobt.

Ziel der Firma Pleuco war es, unter Beibehaltung der bewährten Software zunächst hardwareseitig ein lokal verteiltes Rechnersystem zu realisieren. Damit sollten folgende Ziele erreicht werden:

- bessere Bedienung der Endanwender durch kürzere Rechnerantwort- und Durchlaufzeiten

- Öffnung der Konfiguration für eine Verdoppelung der Bildschirmarbeitsplätze

- Erhöhung der Systemverfügbarkeit und Begrenzung von Ausfällen

- Öffnung der Konfiguration für neue Anwendungen

Die bei verteilten Systemen oft diskutierten Eigenschaften wie Transaktionskonzept und darauf basierend Concurrency Control, Recovery, Deadlock-Behandlung, etc./8,9,10/ sind im realisierten System derzeit (noch) nicht verfügbar. Ein wesentlicher Grund dafür ist, daß diese Konzepte für die bestehenden Programme auf der ursprünglichen Anlage nicht verfügbar waren, was für Anlagen dieser Größenordnung durchaus üblich war und ist. Es war also nicht Ziel, die bestehende Anwendungssoftware mit diesen Funktionen nachzubessern.

3. Verteiltes DV-System

Die Basis des lokal verteilten Rechnersystems bilden 4 Rechner der Firma PCS. Die Rechner basieren auf einem Motorola 32-bit Mikroprozessor, haben einen Hauptspeicherausbau von 3-4 MB und sind mit 2 Festplattentypen (130 bzw. 350 MB) ausgestattet. Die Datensicherung erfolgt über Magnetband und Streamer. Es sind derzeit insgesamt 25 Bildschirme und 8 Drucker angeschlossen. Es ist geplant, die Anlage auf ca. 50 Bildschirme aufzurüsten. Außerdem soll der Fertigungsbereich über Betriebsdaternerfassunsterminals angeschlossen werden.

Alle Rechner laufen unter dem virtuellen Betriebssystem Munix, der PCS-spezifischen Portierung von Unix.

Die Rechner sind per Ethernet gekoppelt. Die Datenübertragungsrate des Netzes beträgt 10 Mbit/sec. Die Ethernetkopplung wird betriebssystemseitig durch Munix-Net/11,12/, einer Erweiterung von Munix, unterstützt. Auf dieser verteilten Konfiguration ist die Netzversion von OSBASIC (OSBASIC-NET/13/) aufgesetzt.

4. Technisches Verteilungskonzept

4.1 Funktionsaufteilung

Die Verteilung der in Abschnitt 2 aufgeführten Anwendungen erfolgte gemäß folgendem Prinzip: die einzelnen Anwendungsgebiete werden datenmäßig von genau einem Rechner unterstützt, d.h. alle Dateien dieses Anwendungsgebiets sind auf diesem Rechner gespeichert. Die einzelnen Rechner sind damit Dienstleistungsrechner für eine oder mehrere Anwendungen. Folgende Verteilung wurde gewählt:

- Verkaufsrechner
  Vertrieb und Verkauf
  Management Informationsservice
- Fertigungsrechner
  Fertigung- und Gießereisteurung
  Versand
- Rechnungswesenrechner
  Finanzbuchhaltung
  Personalwesen und Lohnfindung
  Kostenrechnung
- Textrechner
  Textverarbeitung
  Druckerspooling

Die Bildschirme der Sachbearbeiter sind an den Rechner angeschlossen, auf dem das entsprechende Anwendungsgebiet datenmäßig liegt. Es ist jedoch möglich von jedem Bildschirm aus alle Funktionen durchzuführen, d.h. auch solche, deren Daten auf anderen Rechnern liegen. Auch Funktionen, die parallel auf Daten mehrerer Rechner zugreifen, sind an allen Rechnern verfügbar. Alle Programme sind auf allen Rechnern installiert. Die Programme werden auf dem Rechner ausgeführt, an dem der aufrufende Anwender bildschirmmäßig angeschlossen ist. Der Zugriff zu den Daten wird durch das im nächsten Abschnitt dargestellte Prinzip der Ortstransparenz unterstützt.

4.2 Ortstransparenz

Unix führt alle Dateien in hierarchisch gegliederten Katalogen. Der Hauptkatalog eines Rechners wird mit "/" bezeichnet. Innerhalb dieses Hauptkatalogs gibt es Teilkataloge (z.B. /text). Munix-Net erweitert dieses Katalogkonzept um einen netzweit gültigen Hauptkatalog, der mit "/.." bezeichnet wird. In diesen netzweiten Hauptkatalog werden die rechnerlokalen Hauptkataloge als Teilkataloge eingegliedert. Da der netzweite Hauptkatalog an allen Rechnern verfügbar ist, kann damit jeder Anwender von jedem Rechner auf alle im Netz vorhandenen Dateien zugreifen, entsprechende Zugriffsberechtigung vorausgesetzt.

Die Datendateien und Programme der Anwendung sind unter OSBASIC in einzelne Bereiche, sogenannte Units zusammengefaßt. Innerhalb der Basicmaschine gibt es auf jedem Netzknoten eine dynamisch änderbare Zuordnungstabelle, die angibt, welche Unit auf welchen Teilkatalog von Munix-Net abgebildet wird. Die Zuordnungstabelle für den Textrechner ist in Bild 4.1 dargestellt.

```
Rechner          Unit  Unix-Katalogname
-------------------------------------------------
verkauf            0   /../verkauf/vertrieb
                   1   /../verkauf/mis
-------------------------------------------------
fertigung          2   /../fertigung/fert
                   3   /../fertigung/gies
                   4   /../fertigung/vers
-------------------------------------------------
finanzen           5   /../finanzen/fibu
                   6   /../finanzen/lohn
                   7   /../finanzen/kosten
-------------------------------------------------
text               8   /text
                  10   /usr/verkauf/prog
                  11   /usr/fertigung/prog
                  12   /usr/finanzen/prog
                  13   /usr/text/prog
-------------------------------------------------
```

Bild 4.1 Ortstransparenz per Zuordnungstabelle

In der ersten Spalte der Zuordnungstabelle ist der Rechner genannt, auf welchem sich die einzelnen Units 0-13 befinden. In der letzten Spalte ist angegeben, in welchem Unix-Katalog die Units 0-13 liegen.

In den Units 10-13 sind die Programme der Anwendung abgelegt. Diesen Units sind auf dem lokalen Rechner im Teilkatalog "/usr" verschiedenen Teilkatalogen zugeordnet(z.B. liegen die Programme des Funktionsbereichs Rechnungswesen im Teilkatalog "/usr/finanzen/prog").

Die Dateien der Textverarbeitung liegen ebenfalls auf dem Textrechner, erkennbar als Unit 8, welche dem Teilkatalog "/text" zugeordnet ist.

Bei den Unit 0-7 beginnt der Katalogname mit "/.." . Dies bezeichnet den Hauptkatalog des gesamten Rechnernetzes. Damit ist ausgedrückt, daß die Dateien in Unit 0-7 nicht auf dem Textrechner lokal vorhanden sind, sondern auf andere Rechner im Netz verteilt sind. So sind die Dateien in Unit 0 und 1 im Verkaufsrechner (im Teilkatalog "/../verkauf") und hier in den Teilkatalogen "vertrieb" und "mis" abgelegt. Entsprechend sind die Units 2-4 bzw. 5-7 dem

Fertigungs- bzw. Rechnungswesenrechner zugeordnet.

Bei einer Verlagerung von Daten und Programmen zwischen Rechnern ist lediglich diese Tabelle entsprechend zu ändern. Die Programme, die diese Daten generell und ausschließlich über die Unit ansprechen, bleiben von dieser Änderung unberührt.

4.3 Resourcenverwaltung der Basic-Maschine

Die Aufgabe der Resourcenverwaltung in der Basic-Maschine besteht in der exklusiven Zuteilung von Geräten, Dateien und Sätzen an die einzelnen anfordernden Basic-Programme. Auf einer zentralen Rechenanlagen wird diese Aufgabe von einem zentralen Prozess, dem Resourcenverwalter Rv übernommen. In OSBASIC-NET gibt es je Knoten einen Rv, der jeweils die lokal vorhandenen Resourcen verwaltet und netzweit zuteilt.

Solange ein Benutzerprozeß Resourcen belegt hat, wird er vom lokalen Rv überwacht. Stellt der Rv fest, daß der Prozeß beendet wurde ohne Freigabe der Resourcen, gibt der Rv die lokal verwalteten Resourcen frei und meldet das Ausscheiden des Prozesses auch den anderen Rv.

Außerdem stehen alle Rv untereinander mit einem Timeout-Mechanismus in Verbindung, der Knotenausfälle aufdeckt. Bei erkanntem Knotenausfall werden allen Benutzer des ausgefallenen Knotens die belegten Resourcen entzogen und freigegeben.

Das Abschalten und Zuschalten von einzelnen Knoten im laufenden Netzbetrieb ist möglich, da neu gestartete Rv sich jederzeit in den laufenden Rv-Verbund einsynchronisieren.

4.4 Abwickeln der Zugriffe

Insgesamt ergibt sich also folgendes Zugriffsschema im verteilten System:

- Datenzugriffe werden von Benutzerprozessen direkt lokal
  oder über das Netz abgewickelt

- Resourcenbelegungen erfolgen durch den jeweils
  zuständigen Rv

Die Datenzugriffe werden ermöglicht durch die ortstransparenten Dateizugriffsfunktionen von Munix-Net, während die Resourcenbelegungen durch einen Botschaftsverkehr zwischen den Rv abgewickelt werden. Der Botschaftsverkehr wird mit Hilfe von "named pipes" realisiert.

5. Einsatzerfahrung

In diesem Abschnitt sind die Einsatzerfahrungen im Wirkbetrieb bei der Firma Pleuco zusammengefaßt. Der Erfahrungszeitraum beträgt ein knappes halbes Jahr.

Eine erste positive Überraschung aller am Projekt Beteiligten war der geringe Einarbeitungsaufwand für die Netzfunktionalität. Die Netzfunktionen von Munix-Net sind so in die bekannten Unix-Konzepte eingefügt, daß sich eine spezielle Netzausbildung erübrigt, wenn einschlägige Unix-Kenntnisse vorliegen. Für die Programmierung von Anwendersoftware im Netz ergab sich keine Änderung gegenüber der herkömmlichen Programmierung, was dadurch dokumentiert wird, daß die alten Programme mit einem Aufwand von wenigen Tagen portiert wurden, wobei sich fast kein Änderungsaufwand ergab. Die Tatsache, daß der Anwender keine teuren Netzspezialisten auf Dauer beschäftigen muß, war in diesem Fall besonders wichtig, weil die Firma Pleuco traditionell die Datenverarbeitung mit minimalem personellen Overhead betreibt.

Sowohl im Zuge der Installationsvorbereitung als auch in der ersten Phase des Wirkbetriebes war es notwendig, die Verteilung und Konfiguration der Anwendung mehrfach zu ändern, um einen optimalen Betrieb zu erreichen. Die Ortstranzparenz kam dabei besonders zur Geltung, da Konfigurationsänderungen zuverlässig und schnell durchführbar waren.

Der Anwender plant derzeit die Ortstransparenz zu nutzen, um bei Ausfall eines Knotens den Wirkbetrieb für die wichtigsten Funktionen dieses Knotens halbautomatisch auf andere Knoten zu verlagern.

Da der volle Wirkbetrieb auf dem neuen System sofort aufgenommen wurde (ein Parallelbetrieb war nicht realisierbar), mußte das Gesamtsystem vorher einem Funktions-, Mengen- und Leistungstest unterzogen werden. Da Leistungserfahrungen unter einer harten, kommerziellen Last nicht vorlagen, wurde das System mit anwendungsnahen, synthetischen Lasten im Dauerbetrieb getestet. Bei Lastverhältnissen, die gut dem 4-fachen der im Wirkbetrieb erwarteten Last entsprach, zeigte sich sowohl im Munix-Net als auch in OSBASIC-Net ein Fehlverhalten, das einen geordneten Betrieb in diesem Lastbereich unmöglich machte. Dieses Fehlverhalten konnte durch geänderte Pufferallokierung und Neueinstellung von Timeoutparametern behoben werden.

Bei den Antwort- und Durchlaufzeiten konnten gegenüber dem alten, als Referenz dienenden System deutliche Verbesserungen(einige 10% bis Faktor 3 je nach gemessener Funktion) erzielt werden. Auch häufige Dateizugriffe über das Netz belasten die Antwortzeit nicht unzuträglich. Allerdings ergaben sich bei Messungen im Wirkbetrieb, daß speziell beim häufig vorkommenden direkten Dateizugriff deutliche Laufzeitunterschiede zwischen lokalem und nicht lokalem Zugriff existiert. Zur Reduzierung dieser Differenz werden derzeit Optimierungen in Munix-Net und OSBASIC-Net vorgenommen.

Insgesamt wurde nach einigen kleineren Anlaufschwierigkeiten, die in den ersten Tagen und Wochen des Wirkbetriebes auftraten, ein stabiler Wirkbetrieb erreicht, was insbesondere auf das fehlerfreie Funktionieren von Munix-Net und OSBASIC-Net zurückzuführen ist.

6. Literatur

/1/   Mertens,P.; Schrammel,D.;
         Ein Leistungs- und Wirtschaftlichkeitsvergleich zwischen
         Klein- und Großcomputern
         Angewandte Informatik 11 (1980).

/2/   Meuerer,H.W.; Wacker,H.M.;
         Gilt noch das Grosch'sche Gesetz? Zur Entwicklung des
         Preis-Leistungsverhältnisses von Rechenanlagen
         Elektronische Rechenanlagen 25,5(1983).

/3/   Kang,Y.M.; Miller,R.B.; Pick,R.A.
         Comments on "Grosch's Law Re-Revisited: CPU Power and the
         Cost of Computation
         CACM 29,8(1986).

/4/   Markt&Technik;
         Der Markt für Unix-Systeme wächst kräftig weiter,
         Unix wird zum Standard
         Markt&Technik 19(1986).

/5/   Computerwoche
         IBM-Filialrechner für Ethernet- und Unix-Markt
         Computerwoche 13,42(1986).

/6/   Metcalfe,R.M.; Boggs,D.R.;
         Ethernet: Distributed Packet Switching for Local Computer Networks
         CACM 19,7(1976).

/7/   Shoch,J.F.; Hupp,J.A.;
        Measured Performance of an Ethernet Local Network
        CACM 23,12(1980).

/8/   Bernstein,P.A.; Goodman,N.;
        Concurreny control in distributed database systems
        ACM Computing Surveys 13,2(1981).

/9/   Kohler,W.
        A survey of techniques for synchronization and recovery in
        decentralized computer systems
        ACM Computing Surveys 13,2(1981).

/10/   Davidson,S.B.; Garcia-Molina,H.; Skeen,D.
        Consistency in Partitioned Networks
        Computing Surveys 17,3(1985).

/11/   PCS
        Munix-Net, Transparentes Munix LAN
        PCS GmbH, München, 1985.

/12/   Wildgruber,R.;
        Verteilte Unix-Systeme
        Markt&Technik 42(1985).

/13/   Orga-Soft Cooperation
        OSBASIC-Net: Funktionsbeschreibung
        Orga-Soft GmbH, Filderstadt, 1986.

7. Markenzeichen

   Im vorliegenden Beitrag wurden die Markenzeichen folgender Firmen
verwendet:

    Unix   Bell Laboratories
    Munix-Net   Periphere Computer Systeme (PCS)
    OSBASIC-Net Orga-Soft Cooperation

BEISPIELE FÜR MODERNE BENUTZERUMGEBUNGEN DURCH VERTEILTE DATENVERARBEITUNG
DAVID F. ILTEN
CDC

I. Einleitung

Die Entwicklung eines Datenbanksystems ist ein Näherungs-
prozess, ein iterativer Vorgang, der niemals vollständig
abgeschlossen werden kann, solange man die Datenbank noch
pflegt. Die Hoffnung ist, und im allgemeinen wird diese
Hoffnung durch die Praxis bestätigt, dass die Anzahl der
zusätzlichen Änderungen kleiner wird, je länger man mit der
Datenbank arbeitet. Man hat mehr Erfahrung gesammelt,
verschiedene Möglichkeiten probiert - und manche Konzepte
angenommen und manche abgelehnt. Durch Experimentieren mit
der Datenstruktur und Eingabe- und Ausgabemöglichkeiten
erreicht man einen Modus Operandi, normalerweise einen
Kompromiss, mit dem man leben kann. Aus Bequemlichkeit oder
aus praktischen Gründen müssen manche Eigenschaften eines
Idealsystems als unerreichbar aufgegeben werden.

Datenbanksysteme fangen in der Entwurfsphase meistens klein
und einfach an und tendieren dazu, wenn die Ansprüche wachsen, nach kurzer Zeit gross und kompliziert zu werden. Oft
bedeutet dies, dass das Grundkonzept der Datenbank nicht
mehr ausreicht, oder dass das gewählte Trägermedium oder
sogar die Rechenanlage selber zu klein geworden ist, um die
vielfältigen Ansprüche des ausgereiften Systems erfüllen zu
können. Manchmal können solche Probleme reduziert werden,
indem man die Planungsphase eines Projekts ausdehnt, bis
mehr Informationen über die vermutliche Endausbaustufe gesammelt werden können. Fast immer aber entdeckt man das,
was im Konzept fehlt, erst dann, wenn man versucht, aktuelle Daten in die Datenbank zu laden und aktuelle Abfragen
durchzuführen. Das heisst, die Mängel des Datenbanksystems
(Konzepts) werden offenkundig, wenn man mit dem System
arbeitet.

Diese Probleme deuten auf die Wichtigkeit hin, ein flexib-
les Datenbankentwicklungswerkzeug zu besitzen, das von
Leuten bedient werden kann, die nicht über jahre- oder sogar jahrzehntelange EDV-Erfahrung verfügen. Einige Eigenschaften eines solchen Systems werden hier aufgeführt:

1. Das System soll klein anfangen und wachsen können.

2. Das System soll flexibel genug sein, so dass man die
    Definitionen der Elemente, d.h. die Grundauslegung der
    Datenbank ohne grosse Schwierigkeiten ändern kann,
    mindestens in der Aufbauphase.

3. Sowohl der Aufbau als auch die Datenbankverwaltung sollen leicht zu bedienen sein und sehr stark menuegesteuert funktionieren.

4. Wenn eine gewisse Stabilität des Systems erreicht worden ist, sollen die Aktualisierung und die Verwaltung der Datenbank (die Abfragen) praktisch automatisch ablaufen.

5. Selbst die Rechenanlage soll mit der Datenbank wachsen können.

6. Die Daten sollen vielen Benutzern an verschiedenen Orten gleichzeitig zur Verfügung stehen.

Da diese Bedingungen schwerlich von einem On-Line-(Host) oder von einem Off-Line (PC)-System alleine erfüllt werden können, soll hier ein Konzept eines verteilten Datenbanksystems diskutiert werden - eine Kombination, ein Zusammenschluss von einem PC- und einem Host-System. Das System besteht aus drei Teilen: 1. einem Mikrodatenbanksystem, IM/Personal (IMP), 2. einem Host-Datenbanksystem (IM/DM) auf einer Cyber 180 Anlage unter dem NOS/VE-Betriebssystem und 3. aus einem Kommunikationsglied, IM/Access, das als Brücke zwischen den beiden anderen Systemen fungiert.

II. IM/Personal (IMP) [1]

Das Mikro-Datenbanksystem (IMP) ist nicht nur als vollständiges Datenbanksystem, sondern auch als Entwicklungswerkzeug konzipiert. Die Möglichkeiten dieses Systems sind zu vielfältig, um sie hier ausführlich zu diskutieren, so dass eine kurze Beschreibung ausreichen muss. Die kleinste Informationseinheit ist das Element, das als Zahl, Zeichen, Text, Datum usw. definiert werden kann. Zusammengefasst bilden die Elemente die Definition eines Rekords. Die Elemente können Menue-gesteuert definiert und auch geändert werden. Gewisse bevorzugte Elemente werden zu Schlüsselelementen erklärt, die belegt werden müssen, wenn ein neuer Rekord eingetragen werden soll. Die Schlüsselelemente stellen das Minimum an Information dar, das vorhanden sein muss, damit ein Rekord vom System angenommen wird. So ein Schlüsselelement kann zum Beispiel eine Kundennummer oder eine andere Referenzzahl sein. Gleichzeitig mit der Definition der Elemente werden Dateneingabeformblätter automatisch vom System erstellt. Diese vereinfachen die späteren Dateneintragungen erheblich. Mit der Definition der Elemente können gewisse Datenbelegungen ausgeschlossen oder erlaubt werden, z.B. ein Element "Stadt" darf nur die Städte Deutschlands enthalten, die mehr als 100000 Einwohner haben (wobei die Schreibweise festgelegt wird). Wenn man bei den Dateneintragungen genügend Zeichen eingegeben

hat, so dass der gewünschte Wert eindeutig wird, wird der
Wert automatisch vom System ergänzt, d.h. in der vollstän-
digen Form ausgeschrieben. (z.B. FRA - FRANKFURT oder MU -
MÜNCHEN).

Die Einfachheit der Änderung der Datendefinitionen ist sehr
wichtig und notwendig, damit in der Entwicklungs- und Testphase viele Probedefinitionen durchgespielt werden können.
Das Prüfen der Auswahlkriterien für Reports kann in dieser
Phase getestet werden. Dies gilt auch für die graphischen
Darstellungsprogramme, die auch in dieser Phase entworfen
werden können. Es ist sinnvoll, dass die Datenbankentwick-
lung von jemandem mit ausreichender Systemerfahrung durchgeführt wird. Danach kann das System in gewissen Stufen
standardisiert werden. Das spätere Ablaufen von Reports,
Graphiken usw. geschieht dann vollautomatisch mit dem
Befehl "Start". Auch "Views" (Sammlungen von Auswahlkriterien) können jederzeit neu definiert und ergänzt werden.
Die Elemente selber dürfen neu definiert und geändert
werden, solange keine Daten-Rekords in die Datenbank (DB)
eingetragen worden sind. Ist das letztere der Fall, kann
eine neue DB mit geänderten Elementen definiert werden und
die schon vorhandenen Daten in die neue Bank mit einem
"Transform" übertragen werden.

III. IMDM [3]

IMDM, die zweite Komponente der IM-Applikation, ist eine
Host-Datenbank, die verwendet werden kann und soll, wenn
die Datenmenge für ein PC-System zu gross geworden ist,
oder wenn die Daten vielen Benutzern an verschiedenen Orten
gleichzeitig zur Verfügung gestellt werden sollen. In
Tabelle III.1 werden die Möglichkeiten von IMP (DB) und
IMDM (DB') verglichen. Wenn die Datenbank zu gross geworden
ist, können die Daten auf die IMDM-Datenbank (DB') übertragen werden. Der Aufbau der PC-Datenbank wird beibehalten
und, wie später erklärt wird, kann der Benutzer DB und DB'
auf der Host-Maschine kombinieren und gemeinsam verwenden,
so dass es für ihn gleich ist, ob er auf dem Zentralsystem
oder auf dem PC arbeitet. Das Arbeiten soll für die Benutzer völlig transparent sein. Für gemeinsames Arbeiten mit
DB und DB' verwendet man eine Untermenge der Befehle und
Eigenschaften vom DB'-System. IMDM kann bis zu 5×10^{11}
Zeichen verwalten und 512 Benutzer gleichzeitig betreuen.

IV. IM/ACCESS (IMA) [2]

IM/ACCESS bildet das Verbindungsglied zwischen IMP und IMDM
und muss sowohl auf dem Host als auch auf dem PC installiert sein. Es ermöglicht den Datentransfer zwischen den
zwei Systemen.

Durch die Verwendung von "Transmissionen" können Dateien automatisch zwischen Maschinen und Datenbanken hin und her verschoben werden. Noch wichtiger ist, dass ein Dienstprogramm (IMAP) in der Lage ist, Datenbankdefinitionen umzuwandeln:

$$A \quad \{E\} \quad = \quad \{E'\} \qquad (IV.1)$$

$$A^{-1} \{E'\} \quad = \quad \{E\} \qquad (IV.2),$$

wobei A die Operationen von IMA darstellen soll und $\{E\}$ die Menge der Elemente in DB und $\{E'\}$ die Menge der Elemente in DB' sind.

Das heisst, Elemente, E, die ursprünglich auf dem PC-System (DB) definiert wurden, können für das Host-System umdefiniert werden, um Elemente E' zu erhalten. Die Menge der Elemente, die auf dem PC-System definiert wurden, werden ohne Strich gekennzeichnet. Die Elemente E' für das Host System (DB') werden mit Strich gekennzeichnet. Das Endergebnis ist eine umkehrbare Eins-zu-Eins-Umwandlung der PC-Datenelemente (E) in Host-Datenelemente (E'). Das heisst, eine Datenbank (DB), die auf dem PC entwickelt wurde, kann automatisch vom IMAP-System in eine Datenbank DB' für das HostSystem umgewandelt werden. Analog dazu kann IMAP eine Datenbankdefinition für eine Host-Maschine (DB') in eine DB für ein PC umwandeln. Routinen, die Transmissionen genannt werden, werden durch Beantworten der Fragen, die auf dem Bildschirm erscheinen (Menuesteuerung), aufgebaut. Nachdem sie definiert und gespeichert worden sind, können die Transmissionen einfach durch den Start-Befehl durchgeführt werden und z.B. den Datentransfer zwischen Host und PC verwirklichen.

Die IM/Programme sind als Familie konzipiert und besitzen gewisse Gemeinsamkeiten und Ähnlichkeiten wie:

1. Baumstruktur (fortsetzbare Verzweigungsmöglichkeiten)

2. Programmsteuerung durch Menues

3. Die Vorbesetzung von Antwortmöglichkeiten

4. On-Line Help für die Erklärung der Befehle

5. Automatische Vervollständigung von Teilbefehlen. Wenn genügend Zeichen eingegeben worden sind, so dass der Befehl eindeutig ist, wird der Befehl ergänzt und vervollständigt.

6. Entwurf und Aufbau von eigenen Menues.

V. Anwendungsbeispiele

DB ──▶DB'/PC-Entwicklung mit späterer Übertragung auf das Host-System.

Kundendatei

Es ist vorstellbar, dass eine Anwendung für eine PC-Anlage konzipiert wird und danach wächst oder vielen Benutzern zur Verfügung gestellt werden soll. Ein Beispiel einer solchen Anwendung ist eine Kundendatenbank für ein neues Produkt. Ursprünglich ist die Datenmenge klein und auf eine Stadt in Deutschland beschränkt. Die Kundennummer ist das Schlüssel-element, das vorhanden sein muss, damit jeder Rekord ein-deutig identifiziert werden kann. Daten für Adresse, Umsatz usw. werden eingetragen. Nach einer Aufbauphase werden Büros in München und Hamburg eröffnet, obwohl die Daten nach wie vor zentral gesammelt und eingetragen werden. Später erhalten die anderen Büros PC's, und Daten können über Disketten ausgetauscht werden. Als dritte Stufe werden weitere Büros in anderen Ländern eröffnet. Die Daten werden über ein Host-System, das die Kommunikationsverbindungen herstellt, ausgetauscht. Die Definitionen der Elemente müs-sen erweitert werden, um z.B. für längere Adressen in Eng-land oder spanische Namen genügend Platz zu haben. Das Sy-stem wird auf IMDM übertragen, damit man zentral arbeiten kann. Aktualisierung und Datenpflege erfolgen jetzt dezen-tral.

B. Chemische Stoffdatenbank [4,5]

DB' ──▶DB (Zentral auf Dezentral). Der umgekehrte Fall wird veranschaulicht mit dem Beispiel einer chemischen Stoffda-tenbank, die zentral konzipiert und auf einem Host-System aufgebaut wird und weltweit zur Verfügung gestellt werden soll. Die Daten werden aus der Literatur ausgesucht oder experimentell ermittelt. Eventuell entdeckte Fehler werden zentral gemeldet und korrigiert. Gewisse Untermengen der Daten, die für einen bestimmten Benutzer interessant sind, können auf PC's übertragen und dort weiterverarbeitet wer-den, mit oder ohne Verbindung zum Host-System.

C. UNIS [6]

DB'◀──▶DB. Als drittes Beispiel soll Kommunikation in bei-den Richtungen zwischen Host und PC betrachtet werden. Ein wesentlich anspruchsvolleres und komplizierteres System ist das universelle Netzinformationssystem (UNIS) für die Ver-waltung von grossen Datenmengen für Versorgungsunternehmen, z.B. Stadtwerke, die Strom, Fernwärme, Wasser und eventuell Erdgas zur Verfügung stellen. UNIS ist ein alpha-graphisches System. Das heisst, dass die Abfragen von der Datenbank nicht nur von einem Alpha-Terminal, sondern auch graphisch erfolgen können. Hardwaremässig besteht das System aus einem PC- und einem Host-System, wie vorher diskutiert wurde. Dazu kommt ein hochauflösender, graphischer Bildschirm, um den Arbeitsplatz zu vervollständigen. Drei Abfragemodi sind dann möglich:

Alpha-graphisch - Eine alpha-numerische Abfrage mit graphischer Antwort (z.B. eine Kabelnummer wird eingegeben, und das Kabel wird am Bildschirm gezeichnet).

Graphisch-alpha - Eine graphische Abfrage generiert eine alpha-numerische Ausgabe (z.B. zwei Punkte am Kabel werden am graphischen Bildschirm angezeigt, und die Länge des Kabels oder Teilkabels wird als Anwort numerisch ausgedruckt).

Alpha-Abfrage - Alpha-Antwort. (z.B. - Die Nummer einer Umspannstation wird eingegeben, und als Antwort erscheint eine Liste aller Kabel, die mit dieser Station verbunden sind).

Die gewaltigen Datenmengen für eine Stadt wie Frankfurt mit etwa 6×10^6 oder Madrid mit 7×10^6 Kunden werden im Host-System gespeichert. PC's werden für Dateneingaben verwendet. Zu einem späteren Termin können in allen drei Abfragemodi gewisse Daten übertragen und von Host auf dem PC weiterverarbeitet werden.

Zusammenfassung

Ein kombiniertes, verteiltes System, bestehend aus PC- und Host-Rechnern und einem Verbindungssystem, bietet Vorteile, Flexibilität und Bedienungskomfort, die mit den einzelnen Komponenten des Systems alleine nicht erreicht werden können. IMDM und IMP, verbunden mit IMA, bieten eine hohe Flexibilität und Vielfältigkeit im Datenbankentwurf und in ihrer Bedienung. Die Bedienung kann nahezu völlig automatisch ablaufen, indem man beliebig viele Transmissionen, Reports, graphische Abfragen usw. vordefiniert und abspeichert. Diese gespeicherten Hilfsprogramme können nach Bedarf geändert werden. Verteiltes Rechnen wurde anhand von drei Beispielsystemen diskutiert: 1. einer Kundendatenbank, die Europa oder weltweit gepflegt und verwendet werden kann, 2. einer chemischen Stoffdatenbank, die ursprünglich für ein Host-System entwickelt wurde, und 3. einem kartographischen System, UNIS, das alpha-graphische Abfragen der Daten einer Stadt ermöglicht. Durch diese verschiedenartigen Beispiele werden die Vorzüge und Flexibilität des IM-

Systems deutlich: man kann Datenbanken mit PC-Entwurf auf ein Zentralsystem übertragen (Datenpflege dezentral), man kann ein Datenbank-Host-Entwurf und Pflege-System haben (dezentrale Benutzung), und schliesslich kann man den Entwurf auf dem Host mit dezentraler Pflege und Benutzung durchführen. Eine verteilte Lösung bietet Vorteile, die mit den Komponenten alleine nur sehr schwer zu erreichen wären.

Tabelle III.1. Vergleich zwischen IMDM und IMP

	IMDM (Cyber 180)	IMP (PC)
Zeichen/Rekord	32200	32000
Zeichen/Datei	2×10^{9}	*
Zeichen/Datenbank	$5,5 \times 10^{11}$	*
Anzahl der Rekords	2×10^{9}	*
Elemente/Rekord	65000	150
Benutzer: gleichzeitig	512	1
Eintragungsmöglichkeiten	65500	–

* Hängt von der Speicherkapazität des Rechners ab.

[1] IM/Personal Manual Version 1.0,
     Control Data Corp., Minneapolis, Minnesota (1986)

[2] IM/Access Manual Version 1.0,
     Control Data Corp., Minneapolis, Minnesota (1986)

[3] IM/DM Information Management, Pub. No. 60489014,
     Control Data Corp., Minneapolis, Minnesota (1986)

[4] Ilten, David F.: Studies in the Stepwise Simulation
     of Heat Transfer via Aircoolers, Proc. SCSC,
     San Diego, Calif., p. 323 (1986)

[5] Ilten, David F.: Numerische Verfahrenstechnik und
     der Umweltschutz, Proc. GDCh. Hauptversammlung,
     p. 3.3, Heidelberg (1985)

[6] UNIS - Universelles Netzinformationssystem,
     Control Data Spanien, Madrid, Spanien (1986)

Wir danken H. P. Schaumann, G. Ehinger und J. A. Perez
für wertvolle Diskussionen.

Entwicklung der zentralen und dezentralen Datenverarbeitung im techn.-wiss. Bereich eines Unternehmens des Großanlagenbaues

Kurt Freudenthaler
Horst Hessenauer
Kraftwerk Union AG, Erlangen

Zusammenfassung

Die Entwicklung der zentralen und dezentralen Datenverarbeitung in unserem Unternehmen wird erläutert. Auf der Hardwareseite wurden die Zentralrechner immer leistungsfähiger, ihre Einsatzflexibilität erhielten sie erst durch Bildschirmgeräte, Personal Computer und Workstations. Die sich daraus ergebende geänderte Interaktion mit dem Zentralrechner wird ebenso dargestellt, wie die veränderte Arbeitsmethodik bei der Softwareentwicklung.
Auf den ersten Zentralrechnern wurden nur einfache Modelle und Algorithmen programmiert. Mittlerweile werden komplexe Systeme simuliert, wobei die Steuerung und Benutzung dieser Computerprogramme durch komfortable Bedieneroberflächen auch DV-Laien möglich ist.
Für die Zukunft streben wir eine verteilte Datenverarbeitung in dem Sinn an, daß die Zentralrechner hohe Verarbeitungsleistung (number crunching) und zentrale Dienste (Verwaltung großer Datenmengen, Steuerung gemeinsamer Ressourcen) bereitstellen, während auf den angeschlossenen dezentralen Rechnern die Softwareentwicklung, die Textverarbeitung, die Dokumentation und Spezialaufgaben wie CAD ablaufen. (Abb. 1)

Einleitung

Die Kraftwerk Union AG (KWU) ist ein Tochterunternehmen der Siemens AG und betätigt sich auf dem Gebiet des Wärmekraftwerkbaus und entwickelt Verfahren und Systeme zur Energieumwandlung, Entsorgung und zum Service.
Die KWU hat 4 Standorte in der Bundesrepublik Deutschland und Berlin (West) mit insgesamt rund 14 400 Mitarbeitern.
An beiden Werksstandorten Mülheim und Berlin befinden sich eigene Rechenzentren, in denen auf Siemens-Rechnern das gesamte Aufgabenspektrum abgearbeitet wird.
Neben den Werken gibt es zwei Vertriebsstandorte in Erlangen und Offenbach.
Durch steigende DV-Aufgaben wurde es notwendig, in Erlangen 1972 ein eigenes Rechenzentrum zu gründen. Bis zu diesem Zeitpunkt wurde das Siemens-RZ in Erlangen mitbenutzt.
Um die RZ-Kunden am Standort Offenbach besser bedienen zu können, wurde 1980 auch dort Hardware installiert. Beide Rechenzenten werden gemeinsam geleitet und sind über Hochgeschwindigkeits-Leitungen eng miteinander verbunden.
Sie wurden ursprünglich für den Eigenbedarf eingerichtet, werden aber zunehmend auch als Servicerechenzentren angeboten. Externen Benutzern steht damit ein breites Software-Spektrum einschließlich Ingenieurleistung zur Verfügung.
In diesem Beitrag wird nur auf die Entwicklung der Datenverarbeitung an den Vertriebsstandorten in Erlangen und Offenbach eingegangen.
Im ersten Kapitel wird zunächst die zentrale Hardware (Rechenleistung, Zentral- und Peripheriespeicher) und anschließend die Software dargegestellt. Das zweite Kapitel befaßt sich mit der dezentralen Datenverarbeitung, wobei besonders der Einfluß der Hardware auf die Software-Entwicklung und die Arbeitsabläufe gezeigt wird.

1. Entwicklung der zentralen Datenverarbeitung

° Hardware

- Rechenleistung

Die erste DV-Anlage, die 1972 installiert wurde, war ein Siemens-
Rechner 4004-45 mit einer Leistung von ca. $0,1 \times 10^6$ Instruktionen
pro Sekunde (Mips), was ungefähr der Leistung eines heutigen PC's
entspricht. Der Rechner kostete ca. 1 Mio. DM bei einem Zentral-
speicherausbau von 128 K Byte und wurde mit einem reinen Batch-Betriebssystem (BS1000) gefahren.

Im März 1975 wurde die erste CDC-Anlage installiert. CDC-Anlagen deshalb, weil die Reaktorabteilungen von Siemens und AEG von der Kraftwerk Union übernommen wurden und diese bereits auf CDC-Anlagen gearbeitet hatten. Die CDC-6600 war damals für techn.-wiss. Aufgaben der
leistungsfähigste Rechner, womit sich bei der KWU folgende Aufgaben-
teilung ergab:

CDC-Anlagen
Techn.-wiss. Aufgaben
Programmiersprache FORTRAN

Siemens-Anlagen

Organisatorische und betriebswirtschaftliche Aufgaben
Programmiersprache COBOL

Wir liegen heute beim 700-fachen der Leistung von 1972. Man erkennt,
daß die Leistung der installierten Siemens-Rechner in den letzten Jahren relativ wesentlich stärker gestiegen ist als die der CDC-Anlagen.

Zur Zeit werden in Erlangen 2 CDC- und 3 Siemens-Rechner und in
Offenbach je eine DV-Anlage von beiden Herstellern betrieben (Abb.2).
Zwischen beiden Standorten liegen zwei Standleitungen je 64 KBd. und
eine 2 M bit-Leitung. Die Leistung der installierten Siemensrechner
ist zwischen 1972 (4004-45 mit 0,1 Mips) und 1987 (7.580 I mit 6 Mips)
auf das 60-fache gestiegen (Abb. 3).
In der gleichen Zeit sind die Kosten um den Faktor 22 gefallen. Die
leistungsstärkste Siemens-BS2000-Anlage liegt heute bei 27 Mips.
Durch den Anstieg der Rechenleistung bei Siemens-Rechnern, vor allem
bei Gleitpunkt-Operationen, werden diese bei der KWU auch verstärkt
für techn.-wiss. Aufgaben eingesetzt.

- Zentralspeicher

Ähnlich wie bei der Entwicklung der Rechenleistung sieht es bei den
Zentralspeichern aus (Abb. 4).
Die 4004-45 hatte einen Speicher von 128 K Byte. Die Siemens 7.580 I
wird mit einem Speicherausbau von 32 M Byte geliefert. Dies bedeutet
eine Steigerung seit 1972 um das 250-fache. Der maximale Speicherausbau liegt sogar bei 64 M Byte.
Dieser Prozeß wurde durch die fortschrittliche Halbleiter-Technologie
mit den hohen Packungsdichten ermöglicht. So werden bei der Siemens
7.580 I Bausteine mit 256 K bit verwendet.

- Magnetplattenspeicher

Auch bei den Magnetplattenspeichern ist die Entwicklung in Richtung
Kapazitäts- und Leistungssteigerung weitergegangen (Abb. 5). Die Kapazität ist von 7 Mega Byte auf 3,7 Giga Byte pro Einheit gestiegen
bei gleichzeitiger Reduzierung der Zugriffszeiten um den Faktor 3.
Da sich die Kosten pro Einheit nur unwesentlich erhöht haben, hat
sich der Preis pro Byte gewaltig reduziert. Die zentrale Datenhaltung
und Datensicherung wird eine der wichtigen Aufgaben des Rechenzentrums in der Zukunft sein, denn nur hier sind die technischen Voraus-
setzungen gegeben, um große Datenmengen wirtschaftlich abspeichern
und sicher archivieren zu können. Damit ist gewährleistet, daß alle
Benutzer auf die gleichen, jeweils aktuellen Datenbestände zugreifen
können.

° Software

- Software-Bestand

In den KWU-Rechenzentren stehen heute ca. 1500 KWU-eigene Programme
und 20 Lizenzprogramme für techn.-wiss. Aufgaben zur Verfügung (Abb.6).
Diese Programme sind in einer Programmbibliothek erfaßt und nach
phys.-techn. Gesichtspunkten gegliedert.
Die Bibliothek existiert als Katalog, kann aber auch im Dialog abge-
fragt werden. Neben den fertigen Anwenderprogrammen gibt es eine
Vielzahl von Hilfsroutinen auf dem Gebiet der Mathematik, Grafik und
Dateiverwaltung. Diese werden als Unterprogramme mehrfach genutzt.
Die Zustandsgleichungen für Wasser und Dampf sind z. B. in den mei-
sten thermodynamischen Programmen enthalten.
Diese Software beinhaltet das techn.-wiss. Know-how der KWU und wurde
mit einem beachtlichen Manpower-Aufwand erstellt. Die Speicherung der
Quellcodes erfolgt über ein zentrales Archivierungssystem.

- Arbeitsablauf bei techn.-wiss. Anwendungen

Jedes techn.-wiss. Verfahren läßt sich in 3 Bearbeitungsphasen unter-
gliedern (Abb. 7):
1. Vorbereitung der Berechnung
   Beschreibung des Berechnungsmodells
2. Durchführung der Berechnung
3. Auswertung der Ergebnisse

Der Arbeitsablauf stellt einen interaktiven Prozess mit dem Ziel dar,
sich einem gewünschten oder optimalen Ergebnis schrittweise zu nä-
hern.

Bei den ersten DV-Programmen im techn.-wiss. Bereich lag der Schwerpunkt auf der Berechnungsseite. Dieser Teil der Bearbeitung läuft
auch heute noch im Batchverfahren ab.

Jedoch können, als Ergebnis der Hardwareentwicklung, Modelle bearbeitet werden, deren Berechnung in dieser Form bisher nicht möglich war.
Als Beispiel sei hier die Festigkeitsuntersuchung einer Frischdampfabsperrarmatur mit dem Finite-Element-Programm "NASTRAN" genannt (Abb.8).
Das Modell besteht aus ca. 14000 Elementen mit ca. 20000 Knoten. Die
Laufzeit für die Berechnung eines Lastfalles beträgt auf der CYBER 990
ca. 3 Stunden. Insgesamt müssen 8 Lastfälle untersucht werden.

Bei einer Untersuchung wurde überprüft, welche der heute noch zentral
ablaufenden Jobs eventuell auf dezentrale Systeme verlagert werden
könnten und welche Entlastung dadurch auf der zentralen Seite erreichbar wäre (Abb. 9).

Vom monatlichen Rechenzeitbedarf werden lediglich 5 % für Dialog und
weitere 5 % für kleinere Batchläufe (10 CP-Sec.) benötigt.

Dies zusammen bedeutet, daß ca. 10 % der gegenwärtigen CP-Belastung
auch dezentral abgefahren werden könnte.

Betrachtet man dagegen die Jobanzahl, so erkennt man, daß ca. 90 %
aller Jobs die erwähnten 10 % Rechnerbelastung erbringen.

Eine Verlagerung dieser heute noch zentral ablaufenden DV-Verfahren
wäre dann wirtschaftlich, wenn damit Einsparungen bei der Bearbeitung
erzielt werden.

Dazu könnte die bessere Benutzeroberfläche, der Einsatz von Standardsoftware und die gleichbleibenden Antwortzeiten auf den dezentralen
Systemen beitragen.

Eine merkliche CP-Entlastung der zentralen Seite ist jedoch vorerst
nicht zu erkennen.

2. Die Entwicklung der dezentralen Datenverarbeitung (Abb. 10)

- Batchterminals

Erste Ansätze zur Dezentralisierung gab es 1975. Damals wurden die
ersten Batch-Terminals, d. h. Stapelstationen in Benutzernähe installiert, um Lochkarten einzulesen und Ergebnislisten auszudrucken um
den Gesamt-Turnaround durch Wegfall von Transportzeiten wesentlich
zu verkürzen. Bis heute sind diese Geräte im Einsatz, dienen aber
zur Zeit nur noch als dezentrale Druckstationen.
Die Softwareentwicklung lief Mitte der 70er Jahre vollkommen lochkar-
tenorientiert ohne Unterstützung durch Entwicklungswerkzeuge ab. Pro-
grammkorrekturen konnten zunächst nur durch den Austausch von Lochkarten vorgenommen werden bzw. mit Hilfe des Batch-Editors und Loch-
kartenverwaltungssystems UPDATE von CDC. Programmtesthilfen standen
in Form von Trace-Funktionen innerhalb des Fortran-Compilers zur Verfügung. Weitergehende Unterstützung bei der Fehlersuche konnte nur
durch Eingriffe ins Programm (Einbau von Kontrollausdrucken) erreicht
werden. Diese Vorgehensweise hatte zur Folge, daß das Programm immer
wieder neu übersetzt werden mußte.

- Dialogterminals

Ende der 70er Jahre standen dann mit den ersten Dialogterminals auch
einfache Editoren und Debugger zur Verfügung, mit denen die Programm-
erstellung und das Austesten komfortabler und schneller wurde. Zu
dieser Zeit wurde durch die Hereinnahme der CYBER 176 zusätzlich zur
CYBER 175 auch die Trennung zwischen reinem Batchbetrieb und dem interaktiven Betrieb vollzogen. Das Batch-Betriebssystem NOS/BE lief
jedoch auf beiden Anlagen weiter.
Von den Bildschirmarbeitsplätzen, die an der CYBER 175 angeschlossen
waren, wurden die "Lochkartenstapel" für die Produktionsläufe auf
der Plattenperipherie verwaltet, modifiziert (editiert) und als Batch-
Job zur CYBER 176 geschickt. Mit jeder Betriebssystemversion standen
neue oder erweitere Hilfsmittel zur Verfügung, die die Interaktion
und die Vor-Ort-Verarbeitung unterstützten und damit zu einer weiteren Verbesserung des Gesamt-Turnarounds führten. Anfang der 80er Jahre wurden die ersten Bildschirme mit lokaler Leistung eingeführt.
Sie ermöglichten es den Benutzern, auch während der Stillstandzeiten
der Rechner (Ausfall, Wartung) mit ihren lokalen Daten zu arbeiten,
Quellprogramme einzutippen oder neue Batch-Jobs zusammenzustellen.

Während bis zu dieser Zeit nur reine alphanumerische Bildschirme zum
Einsatz kamen, wurden ab 1980 die ersten grafischen Terminals (Tek-
tronix 4014) zunächst ohne Hardcopy-Einrichtung installiert. Damit
war es möglich, sofort vor Ort die Ergebnisse großer Batchläufe in
Kurven- oder Diagrammform darzustellen und sich einen schnellen Über-
blick über die Qualität von Rechenläufen zu verschaffen. Die Grafik-
erzeugung erfolgte dabei nicht online innerhalb der Programme, sondern wurde mit spezieller Plotsoftware nach den eigentlichen Programm-
läufen über Datenfiles realisiert. Dokumentationsreife Qualität er-
hielt man durch Ausgabe der Grafik auf zentrale Plotter.

- APR

Weitere 2 Jahre später, wurden die ersten Arbeitsplatzrechner (APR)
bzw. Personal Computer an die CDC-Anlagen angeschlossen. Der Einsatz
dieser Geräte erfolgte nicht flächendeckend, sondern Schritt für
Schritt.
Seit ihrer Einführung nahm die Nachfrage nach einfachen Bildschirmgeräten deutlich ab (Abb. 11). Danach ist die Zahl der installierten
Terminals stagnierend.

Während im technisch-organisatorischen und betriebswirtschaftlichen
Bereich bei Personal Computern nur Standardsoftware zum Einsatz
kommt, wird im technisch-wissenschaftlichen Bereich Eigenprorammie-
rung durchgeführt. Zwei Anwendungsschwerpunkte kristallisieren sich
dabei in letzter Zeit heraus. Zum einen werden Programme neu für den
PC geschrieben bzw. bestehende kleinere Programme vom Großrechner
auf den PC übertragen. Es handelt sich dabei vorwiegend um Über-
schlagsrechnungen, Programme mit einfachen mathematischen oder
physikalischen Modellen oder Auswertesoftware. Zum anderen werden
Vor- und Nachlaufprogramme (Pre- und Postprozessoren) für große
Batchverfahren des Zentralrechners erstellt. Ziel ist es in beiden Fällen, die Benutzerakzeptanz durch bedienerfreundliche Programm-
oberflächen zu steigern und die Gesamtdurchlaufzeit der Verfahren am
Rechner zu verkürzen.

- Beispiel einer verteilten Bearbeitung

Am Beispiel der Festigkeitsberechnung von Rohrleitungen mit dem DV-
System KWUROHR können die einzelnen Arbeitsphasen, die DV-gestützt ablaufen, dargestellt werden (Abb. 12).
Die Modellerstellung und die Beschreibung von Lastfällen erfolgt durch
den Ingenieur am Schreibtisch mit anschließender Eingabe am Bildschirm.

Die Vorlaufprogramme führen dann einen Datencheck durch und die generierten Isometrien werden graphisch ausgegeben. Damit sind Fehler bei der räumlichen Beschreibung der Rohrleitung bereits rechtzeitig vor der kostenintensiven Berechnung zu erkennen.

Das Berechnungsprogramm, das nach der Finiten-Element-Methode statische und dynamische Lastfälle untersucht, stellt als Ergebnis neben Listen auch Dateien für die Nachlaufprogramme zur Verfügung. Diese Nachlaufprogramme erlauben eine grafische Auswertung wie Verschiebungsplots und die Darstellung der Spannungen im Abwicklungsplot.

Bei dieser Art der Bearbeitung laufen heute noch alle Vor- und Nachlaufprogramme zentral ab. Die Ausgabe erfolgt jedoch bereits auf die angeschlossenen Terminals.

Die Leistung dieser Geräte wird genutzt, um Datenerfassung, Dateitransfer und Datenhaltung durchzuführen. Außerdem kann eine grafische Manipulation, wie z. B. Ausschnittsvergrößerungen durchgeführt werden.

- Workstation

Eine weitere Qualitätsverbesserung bei der DV-Bearbeitung erwarten wir durch den Einsatz von Workstations. Zusätzlich zum Bedienerkomfort, der bereits durch die PC erreichbar ist, bieten diese Workstations Werkzeuge, mit denen der gesamte Softwareerstellungsprozeß und die begleitende Dokumentation im Sinne moderner Software-Engineering-Prinzipien unterstützt werden.

Gegenwärtig sind die ersten Workstations bei der Entwicklung der Sicherheitsleittechnik mit gutem Erfolg im Einsatz. Dort ist eine umfassende und nachprüfbare Dokumentation von der Spezifikation bis zur Implementierung der Software nötig, da die gesamte Leittechnik dem Genehmigungsverfahren unterliegt. Darüber hinaus ist auf Grund der Langlebigkeit der Programme sicherzustellen, daß jederzeit eine personenunabhängige, vollständige Dokumentation vorliegt.

Weitere Einsatzschwerpunkte für die Workstations werden alle Bereiche innerhalb der KWU sein, in denen eigene Software weiterentwickelt wird, so z. B. in der neutronischen und thermohydraulischen Kernauslegung. Es ist geplant, die Workstations in den jeweiligen Abteilungen in Ringen zu vernetzen, um lokal Drucker und Plattenspeicher zu teilen. Die einzelnen LANs werden über schnelle Verbindungen an die Großrechner angeschlossen. Dabei ist nicht gedacht, wesentliche Rechenlast vom Großrechner auf die Workstation zu verlagern.

Erfahrungen in anderen Unternehmensbereichen zeigen, daß selbst bei
flächendeckender Einführung dieser Technik die Investitionen in die
Zentralrechner weiterhin stark steigen.

– CAD

Eine besondere Stellung innerhalb der Hardwarelandschaft nimmt das
CAD-Gebiet ein, da dort die Arbeitsplätze von Anfang an dezentral
betrieben wurden. Die hohe Rechnerleistung und die umfangreiche Datenhaltung werden durch Zentralrechner sichergestellt. Für die unterschiedlichen Arbeitsgebiete innerhalb der KWU sind spezifisch geeignete Systeme im Einsatz.
Mittelfristig streben wir nach Möglichkeit die Vereinheitlichung der
Hardware auf der Basis einer UNIX-Workstation an, die hohe Grafik-
leistung vor Ort liefert, während Datenhaltung und Datensicherung
aus Qualitätsgründen und wegen des erheblichen Datenvolumens weiterhin zentral erfolgen.

Ausblick
Diese im CAD-Bereich bereits praktizierte verteilte Datenverarbeitung
wird von uns auch für die anderen Arbeitsgebiete ins Auge gefaßt. Unser Ziel ist es (Abb. 1), die Stärken der zentralen System wie hohe
Verarbeitungsleistung, Verwaltung großer Datenmengen und Bereitstellung gemeinsamer Ressourcen mit den Vorteilen der dezentralen Systeme
wie Bedienerfreundlichkeit und Benutzernähe zu verbinden und damit
die Effizienz der Bearbeitung unserer vielfältigen Aufgaben zu erhöhen.

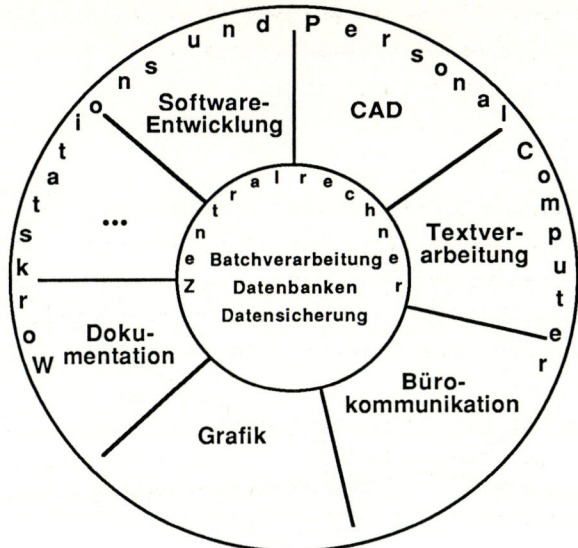

Abb.1: VERTEILUNG DER DATENVERARBEITUNG

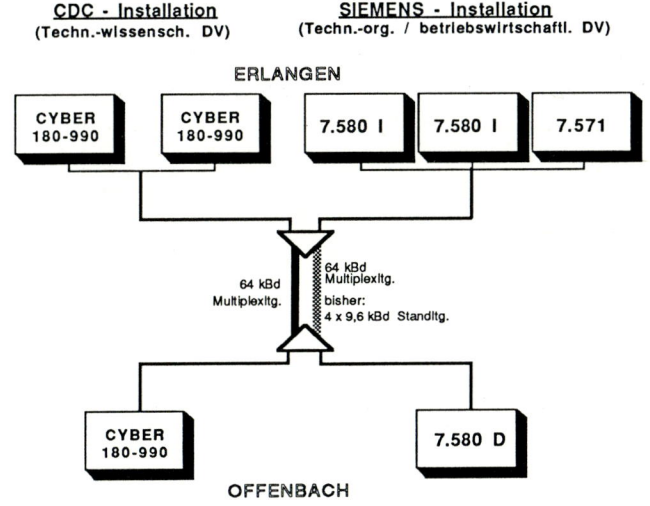

Abb.2: KWU-RECHNERKONFIGURATION
ERLANGEN / OFFENBACH
Geschäftsjahr 1986/87

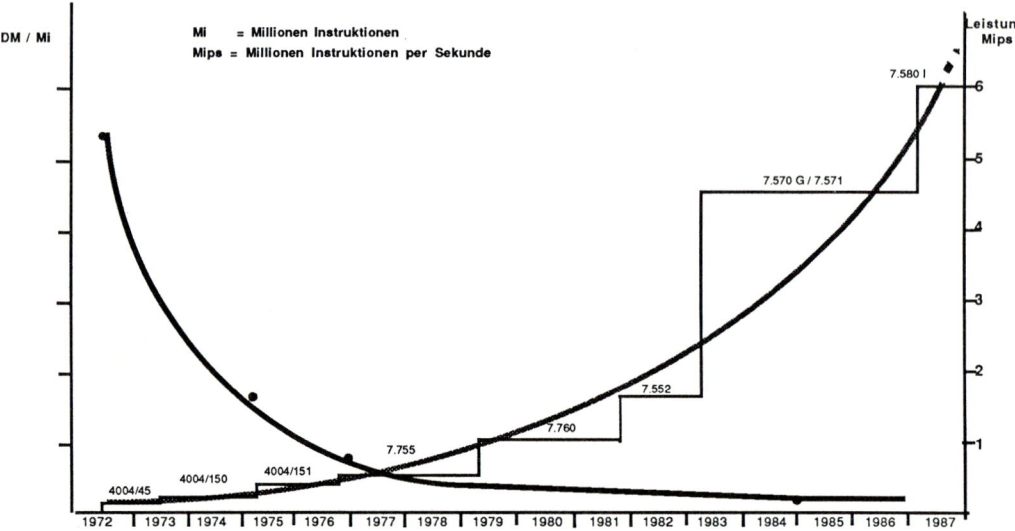

Abb.3: ENTWICKLUNG VON RECHEN-LEISTUNG UND -KOSTEN DER IM KWU-RZ INSTALLIERTEN SIEMENS-RECHNER

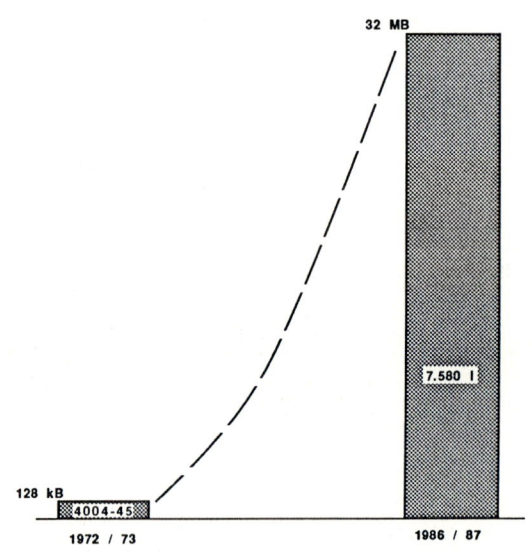

Abb.4: ENTWICKLUNG DER ZENTRALSPEICHER
(SIEMENS - Anlagen)

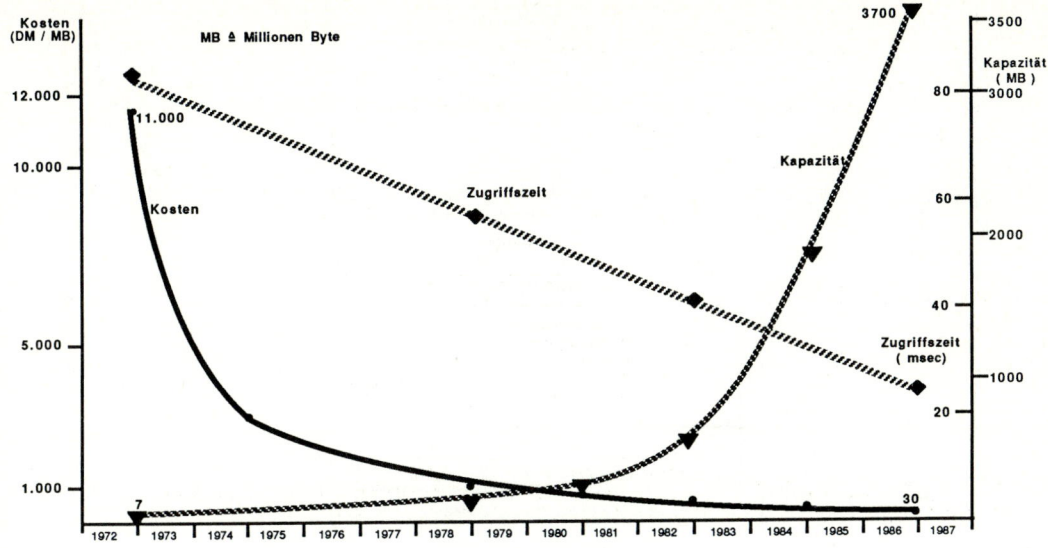

Abb.5: ENTWICKLUNG DER MAGNETPLATTENSPEICHER

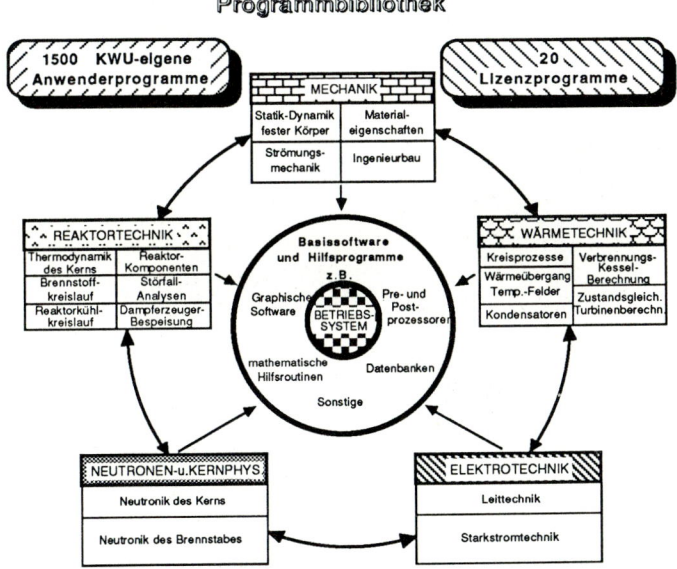

Abb.6: TECHNISCH-WISSENSCHAFTLICHE DV-ANWENDUNG

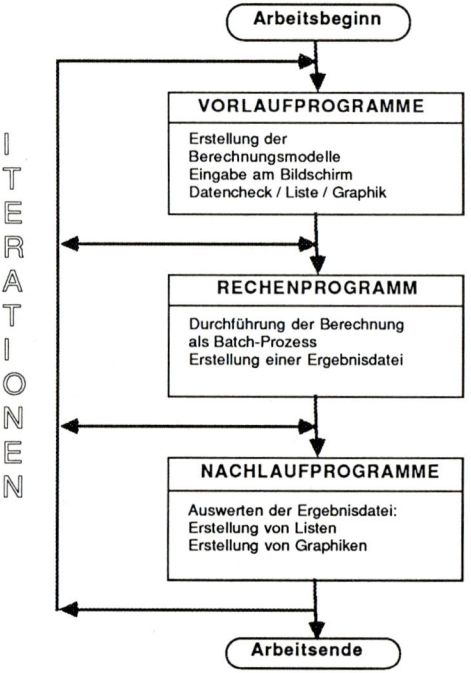

Abb.7: ITERATIVER ARBEITSABLAUF EINER
TECHN.-WISSENSCH. BERECHNUNG

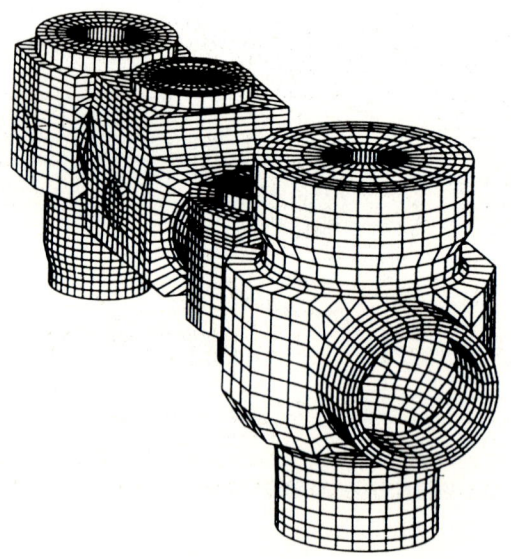

Abb.8: FINITE-ELEMENT MODELL EINER FRISCHDAMPFABSPERRARMATUR
FÜR DIE FESTIGKEITSBERECHNUNG MIT 14000 ELEMENTEN UND 20000 KNOTEN

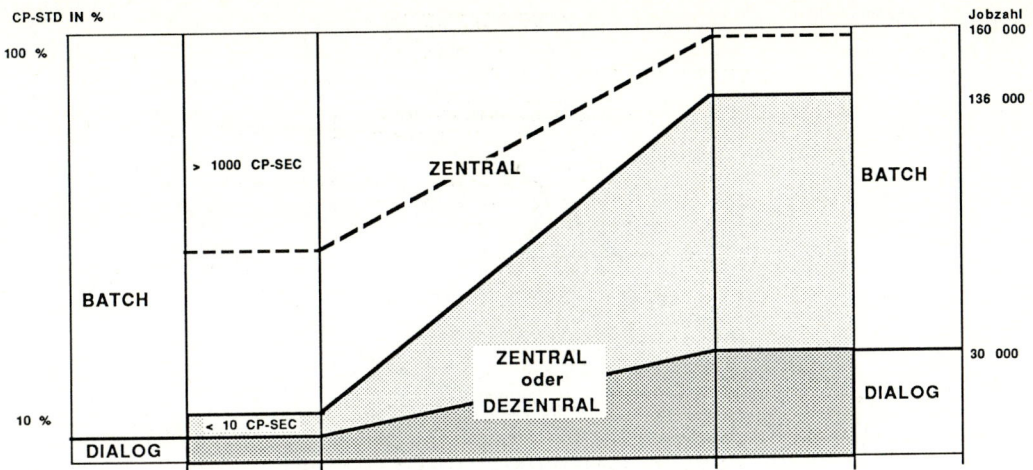

Abb.9: BATCH - DIALOGBETRIEB NACH JOBKLASSEN GEGLIEDERT

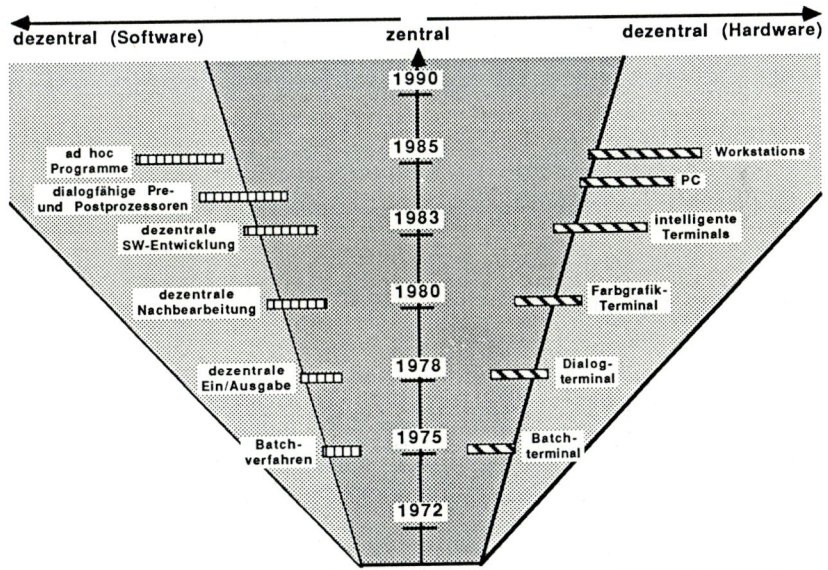

**Abb.10: ENTWICKLUNG DER ZENTRALEN UND DEZENTRALEN
DATENVERARBEITUNG BEI KWU**

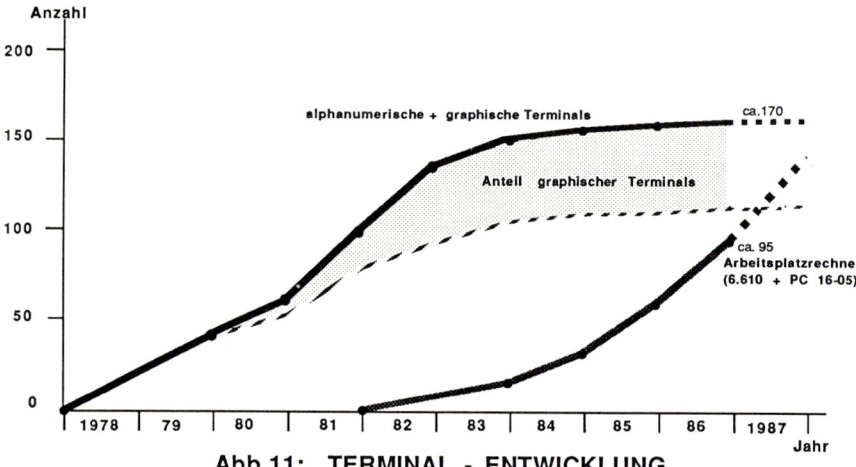

Abb.11: TERMINAL - ENTWICKLUNG
Für technisch - wissenschaftliche Anwendung

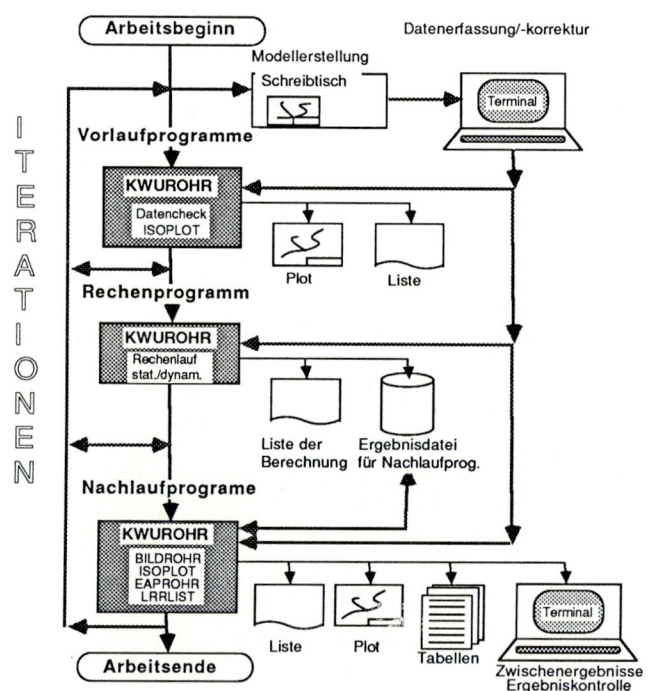

**Abb.12: ITERATIVER ARBEITSABLAUF EINER
KWUROHR-BERECHNUNG**

INFORMATION CENTER (IC) BEI IBM DEUTSCHLAND

- Erfahrungsbericht -
Gerd Hartmann
IBM Deutschland GmbH

1. Ausgangssituation

Das Potential zur Steigerung von Effizienz und Effektivität im Büro ist nach
wie vor enorm groß, denn bis zum Anfang der 80er-Jahre hat die Datenverarbeitung (DV) am Arbeitsplatz entweder nur reine Verwaltungs- und Routine-
arbeiten schneller gelöst und damit Büropersonal entlastet oder aber einigen
wenigen DV-Experten, besonders in Finanz- oder Planungsfunktionen, Hilfsmittel
für komplexe Rechenvorgänge an die Hand gegeben.

Diese Benutzer von DV-Systemen konnten

- dediziert geschult und
- für meist vorhersehbare Aufgaben unterstützt

werden.

Erst die Einführung von Individueller Datenverarbeitung (IDV) und Bürokommunikation (BK) für das gesamte Unternehmen, wie seit 1984 beschlossen und
begonnen wurde, erfordert andere Schulungsmethoden und andere Konzepte zur
Unterstützung der Benutzer.

Das Profil dieser Benutzer wird sehr vielschichtig:

- DV-Experten neben DV-Einsteigern
- Sachbearbeiter, Fachspezialisten, Sekretärinnen und Schreibkräfte sowie
  Führungskräfte bis hin zur Unternehmensspitze

werden Nutzer derselben Systeme und Anwendungen.

Neben dieser Veränderung der Benutzerprofile wird die Situation und erwartete
Entwicklung auf der Hardware-, Software- und Anwendungsseite ein wichtiger
Faktor für die Zielsetzung und Implementierung des Benutzerservice in der IBM:

- Das Angebot an Hardware, Software wird vielseitig sein und aus wirtschaftlichen Gründen oft unterschiedliche Lösungen für verschiedene Probleme
  und Benutzergruppen erfordern.

Um die in diesem Abschnitt beschriebene Situation und Entwicklung für die IBM Deutschland in geordneten, wirtschaftlichen Bahnen zu halten, wurde folgende Zielsetzung beschlossen:

2. Zielsetzung

Die Einführung des Benutzerservice hat vorrangige Ziele:

- Eine klare, eindeutige Organisation und Definition der Verantwortung stellt sicher, daß IDV und BK im Sinne der Unternehmensziele realisiert werden und damit teurer, unwirtschaftlicher "Wildwuchs" vermieden wird.

- Die Fachbereiche bekommen ein Höchstmaß an Eigenverantwortung im Einsatz von Datenverarbeitung.

- Gleiche Qualität des Services für alle Mitarbeiter(innen), ob in einer Geschäftsstelle in Kiel oder in einer Abteilung der Hauptverwaltung in Stuttgart, ob im Fachbereich Einkauf oder einer Vertriebsabteilung.

- Alle Maßnahmen des Benutzerservice tragen zur größeren Selbständigkeit des einzelnen Benutzers bei.

3. Implementierung

Die im folgenden beschriebene Implementierung des Benutzerservice wurde 1984 von der Unternehmensleitung entschieden und hatte damit von Beginn an unternehmensweite Bedeutung. Es war mehr als ein von einer zentralen Organisation "erfundenes" und einzuführendes Konzept.

3.1 Aufgaben/Verantwortung

Welche Fragen und Probleme hat der Benutzer?

- Welche Anwendung brauche ich?
- Wozu nützt mir ein PC?
- Wie gehe ich mit dem Gerät um?

- Woher bekomme ich die Daten?
- Wo erhalte ich die Resultate?
- Wo liegt der Fehler?

Hieraus lassen sich bereits die meisten Aufgaben des Benutzerservices ableiten. Es sind sowohl Fragen, die Planung und Konzeption erfordern als auch Fragen, die schnell und "vor Ort" beantwortet werden müssen. Die gewählte Struktur und Organisation soll diesem Rechnung tragen.

3.2 Struktur/Organisation

Die Benutzerservice-Struktur, im folgenden IC-Struktur genannt, besteht aus vier Komponenten:

- Das Zentrale IC ist als Abteilung des Organisationsbereiches verantwortlich für das IDV- und BK-Angebot im Unternehmen und verantwortlich für die Einführung der gesamten IC-Struktur.

- Die Funktionalen IC's sind Abteilungen des jeweiligen Fachbereiches, also des Finanz-, Personalwesens, des Vertriebs, der Planungsfunktion etc. Diese Funktionalen IC's setzen das Angebot für ihren Bereich auf wirtschaftliche Weise um, sie sind der Nutzenmotor in ihrem Fachbereich.

- Die Lokalen IC's sind Abteilungen des Verwaltungsbereiches, die an jedem Ort und in jedem Gebäude, in dem IBM Mitarbeiter(innen) arbeiten, vertreten sind. Diese IC's geben Unterstützung "vor Ort" und sind damit Nutzenhilfe.

- Der Benutzerservice im Rechenzentrum (User Help Desk) hilft bei allen Problemen, die in der Verbindung zum Rechenzentrum auftreten:

Im einzelnen sind die Aufgaben wie folgt definiert:

3.2.1 Zentrales IC

- Definition, Abstimmung, Information der unternehmensweiten IDV/BK-Strategie.

- Produktevaluierung und -empfehlung (Hardware/Software-Matrix).

- Beratung, Unterstützung für die empfohlenen Produkte als
  "Last Level Support".

- Information/Kommunikation

- Plankonsolidierung für Hardware/Software, Ausbildung, Benutzer.

- Schulungsmethoden

3.2.2 Funktionale IC's

- Definition, Abstimmung, Information der Fachbereichsstrategie-IDV/BK, die
  auf der Basis der Unternehmensstrategie und der vom Zentralen IC
  empfohlenen Produkte erstellt wird,

- Beratung und Unterstützung ("First Level") bei bereichsbezogenen Anwendungen und Daten,

- Planung, Konsolidierung, Freigabe der Hardware/Software-Produkte, Anwendungen, Ausbildung für den eigenen Fachbereich,

- Durchführung von Schulungen für den eigenen Fachbereich.

3.2.3 Lokale IC's

- Beratung, Unterstützung ("First Level") bei bereichsübergreifenden Anwendungen und Produkten "vor Ort", z. B. Textverarbeitung.

- Aufbau und Betrieb von Demo-Centers.

- System- und Benutzeradministrationen.

- Unterstützung bei Installation und Betrieb von Benutzer-Hardware, z. B.
  Terminals, PC's und Arbeitsplatzdruckern.

3.2.4 User Help Desks im Rechenzentrum

- Unterstützung bei Verbindungsproblemen zwischen Benutzer und Rechenzentrum.

3.3 Hilfsmittel für die IC's und Endbenutzer

Bei der großen Zahl von Benutzern und verantwortlichen IC-Abteilungen, kommt
der Kommunikation und Information eine sehr große Bedeutung zu. Es reicht
nicht, einmal am Beginn der Einführung, die Aufgaben und Verantwortungen definiert und publiziert zu haben. Vielmehr muß der Endbenutzer regelmäßig über
Status der IDV/BK-Einführung, über geplante Änderungen der Konzepte und
ähnliches informiert werden.

Ebenfalls notwendig ist der Informationsfluß umgekehrt: vom Endbenutzer über
Funktionale IC's zum Zentralen IC.

Dabei ist der richtige Zeitpunkt und die Auswahl und Menge an Informationen
fast so wichtig wie der Inhalt, sogar die Form und Aufmachung entscheidet mit
darüber, ob die Informationen "richtig ankommen".

Wir haben deshalb mehrere Elemente als Kommunikationsvehikel gewählt, die
unterschiedlichen Zweck und verschiedene Zielgruppen adressieren:

- Die Basis bildet ein Dokument "IDV/BK-Strategie in der IBM Deutschland". Es
  richtet sich in erster Linie an die Funktionalen und Lokalen IC's und
  enthält u. a. die jeweils gültigen Produktempfehlungen. Es wird 2 x jährlich
  auf den neuesten Stand gebracht.

- Eine Reihe von Schulungen, Demonstrationen und Workshops bieten den Benutzern wie den IC's Informationen über die empfohlenen (und nur über diese)
  Produkte und Anwendungen.

- Der DIALOG wird etwa alle 2 Monate vom Zentralen IC erstellt und an alle
  DV-Benutzer verschickt.

Er gibt einen <u>Oberblick</u> über Veränderungen in Konzepten, Erfahrungen,
Problemen und gibt Hinweise auf andere Medien oder Quellen für Benutzer, die
weitere Details erfahren wollen. Dabei adressiert diese Broschüre die Gebiete "BK, PC, IDV und Ausbildung".

- Die Broschüre PIK (PC-Information und -Kommunikation) wird ebenfalls im
  Zentralen IC erstellt und wendet sich an den PC-Experten. Der Empfängerkreis
  ist entsprechend kleiner.

- Ein wesentliches Element, um den Erfolg der IDV/BK beim Endbenutzer, seine
  Zufriedenheit mit der Unterstützung durch IC's, zu erfahren, sind Benutzer-
  umfragen. Diese werden 1 x jährlich durchgeführt.

4. <u>Status und Ausblick</u>

Die besonderen Anforderungen und Schwierigkeiten bei der Implementierung der
IC's waren Zeitpunkt und Zeitdauer: Sie mußte parallel zur Einführung von
IDV/BK selbst erfolgen und soll in kurzer Zeit nach Beginn abgeschlossen sein.

Hinzu kam unsere Überzeugung, daß ein effektiver und effizienter Service durch
IC's nur möglich ist, wenn das Verhältnis zwischen Anzahl Benutzern und
IC-Mitarbeitern "stimmt":

Dieses Verhältnis ist zwar abhängig von verschiedenen Faktoren, z. B. Grad der
Durchdringung eines Fachbereiches mit Datenverarbeitung oder örtliche, räumliche Gegebenheiten; wir haben jedoch als Unternehmensziel ein Verhältnis von
70 : 1 angenommen.

Nach dem Beginn im Jahr 1985 war der Schwerpunkt der Aufgabe Benutzerservice in
1986 der <u>Auf- und Ausbau von Funktionalen und Lokalen IC's,</u> d. h. die Auswahl
und Ausbildung von Mitarbeitern in diesen Funktionen.

Heute, Anfang 1987, sind in allen größeren Fachbereichen Funktioale IC's eingerichtet und geben wirkungsvolle Unterstützung im Einsatz von IDV und BK.

Lokale IC's sind in fünf Regionen - Hamburg, Düsseldorf, Frankfurt, Stuttgart
und München sowie in mehreren Gebäuden der Hauptverwaltung im Raum Stuttgart -
etabliert.

Die Ziele in 1987 heißen:

- Aufbau der Lokalen IC's auf allen größeren Lokationen.

- Ausdehnung der Unterstützung durch diese Lokalen IC's und damit Verlagerung der Beratung und Unterstützung ("First Level") noch näher an den Endbenutzer.

- Schulung der Sekretariate und Schreibkräfte in IC-Arbeiten und damit Verlagerung der Schwerpunkte in diesen Funktionen von Schreib- zu Service-Sekretariaten.

5. Zusammenfassung und Fazit

Das Potential zur Verbesserung der Produktivität und Wirtschaftlichkeit eines Unternehmens durch den Einsatz von IDV und BK ist unbestritten und enorm groß. Die Risiken bei falschem Einsatz sind jedoch ebenfalls nicht zu übersehen. Weder eine zentrale Organisationsberatung allein noch der Benutzer selbst kann diese Risiken vermeiden. Um "Wildwuchs", "Insellösungen" und "Investitionsruinen" zu vermeiden, ist eine Servicestruktur erforderlich. Dabei ist

- ein klares Konzept mit Verantwortung und Aufgaben

ebenso notwendig wie

- die konsequente Einführung des IC-Konzeptes.

Unsere bisherigen Erfahrungen zeigen, daß die Unterstützung der Unternehmensleitung am Beginn der Implementierung sowie die frühzeitige Beteiligung und Einbindung der Fachbereiche in den Einführungsprozeß, der richtige Weg für das Erreichte waren.

Verteilte Transaktionsverarbeitung und verteilte Datenbanken - Konzepte und Produkte

Hans von Koch
Siemens AG, K D VMP 1322
Otto-Hahn-Ring 6, 8000 München 83

Zusammenfassung

Die unterschiedlichen Konzepte - globaler Datenzugriff innerhalb lokaler TP-Transaktionen bzw. lokaler Datenzugriff innerhalb globaler TP-Transaktionen - werden an einfachen Modellen exemplarisch dargestellt und die jeweiligen Vor- und Nachteile erörtert. Darüberhinaus werden entsprechende Lösungen in den Siemens-Produkten UTM-D, UDS-D und SESAM-DCN vorgestellt.

1. Einführung

Die Merkmale klassischer DB/DC-Systeme [1, 2] sind hinreichend bekannt. Halten wir nur die für das Verständnis der späteren Ausführungen wichtigsten Dinge fest: Die beiden zentralen Komponenten eines DB/DC-Systems, das DBMS (**D**ata **B**ase **M**anagement **S**ystem) und der TP-Monitor (**T**ransaction **P**rocessing) sind entweder miteinander gekoppelt oder vollständig verschmolzen und sie entlasten gemeinsam die Anwendungsprogramme von Problemen der Datenkonsistenz, der Koordinierung konkurrierender Zugriffe einer Vielzahl von Endbenutzern auf Daten und Verarbeitungsleistung, und der Bereitstellung eines wirksamen Zugriffsschutzkonzeptes. Ein DB-System bietet dem Programmierer eine wesentlich abstraktere Sicht auf die Daten, als dies beim Umgang mit normalen Dateien der Fall wäre, und der TP-Monitor bietet ihm eine völlige Unabhängigkeit von der Physik des Kommunikationsnetzes.

Im Hinblick auf die Verteilungsthematik interessieren wir uns hier für den Fall, wo DBMS und TP-Monitor als autonome Einheiten miteinander kommunizieren. Entscheidend ist dabei die Abstimmung beider Syteme bezüglich des gemeinsamen Elements "Transaktion". Unter einer Transaktion verstehen wir die Zusammenfassung von mehreren Aktionen zu einer Einheit, die entweder komplett oder überhaupt nicht durchgeführt wird. Dem Ende einer Transaktion entspricht ein sog. Sicherungs- oder Konsistenzpunkt, an dem das System automatisch wiederaufsetzt, wenn aufgrund irgendwelcher hardware- oder softwarebedingter Probleme die nachfolgende Transaktion nicht erfolgreich beendet werden konnte. Im typischen Fall wird durch die Eingabe eines TAC (**T**ransaktionscode) von der Datensichtstation aus die Durchführung einer TP-Transaktion veranlaßt. Diese wird realisiert durch den Ablauf eines oder mehrerer TP-Anwendungsteilprogramme, von welchen eines nun irgendwann seinerseits den Wunsch an das DBMS stellt, eine DB-Transaktion zu eröffnen. Ist diese DB-Transaktion erfolgreich abgeschlossen, so kann der Fall eintreten, daß danach noch das TP-Anwendungsprogramm seinen Konsistenzpunkt nicht erreichen kann. Der Endbenutzer bekommt dann nicht (wie im "Gut-Fall") das Ergebnis seines Auftrags auf den Bildschirm geschickt, und auch sonstige "Umweltveränderungen" (z.B. Druckaufträge) werden nicht ausgeführt, sondern jener bekommt wieder seinen vorherigen Bildschirm. Was aber geschieht mit der Datenbank (z.B. nach einer Update-Transaktion) ? Der springende Punkt besteht nun darin: Das Datenbanksystem hat bisher nur einen "vorläufigen" Sicherungspunkt erreicht und ihr Transaktionsende bis zum Eintreffen der erhofften Gut-Quittung des Monitors verzögert, die Änderungen auf der Datenbank waren also noch nicht endgültig festgeschrieben und somit kann das DBMS noch von seiner Rücksetzfähigkeit Gebrauch machen um den vorigen Konsistenzzustand der Datenbank wiederherzustellen. Die Realisierung solcher Verfahren, wie sie praktisch bei allen "geschachtelten" Transaktionen nötig sind, basiert auf dem sogenannten "two phase commit-Verhalten", wie es z.B. in [3] beschrieben ist.

Nun kann es aber vorkommen, daß ein Programm, das einen Transaktionsauftrag bearbeitet und bei der lokalen Transaktionsverarbeitung dazu nur lokale Operationen wie z.B. DB-Zugriffe oder Druckausgaben benutzt hat, jetzt die Ausführung einer Funktion benötigt, die lokal nicht verfügbar ist oder daß z.B. Daten, auf welches das DBMS zugreifen will, in einer Datenbank gespeichert sind, welche an einem anderen Rechner hängt. Wenn wir sagen "klassisches DB/DC-System", so meinen wir damit, daß alle seine Ressourcen lokal in einem Hostrechner zur Verfügung stehen. Eine solche Situation ist aber oft schwer erreichbar und in vielen Fällen auch gar nicht erwünscht. Welche Gründe gibt es dafür?

1. Verwirklichung organisatorischer Konzepte

Eine Vernetzung mehrerer DB/DC-Systeme kann sowohl durch Zusammenwachsen als auch durch "Auseinanderwachsen" (Schlagwort: "Dezentralisierung") entstehen.

a) Zusammenwachsen:

Immer mehr DV-Anwendungen, die zunächst nur als isolierte Insellösungen existiert haben, tendieren später dahin, zu einem integrierten Gesamtsystem zusammenzuwachsen. Zum Beispiel sind in Filialen von Großunternehmen und Großbanken Anwendungssysteme entstanden und Datenbanken aufgebaut worden, deren Leistungen bzw. Inhalte unternehmensweit zugänglich gemacht werden sollen. Solange die verschiedenen DV-Systeme isoliert arbeiten, entstehen dabei Schwierigkeiten, welche heute oft noch mittels umfangreicher organisatorischer Maßnahmen abgefangen werden müssen. Vernetzte, rechnerübergreifende DB/DC-Systeme bieten hier völlig neue Problemlösungen.

b) Dezentralisierung:

Anders als im vorigen Fall ist hier zunächst ein einziges großes RZ der Ausgangspunkt. Nun soll der Forderung Rechnung getragen werden, daß sich die Datenbestände und die Verarbeitungskapazität dort konzentrieren, wo sie eigentlich hingehören, nämlich am Ort der Entstehung und Verantwortung. Verteilte Datenbestände spiegeln dabei in natürlicher Weise die auf dem Prinzip der Arbeitsteilung gegründeten Organisationsstrukturen wider: Dienstleistungen können dezentralisiert, Verantwortlichkeiten delegiert werden (Abteilungen, Zweigwerke, Filialen).

2. Gemischte Hardware und Software

Die oben genannten Tendenzen führen in der Praxis sehr oft zu einer ausgeprägten HW/SW-Heterogenität. Es kommt auch schon immer häufiger vor, daß in ein und demselben Rechenzentrum ganz unterschiedliche DB/DC-Systeme nebeneinanderstehen, welche jetzt kooperieren sollen: Im "einfachsten" Fall finden wir zwei DB-Systeme unterschiedlichen Typs vor, welche in einer gemeinsamen Dialoganwendung zusammenwirken sollen; es geht aber auch oft darum, Anwendungen miteinander zu koppeln, deren Environments nicht nur hinsichtlich des DB/DC-Systems, sondern auch was Betriebssystem und Hardware anbelangt, jeweils gänzlich anders aussehen.

3. Erhöhung der Verfügbarkeit

Für viele Kunden ist Verfügbarkeit der DV-Lösung eine lebenswichtige Funktion. Oft können kurzzeitige Systemausfälle schon schwerwiegende Folgen haben. Dem kann eine sinnvolle Verteilung der Hardware/Software entgegenwirken. Manches Unternehmen wünscht sich dazu auch eine geographische Dezentralisierung, etwa im Rahmen eines weitangelegten Sicherheitskonzepts (z.B. Risikoverteilung zur Vorsorge gegen Katastrophenfälle).

4. Erweiterungsrechner als Alternative zum Upgrading

Falls das Hochrüsten einer ZE an Grenzen stößt, so kann im Rechnerverbund ein Anlagenengpaß durch Hinzunahme eines weiteren Rechners abgebaut werden. Dann sollen natürlich auch Teilbestände einer Datenbank oder des Verarbeitungspotentials ausgelagert werden können, ohne die bestehende DB/DC-Anwendung in isolierte Einzelteile zerreißen zu müssen.

Was immer es auch heißen mag, daß auf mehrere Rechner verteilte Datenbanken und Transaktionen gekoppelt sind, so gibt es doch funktionale Charakteristika, welche in dieser neuen Umgebung sinnvollerweise erfüllt sein sollten. Die meisten entsprechen in der Tendenz natürlich den typischen Eigenschaften klassischer, also lokaler und homogener DB/DC-Systeme:

Dialogvorgänge über mehrere Rechner

Bearbeitung eines Dialogvorgangs, der Daten aus mehreren Rechnern/Anwendungen benötigt, dabei wie bisher die gleichzeitige Bedienung einer Vielzahl von Endbenutzern.

Rechnerübergreifende Transaktinssicherung-Datenintegrität

Die Konsistenz der Daten muß auch hier in allen Fehlersituationen gewährleistet sein - kein Datenverlust, keine Datenverdopplung.

Restartfähigkeit

Nach dem Ausfall einer der am Dialog beteiligten Komponenten müssen automatisch alle Daten wieder auf einen netzweit konsistenten Zustand gebracht werden - Wiederanlauf im Sekunden- bis Minutenbereich.

Erkennen und Auflösen rechnerübergreifender Deadlocks

Minimierung des Datentransports

Nur die tatsächlich benötigten Daten, z.B. ein Datensatz, ein ermitteltes Ergebnis, sollen über die Leitung transportiert werden.

Netzweiter Datenschutz

Über das gesamte in die verteilte DB/DC-Anwendung involvierte Netz muß der Zugang zu den Ressourcen - also sowohl zu Programmen als auch zu Daten - kontrollierbar sein.

Transparenz (= Unsichtbarkeit) der Verteilung für den Endbenutzer

Obwohl mehrere Softwarekomponenten über mehrere Rechner verteilt zusammenarbeiten, sollen sie sich dem Endbenutzer gegenüber so verhalten, als hätte er es nur mit einer einzigen zu tun. Vom Sachbearbeiter am Terminal ist keine Kenntnis des Systems zu verlangen; die Verteilung der Daten und der Ort der Verarbeitung bleiben für ihn also vollkommen transparent.

Aufwärtskompatible Erweiterungen der Programmschnittstelle

Bestehende Anwendungen sollen leicht für den netzweiten DB/DC-Einsatz anpaßbar sein.

2. Zwei Prinzipien der Kommunikation verschiedener DB/DC-Systeme

Auf der Basis eines Netzes von Verarbeitungsrechnern mit den daran angeschlossenen Datenträgern sollen zwei DB/DC-Systeme kommunizieren und gemeinsam die Aufträge von Endbenutzern bearbeiten. Es gibt dabei grundsätzlich zwei Kategorien von Verteilungsobjekten.
a)   Die Daten bzw. Datenbanken
b)   Die auf den Daten operierenden Programme

Dies führt zu zwei Systemkonzepten der entsprechenden DB/DC-Software. Gehen wir zur Veranschaulichung von folgender Situation aus: In einem Verarbeitungsrechner VAR1 ist ein DBMS installiert, welches eine Datenbank DB1 verwaltet. Außerdem läuft im VAR1 ein Anwendungsprogramm AP 1 ab, welches auf DB1 mittels des DBMS unter Steuerung eines TP-Monitors zugreift. Das Analoge geschieht in einem zweiten Rechner VAR2 mit einer Datenbank DB2:

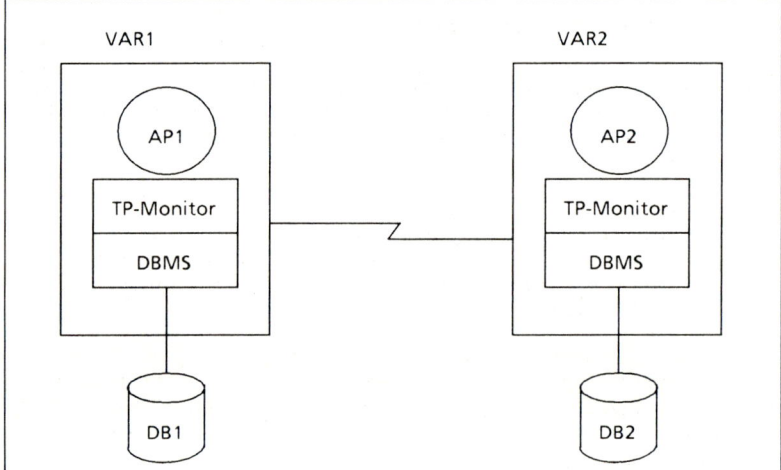

Die Rechner sind über ein Kommunikationsnetz miteinander verbunden. Dies allein ermöglicht noch keine koordinierte Zusammenarbeit der beiden DB/DC-Systeme. Diese geschieht nun entweder
a)   auf der DBMS-Ebene oder   b)   auf der TP-Ebene:

a)   Die Anwendungsprogramme arbeiten lokal in dem VAR, an den sich der Endbenutzer angeschlossen hat ("Lokale Verarbeitung"). Die eigentlichen "entfernten" Kommunikationspartner sind aber die beiden DB-Systeme. Diese koordinieren die Zugriffe auf die verteilten Datenbanken, wobei die Anwendungsprogramme bei der Bearbeitung eines Transaktionsauftrags auf die im gesamten Rechnernetz verteilten Daten so zugreifen können, als ob diese lokal gespeichert wären. Der Ort der Daten ist also nicht nur für den Endbenutzer, sondern auch für das Anwendungsprogramm vollkommen irrelevant. Die Verteilungskomponente des lokalen DB-Sytems analysiert den Datenbankaufruf und leitet ihn eigenständig an das richtige DB-System - entweder an das lokale, oder durch das DFÜ-Netz an das entsprechende im entfernten Rechner. Im Netz transportiert werden also jeweils Datenbankaufträge (DML-Anweisungen) und die dazugehörigen Ergebnisse, die dann wieder ausschließlich lokal verarbeitet werden.

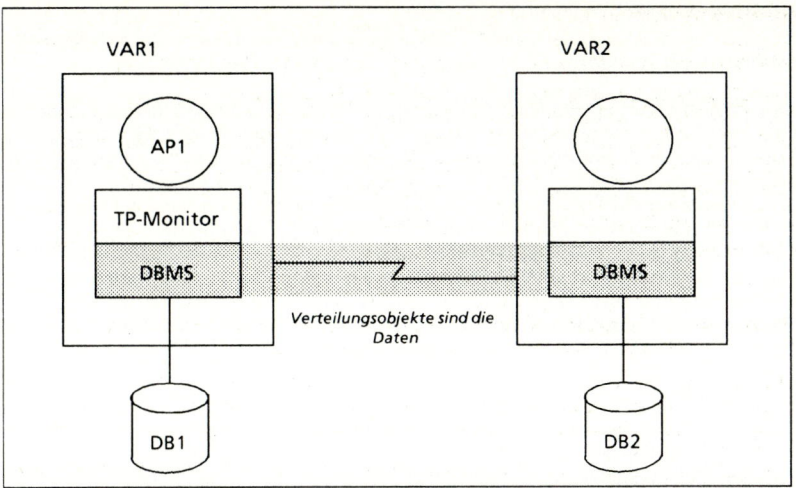

Prinzip: Transport der Daten zum Ort der Verarbeitungsleistung unter Steuerung der beteiligten DBMS.

b) Die entfernten Anwendungsprogramme arbeiten mittels ihrer TP-Monitore global miteinander zusammen ("verteilte Verarbeitung"), während die Datenbankzugriffe selbst jeweils lokal erfolgen. Hier werden also nur Verarbeitungsaufträge und -ergebnisse über die Leitung geschickt, unabhängig davon, wieviele Datenbankzugriffe zur Abarbeitung des Auftrages benötigt werden. Aus der Sicht des Terminalbenutzers läuft eine verteilte Transaktion genauso ab wie eine lokale Transaktion. Die Anwendungsteilprogramme jedoch müssen die Verteilung berücksichtigen. Eine Terminaleingabe wird von der Nachrichtensteuerung des TP-Monitors zunächst immer an ein Programm der lokalen Anwendung geleitet. Wenn dieses Programm feststellt, daß zur Bearbeitung Leistungen einer entfernten Anwendung gebraucht werden, schickt es (durch einen Funktionsaufruf an die Verteilkomponente des Monitors) eine Nachricht dorthin und startet damit dort einen neuen Vorgang. Im Dialog miteinander bearbeiten dann der lokale und der entfernte Vorgang die Terminalnachricht.

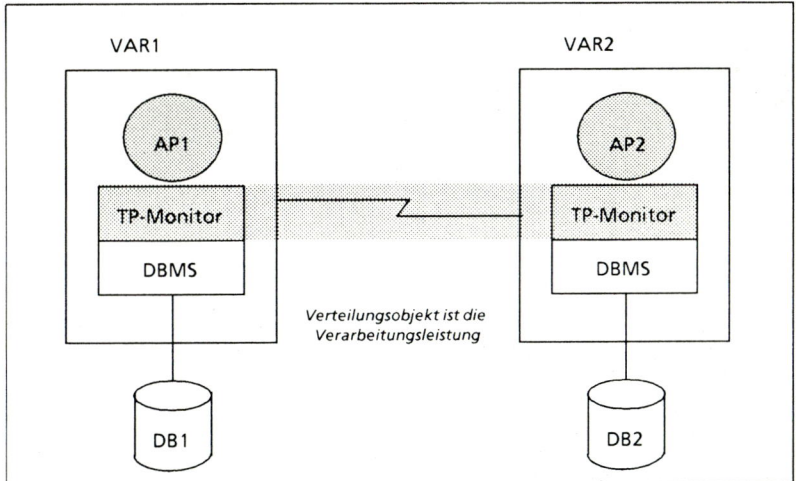

Prinzip: Transport der Verarbeitungsleistung zum Ort der Daten unter Steuerung der TP-Monitore.

Wie sehen die beiden Konzepte nun konkret aus?

Beispiel: Geldabheben im Urlaub

Stellen wir uns zunächst vor, ein Bankkunde möchte zu Hause bei seiner Bank Geld abheben. Dabei haben wir folgendes vereinfachte Modell vor Augen: Von einem Datenbanksystem werden sowohl die Konten der Kunden als auch die Auszahlungskasse verwaltet. Nach einer vorangehenden Bonitätsprüfung werden Kontostand des Kunden und Kassenstand der Bank um den gewünschten Geldbetrag vermindert - alles zusammen innerhalb *einer* Transaktionsklammer; denn kann die Transaktion aus irgendwelchen Gründen nicht erfolgreich zu Ende geführt werden - etwa in der Situation "Kontostandänderung durchgeführt, aber zur Zeit keine Auszahlung möglich" -, so müssen alle von der Transaktion betroffenen Daten automatisch wieder auf den alten (konsistenten) Zustand gebracht werden. Nur wenn der gewünschte neue Konsistenzzustand erreicht ist, werden die Veränderungen festgeschrieben und der Geldbetrag kann ausbezahlt werden.

Eine Transaktion *"Geldabheben"* könnte also etwa so ablaufen:
- Eingabe prüfen
- Kontostand abfragen
- vom Konto abbuchen
- Geld aus Kasse abbuchen

Modifizieren wir die Situation jetzt dahingehend, daß der Kunde Geld am Urlaubsort München bei einer dortigen Niederlassung seiner Bank abheben will, wobei sein Konto allerdings am Heimatort Berlin von der Datenbank der dortigen Niederlassung verwaltet wird. In der Praxis werden heute kleine Geldbeträge (Euroscheck) ohne Rückfrage ausbezahlt. Bei größeren Beträgen muß der Kunde eine telefonische Rückfrage an seine Heimatbank bezahlen. Wir wollen aber an diesem Beispiel erläutern, wie hier die beiden Konzepte der verteilten Verarbeitung zur Wirkung kommen:

Es soll also eine Transaktion *"Geldabheben im Urlaub"* angestoßen werden, welche den völlig analogen Ablauf wie die lokale Transaktion *"Geldabheben"* hat. Dabei werden die Eingabeprüfung und das Abbuchen aus der Kasse lokal in München, die Datenbankzugriffe auf das am Heimatort Berlin befindliche Konto (Abfragen, Abbuchen) vom entfernten DB/DC-System abgewickelt, einschließlich - und das ist entscheidend - der vorher beschriebenen, jetzt aber rechnerübergreifenden Transaktionssicherung.

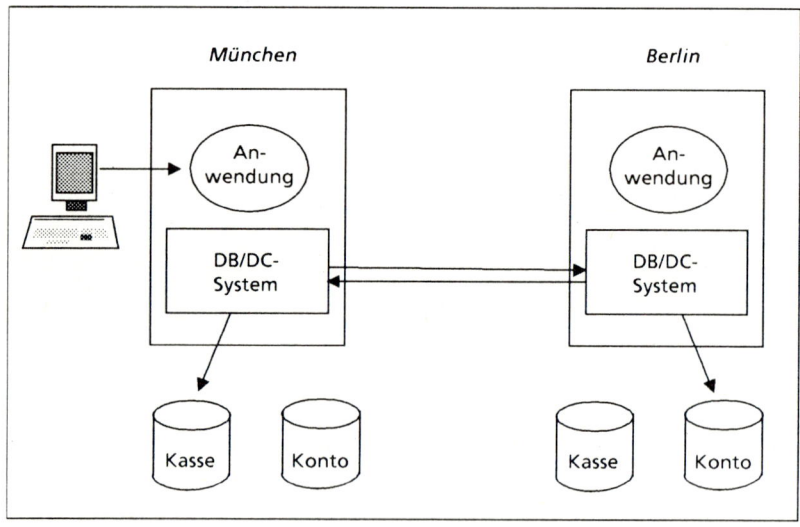

45

Das folgende Bild zeigt, wie sich die Zusammenarbeit der beiden DB/DC-Systeme gestaltet,
a) bei Kopplung der DB-Systeme (gepunktete Linien, *kursive Schrift*)
b) bei Anwendungskopplung über die TP-Monitore

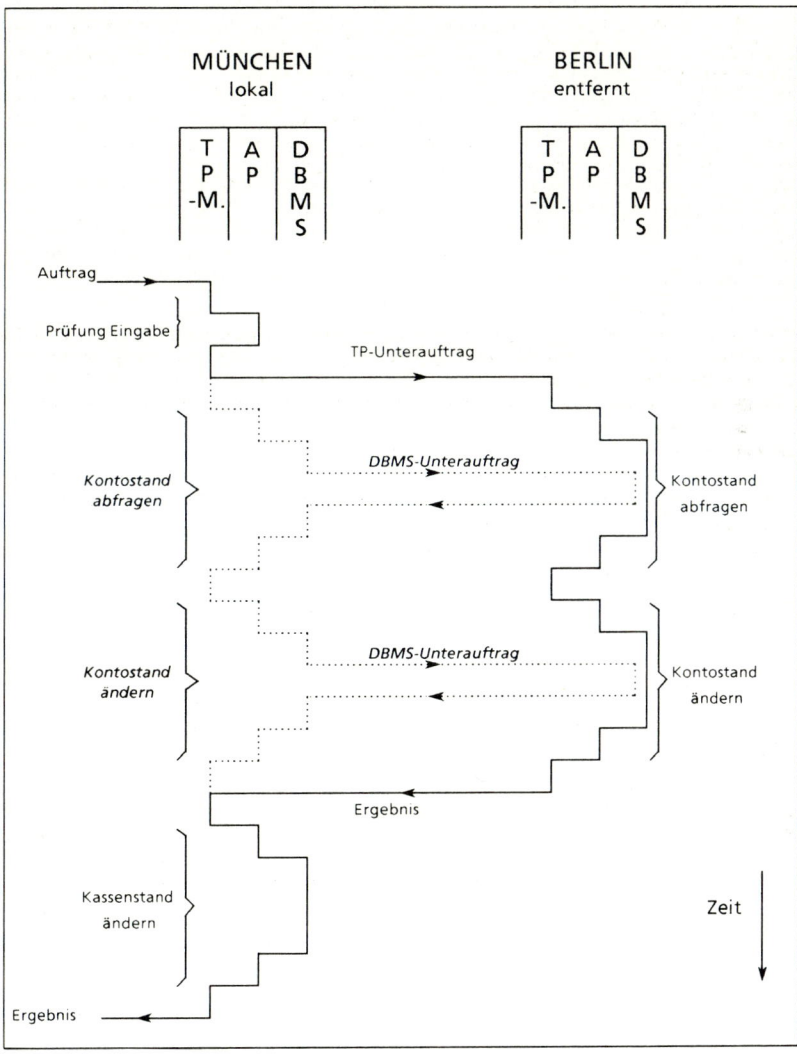

3. Realisierungen in Siemens-Produkten

Die beiden im vorigen Abschnitt erläuterten Verfahren - a) bzw. b) - wollen wir kurz als "Verteilte Datenbanksysteme" - VDB bzw. als "Verteilte Transaktionsverarbeitung" - VTV bezeichnen.

a) VDB

Die heute im Einsatz befindlichen Siemens-Datenbanksysteme UDS und SESAM realisieren mit den Zusatzprodukten UDS-D bzw. SESAM-DCN als Verteilungsinstanzen die in a) geschilderte Verteilungsform. Weil in der Vergangenheit noch keine Standards für diese Art der Kooperation unterschiedlicher DBMS festgelegt und in realen DBMS implementiert worden sind, ist diese Art der Verteilung nur zwischen homogenen DBMS-Netzen möglich auf der Basis der gleichen Betriebssysteme. Folglich sind heute nur die Kopplungen UDS-UDS, SESAM-SESAM möglich.

Alle Formen des Zugriffsschutzes, wie sie im lokalen Fall bei diesen Produkten schon bestehen, sind über UDS-D und SESAM-DCN globalisiert, weil alle Informationen, anhand derer ein DBMS feststellen kann, für welche Datenzugriffe der Endbenutzer autorisiert ist, zusammen mit dem DB-Aufruf über die Leitung geschickt werden. Alle vorher geschilderten Funktionen - two phase commit-Verhalten, netzweite update-Transaktionen mit Deadlockerkennung und -behandlung und mit Wiederanlauf im Fehlerfall - sind in beiden Produkten implementiert.

In jüngster Zeit sind die Normungsaktivitäten für verteilte DB-Zusammenarbeit - RDBA (Remote Database Access) weit fortgeschritten und parallel sowohl bei ISO als auch bei ECMA eingebracht worden [4], so daß in der Größenordnung 3 Jahre hier mit einem internationalen Standard zu rechnen ist, welcher in die OSI-Welt paßt. SQL läßt sich auf diese Norm abbilden, sie ist aber offen für beliebige andere Datenbanksprachen. Die Norm ist in der ISO-Schicht 7 angesiedelt und benutzt vorhandene Protokollelemente von ROS (Remote Operation Service) und CCR (Concurrency, Commitment, Recovery). Auf dieser Basis ist also dann ein heterogener DB-Verbund möglich. Darauf wird auch die Siemens-Bürosystem-Architektur aufbauen, um BS2000- und SINIX-Datenbanksysteme zu koppeln.

b) VTV

Verteilte TP-Transaktionen können mit den TP-Monitor UTM und der Verteilungskomponente UTM-D realisiert werden. Das bereits seit 1982 über eine neutrale DB-Schnittstelle realisierte two phase commit-Verhalten zur Koordinierung von TP- und DB-Transaktionen wurde in UTM-D für den Dialog zweier UTM-Anwendungen ausgedehnt. Somit sind auch hier alle Deadlock- und Wiederanlauf-Probleme wie im lokalen Fall gelöst. Eine Besonderheit bei UTM-D liegt darin, daß für die Basis-Kommunikationsfunktionen zwar die Protokolle der Ebenen 1 bis 4 des Datenkommunikationssystems TRANSDATA verwendet werden, die im BS2000-Verarbeitungsrechner durch das Produkt Basic Communications Acces Method (BCAM) abgewickelt werden, als Session-Protokoll wird jedoch das SNA-Protokoll vom Typ LU6 der IBM, d.h. das Protokoll zur Kooperation von logical units vom Typ 6, verwendet.

Zusammen mit dem Protokoll-Konverter TRANSIT-CD zwischen den Protokollen der Ebenen 1 bis 4 der Kommunikationssysteme TRANSDATA und SNA ergeben sich damit für den UTM-Nutzer die Möglichkeiten verteilter Transaktionsverarbeitung in homogenen und heterogenen Rechnernetzen mit unterschiedlichen DB-Systemen und TP-Monitoren. Ein mögliches Szenario soll folgendes Bild veranschaulichen [3].

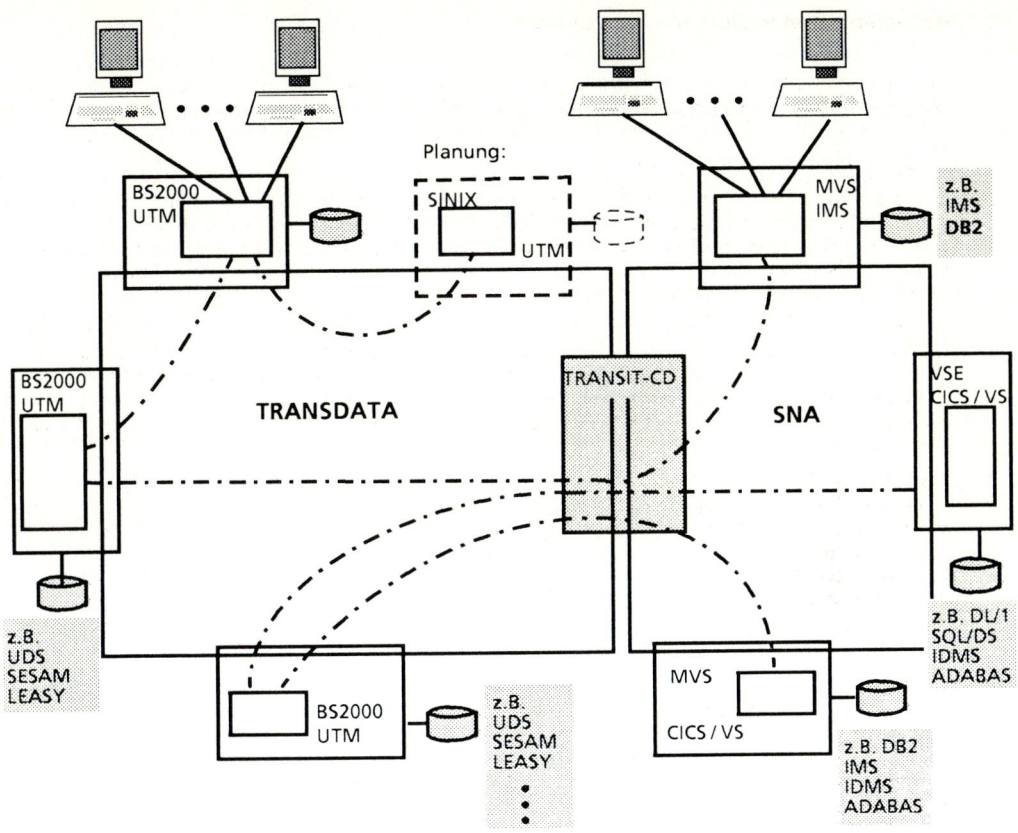

VTV spielt sich auf der Ebene der Anwendungsprogramme ab. Als Programmschnittstelle für Aufrufe an UTM dient die kompatible DC-Schnittstelle KDCS, welche von den DV-Abteilungen der Bundes- und Länderverwaltungen festgelegt wurde, um die Austauschbarkeit von Programmen zwischen Rechenzentren mit Anlagen unterschiedlichen Typs zu gewährleisten. Diese Schnittstelle ist zusammen mit den Funktionen eines Kerns für transaktionsorientierte Anwendungssysteme (KDCS-TAS-Kern) in DIN 66 265 beschrieben [5,6]. In diesem Sinne ist UTM ein KDCS-TAS-Kern. Für die VTV sind aufwärtskompatible Erweiterungen dieser Norm realisiert worden. Diese Erweiterungen werden in die Normungsaktivitäten für VTV einfließen. Für detailliertere Informationen sei auf [7, 8, 9] verwiesen.

Noch ein Wort zum Datenschutz bei UTM-D:
Für lokale UTM-Anwendungen ist ein Schloß-Schlüssel-Hierarchiekonzept verwirklicht: USER sind mit Schlüsseln ausgestattet, welche ihnen nur zu ausgewählten Datenstationen und TACs (jeweils mit Schlössern) Zugang gewähren. Die Datenstationen brauchen selbst noch einmal geeignete Schlüssel, damit von ihnen aus bestimmte TACs aufgerufen werden können. Bei der VTV wird nun die Auftraggeber-Auftragnehmer-Beziehung zwischen dem USER und dem von ihm via TAC-Eingabe gestarteten Vorgang einer lokalen UTM-Anwendung fortgesetzt zu einer Auftraggeber-Auftragnehmer-Hierarchie zwischen lokalen und entfernten Vorgängen [7]. Aus der Sicht des Auftragnehmervorgangs verhält sich der Auftraggebervorgang im Prinzip wie ein logisches Terminal, von welchem er durch die Übermittlung eines TACs aktiviert wurde und an den er "Dialogausgaben" zurückschickt. Das Schloß, mit welchem sein TAC versehen ist, verlangt daher vom Auftraggebervorgang einen passenden Schlüssel in dessen Schlüsselbund . Auf diese Weise wurde die Schloß-Schlüssel-Hierarchie ganz entsprechend erweitert.

4. Einsatzempfehlungen

VTV und VDB bieten, wie wir gesehen haben, unterschiedliche, sich einander ergänzende Konzepte der DB/DC-DB/DC-Kopplung. Deshalb sind natürlich auch für Mischformen der Kopplung beim gleichzeitigen Einsatz beispielsweise von UTM-D und UDS-D sinnvolle Konfigurationen denkbar. Meist wird aber *eine* Lösungsform ausreichen. Dabei liefert jeder Gesichtspunkt andere Entscheidungskriterien:

Kommunikationsaufwand/Performance:

Grundsätzlich muß bei beiden Konzepten auf ein gutes Lokalitätsverhalten geachtet werden. Die Aufteilung der Daten auf die im Netz gekoppelten Rechner soll "vernünftig" sein in dem Sinn, daß sich die Daten jeweils dort befinden, wo sie auch vorwiegend gebraucht werden. Das heißt: Der Zugriff auf lokale Daten sollte der Normalfall, der Zugriff auf entfernte Daten bzw. der Aufruf entfernter Anwendungen der Ausahmefall sein. Je kleiner der Kommunikationsaufwand zwischen den verschiedenen VARs, desto besser die Performance. Dennoch gibt es Unterschiede:

a) **VDB**

Jeder DB-Aufruf an eine entfernte Datenbank benötigt einen eigenen Nachrichtenaustausch zwischen den beteiligten DB-Systemen. Eine Lösung mit verteilten DB-Systemen empfiehlt sich also nur dann, wenn die TP-Transaktionen mit wenigen Zugriffen auf entfernte Datenbanken auskommen.

b) **VTV**

Anwendungen, die in einer Transaktion häufig auf eine entfernte Datenbank zugreifen, können dies durch *einen* Unterauftrag an einen entsprechenden entfernten UTM-Vorgang abwickeln, welcher dann dort die DB-Aufrufe lokal durchführt. Da nur Ergebnisse übers DFÜ-Netz transportiert werden, bietet UTM-D hier an Vorteilen:
- Reduktion der Kosten für den Datentransport
- Besseres Antwortzeitverhalten für den Endbenutzer (falls innerhalb eines *Dialogschritts* viele entfernte DB-Zugriffe nötig werden).

In jedem Einzelfall muß in die Entscheidung eine genaue Analyse der zu koppelnden (bestehenden oder geplanten) DB/DC-Anwendungen einbezogen werden, z.B. was das zu erwartende Verkehrsaufkommen (Daten- und Lastgerüst) betrifft. Nur dann kann mit hinreichender Zuverlässigkeit der kritische Punkt in folgendem Bild ermittelt werden.

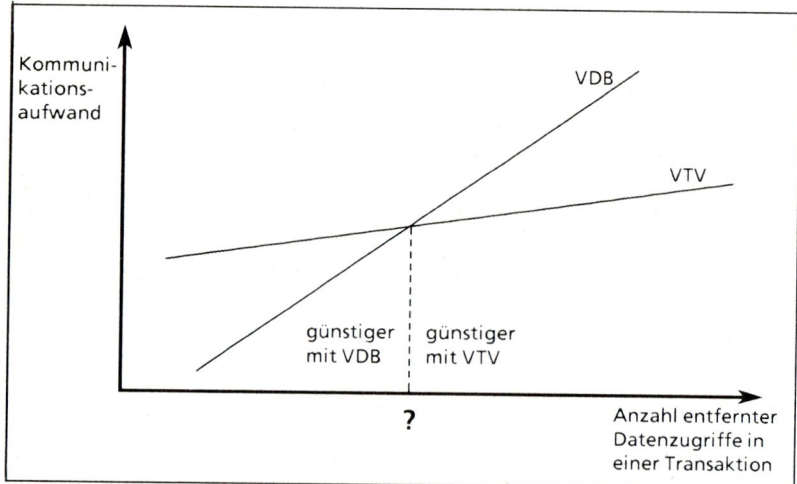

Programmieraufwand:

a) VDB

Da der Ort der verteilten Datenbanksysteme nicht nur für den Endbenutzer sondern auch für die Anwendungsprogramme völlig unsichtbar bleibt, können alle heutigen Programme - auch Batchprogramme -, die auf mehrere Datenbanken zugreifen, unverändert übernommen werden, auch wenn diese jetzt auf mehrere Rechner verteilt sind.

b) VTV

Für den Endbenutzer bleibt die Verteilung immer noch transparent, erfolgt aber bereits auf der logischen Ebene der Anwenderprogramme. Deshalb müssen die TP-Teilprogramme, welche über VTV mit anderen Anwendungen zusammenarbeiten, deren logische Verteilung kennen und, wenn Zugriffe auf entfernte Datenbanken nötig sind, selbst die Unteraufträge an die entsprechende entfernte Anwendung schicken.

Für UTM-Anwendungsprogramme, welche nur Auftragnehmervorgänge realisieren, ist das Problem allerdings wesentlich entschärft: Bestehende Programme erfahren nur geringfügige Änderungen, um für diesen Zweck eingesetzt werden zu können.

Heterogene Kopplungsmöglichkeiten:

a) VDB

Ein oft verwendetes Mittel zum heterogenen Datenverbund ist der File-Transfer. Dies entspricht aber nicht einer echten DB-Kopplung in unserem Sinne: File Transfer eignet sich vornehmlich für Massendatenübertragung. Um globale Datenkonsistenz und Datenintegrität aber hat sich der Anwendungsprogrammierer selbst zu kümmern, denn die die Daten verwaltenden Datenbanksysteme "wissen nichts voneinander". DB-Kopplung ist heute also nur in einer rein homogenen Landschaft realisierbar.

b) VTV

Hier gibt es eine Vielzahl von Möglichkeiten, wie sie beispielsweise für UTM-D in Abschnitt 3 gezeigt wurden.

Abschließend seien noch zwei Spezialfälle erwähnt:

a) Backendrechner durch VDB

Backendrechner (oder Datenbankmaschinen) sind Spezialfälle der verteilten Verarbeitung. Dabei übernimmt ein Rechner die Aufgaben der Datenhaltung, während der andere Rechner die eigentliche Verarbeitungsleistung erbringt. In diesem "Host"-Rechner laufen der TP-Monitor und die DB/DC-Anwendung, sowie die Verteilungskomponente des DB-Systems. Im Backendrechner läuft das DB-System, dem die DB-Aufrufe des "Host"-Rechners über die Verteilungskomponente des DBMS übermittelt werden. Vielfältige Backend-Konfigurationen sind denkbar: 1 Host mit n Backends, n Hosts mit 1 Backend. Backendrechner können vor allem im Falle großer Zentraleinheiten, bei denen ein Hochrüsten nicht mehr möglich ist, eine weitere Leistungssteigerung bringen.

b) Transaction Routing mit VTV

Der Endbenutzer am Terminal ist zunächst statisch derjenigen Anwendung zugeordnet, zu der er eine Verbindung aufgebaut hat. Fungiert nun diese Anwendung als "Nachrichtenschleuder" für n andere (z.B. lokale) TP-Anwendungen, an welche sie die Benutzereingaben weiterschleußt, so erspart man sich dadurch ein umständliches Ab- und Anmelden am Terminal, wenn man mit mehreren Anwendungen arbeiten will. Oft werden nämlich große Anwendungen in mehrere kleinere aufgesplittet, um virtuellen Adressraum einzusparen.

Zu beiden Lösungen aber ist zu sagen, daß sie nur bedingt zu empfehlen sind, denn bei beiden wird das Lokalitätsprinzip auf den Kopf gestellt: In a) läuft jeder DB-Zugriff über eine Rechner-Rechner-Kommunikation, während in b), solange in der Verteilanwendung außer der TAC-Analyse keinerlei Vor- und Nachverarbeitung geschieht, praktisch jeder Verarbeitungsauftrag des Terminals sofort zu einer Anwendungs-Anwendungskommunikation führt. Sowohl für Backend-Konfigurationen, als auch für ein Transaction-Routing gibt es andere Lösungsmöglichkeiten, welche aber hier nicht behandelt wurden.

Literatur

1. Härder, T., Meyer-Wegener, K.: Transaktionssysteme und TP-Monitore. Informatik Forsch. Entw. 1, 3-25 (1986)

2. Härder, T., Meyer-Wegener, K.: Die Zusammenarbeit von TP-Monitoren und Datenbanksystemen in DB/DC-Systemen. Informatik Forsch. Entw. 1, 101-122 (1986)

3. Häussermann, F.: Verteilte Transaktionsverarbeitung und verteilte Datenhaltung - eine Übersicht und Lösungen. Elektronische Rechenanlagen, 27. Jahrgang, 1, 15-22 (1985)

4. Remote Database Access, Second Working Draft for a Standard, ISO/TC97/SC21/WG3/N269, Dezember 1986

5. DIN 66 265 Informationsverarbeitung; Schnittstellen eines Kerns für transaktionsorientierte Anwendungssysteme (KDCS-TAS-Kern). Berlin: Beuth 1986

6. Janas, J.M., Schmitz, L., Wiehle, H.R.: Systemdarstellung mit Hilfe eines programmbeschrifteten Netzmodells in der DIN 66 265. Informatik Forsch. Entw., 1, 181-198 (1986)

7. Gonschorek, J., Sattler, H.: Grundzüge eines Vorschlags zur Erweiterung des KDCS-TAS-Kerns für die verteilte Transaktionsverarbeitung. 9. NTG/GI-Fachtagung "Architektur und Betrieb von Rechensystemen" (1986)

8. Janas, J.M., Wiehle, H.R.: Kooperierende Transaktionssysteme: Vorschau auf eine Nutzungsform globaler Rechnernetze. 9. NTG/GI-Fachtagung "Architektur und Betrieb von Rechensystemen" (1986)

9. ECMA Draft Technical Report (ECMA/TC32/85/67), OSI Distributed Interactive Processing Environment (DIPE), März 1985.

Einsatz von Datenbanken im universitären Bereich

Albrecht Achilles

Universität Münster

Vorbemerkung

Gefördert durch die DFG und seit März 1986 verstärkt durch ein Studien-
projekt mit der Firma IBM ist einer der Arbeitsschwerpunkte des Hoch-
schulrechenzentrums Münster die Erprobung von Datenbanksystemen im
Hochschulbereich. So liegen seit Anfang 1984 Erfahrungen mit relationalen Datenbanksystemen und dem Retrieval-System STAIRS vor. An den
Anwendungen beteiligten sich gleichermaßen Geisteswissenschaftler aus
den Bereichen Germanistik, Anglistik, Theologie, ..., Naturwissen-
schaftler aus den Bereichen Geologie und Geographie, Mediziner und
Wirtschaftwissenschaftler. Dabei konnte festgestellt werden, daß auch
bei den Geisteswissenschaftlern sowohl relationale Datenbanksysteme wie
auch Retrieval-Systeme zum Einsatz kamen. (Relationale Datenbanksysteme bestehen aus Dateien mit formatierten Sätzen, die miteinander
verknüpft werden können, es kann nach dem Inhalt der Felder dieser
Sätze gesucht werden. Retrieval-Systeme ermöglichen es, in
unformatierten Dokumenten nach dem Vorkommen von Wörtern zu suchen).

Stichwortartig sollen einige der Erfahrungen aus diesen Projekten angeführt werden:

- Ein frühzeitiger Kontakt zwischen Anwender und Rechenzentrum ist
  wichtig und spart ggf. Finanzen und Arbeitskraft. Auch die als be-

nutzerfreundlich gepriesenen relationalen Datenbanken setzen in der Regel eine Betreuung durch das Rechenzentrum voraus.

● Die Verbindung zwischen Personalcomputer und Großrechner wird noch stärker anwachsen. Damit der Benutzer eine einheitliche Benutzeroberfläche vorfindet, wird noch leistungsfähigere PC-Software gerade auf dem Sektor der Datenbank-Systeme benötigt. (Bei den relationalen Datenbanken bieten wenige Firmen bereits Software an, die sich auf PC und Großrechner gleich verhält).

● Verteilte Datenbanken auf der Basis relationaler DB-Systeme sind in der Erprobung - diese DB-Systeme müssen insbesondere auch auf PC-Netzwerken laufen. dBASE ist bereits netzwerkfähig. Es fehlen jedoch gute Retrieval-Systeme, die auf Personalcomputern oder sogar Netzwerken lauffähig sind.

● Vermißt wird eine Verbindung zwischen einem relationalen Datenbanksystem und einem Retrieval-System.

● Während relationale DB-Systeme eine Übertragung zwischen den Systemen in der Regel problemlos machen, da SQL zu einem defacto-Standard geworden ist, der bei den einzelnen Systemen unterschiedlich erweitert wurde, fehlt eine solche Normierung bei Retrieval-Systemen noch. Wenige Standard-DB-Systeme, die ein Übertragen erlauben, sind wünschenswerter als eine Vielzahl individueller Produkte.

Gerade der letzte Punkt soll hier an einem Beispiel betrachtet werden. Der Wunsch der Benutzer des Rechenzentrums, neben den am Haus eingeführten Datenbanksystemen ein weiteres, neueinzuführendes Datenbank- oder Retrieval-System zur Verfügung zu haben, scheitert nicht nur an den Software-Beschaffungskosten, auch die entstehenden Kosten der Betreuung (z.B. Beratung und Ausbildung der Benutzer) kann sich kein Rechenzentrum leisten. Die erforderliche Beratung darf nicht zu gering eingeschätzt werden, selbst bei den so "benutzerfreundlichen" relationalen Datenbanksystemen brauchen die meisten Benutzer eine intensive Betreuung. Dies Problem wird zusätzlich durch die an jeder Hochschule bestehende Fluktuation der Mitarbeiter verschärft.

Nach unseren Erfahrungen kann diese Situation in vielen Fällen dadurch gemildert werden, daß externe Datenbanksysteme auf die im Rechenzentrum vorhandene abgebildet werden. Dadurch wird für die Mitarbeiter des Rechenzentrums der Aufwand und die Beratung der Benutzer überschaubar.

Der vorliegende Erfahrungsbericht beschreibt die Überführung von Daten eines externen Retrieval-Systems in das Retrieval-System des Rechenzentrums (STAIRS). Zugleich wird bei den Benutzern, die mit einem PC an das Rechenzentrum angeschlossen sind, lokal im PC das System dBASE eingesetzt,

- um die Dateneingabe mit einem vertrauten Werkzeug vornehmen zu können,
- um zu gewährleisten, daß die Stichwörter nur aus dem vorgegebenen Wortschatz stammen,
- um die benutzten Thesauri zu pflegen und
- um Ausschnitte der Daten - zum Beispiel für ein Seminar - für konkrete Arbeiten direkt im Institut, unabhängig vom Rechenzentrum, zugreifbar zu haben.

Gerätebeschaffung

Auf Grund immer leistungsfähigerer Personal-Computer und besserer Software für diese Geräte gehen vermehrt Wissenschaftler dazu über, im Vertrauen auf die Aussage von Verkäufern, sich einen PC zu beschaffen und ihre Probleme damit, losgelöst vom Rechenzentrum, anzugehen. Dies ist in den Fällen ein vernünftiger Ansatz, in denen die Datenmengen und die Komplexität der Verarbeitung in angemessenem Rahmen bleiben. Werden jedoch bei dem anstehenden Problem die Grenzen des PC überschritten, sollen mehrere Benutzer gleichzeitig mit den Daten arbeiten oder werden aufwendige Geräte für die Ein- bzw. Ausgabe (z.B. Magnetbänder oder Graphik) benötigt, so kann die Beschaffung sich nicht nur in finanzieller Hinsicht als nachteilig herausstellen, weil die beschaffte Hard- und Softwareausstattung nicht richtig genutzt werden kann, sie kann auch für die Mitarbeiter des Instituts wie des Rechenzentrums einen erhöhten nachträglichen Aufwand bedeuten, so z.B. Betreuung weiterer Software und Beratung der Benutzer.

Als in einem Fachbereich (evangelische Theologie) der Wunsch aufkam, eine externe Datenbank (Comenius-Institut) über Schriften zur Religionspädagogik zu benutzen, wurde das Rechenzentrum frühzeitig eingeschaltet. Eine Einbindung des Computers des Comenius-Institutes in das bestehende Rechnernetz der Universität kam aus technischen, organisatorischen und haushaltsrechtlichen Gründen nicht in Frage. Die Rechenkapazität des externen Rechners war bereits vollständig ausgeschöpft, so daß dort für Recherchen durch Hochschulangehörige auch keine Möglichkeiten mehr gesehen wurden.

Daher entschloß man sich, die Daten entweder im Rechenzentrum oder - und das war die zunächst vom Fachbereich favorisierte Lösung - auf einem eigens zu beschaffenden Rechner im Fachbereich zu halten.

Sowohl auf Grund der im Comenius-Institut vorliegenden Datenmengen als auch auf Grund der Komplexität eines angemessenen Retrieval-Systems wird man noch eine weitere PC- und PC/Software-Generation abwarten müssen, um auf dieser Ebene die Anforderungen zu erfüllen. Für die Beschaffung eines grösseren Rechners und der zugehörigen Software fehlten darüber hinaus die finanziellen Mittel. So blieb nur die Möglichkeit, die Daten im Rechenzentrum zu halten. Dadurch mußte am Fachbereich nur noch ein Terminal oder ein PC mit entsprechendem Anschluß an das Rechenzentrum installiert werden. Der zweite Weg wurde der größeren Flexibilität wegen beschritten; der beschaffte PC paßt in das Hochschul-Versorgungskonzept (inklusive CIP). Durch entsprechende Planung konnte die Beschaffung von Software, die für die Lösung der gewünschten Aufgabe in diesem Rahmen nicht geeignet war, vermieden werden.

Der Vorteil dieser Lösung liegt darin, daß aus der Datenbank extrahierte Daten mittels eines Filetransfer-Programmes aus dem Großrechner in den PC geladen und dort weiter verarbeitet werden können wie auch umgekehrt am PC eingegebene Daten in den Großrechner geladen werden können. Dies ermöglicht es den Mitarbeitern des Fachbereichs, - auch unabhängig vom Rechenzentrum und ohne den Zentralrechner zu belasten - z.B. Texte in Ruhe aufzubereiten oder neue Daten für die Datenbank lokal aufzunehmen.

Software

Das am Rechenzentrum zur Verfügung stehende Retrieval-System ist STAIRS/CMS. Das am Comenius-Institut eingesetzte System war zunächst speziell für die dort vorliegende Anwendung entwickelt worden und wird jetzt auch kommerziell vertrieben. Es läuft unter dem Betriebssystem MUMPS, das ursprünglich für medizinische Anwendungen auf DEC-Rechnern entwickelt wurde, heute aber z.B. auch auf IBM-kompatiblen PC's verfügbar ist. Zunächst war das Problem zu klären, ob die Eigenschaften der externen Datenbank-Software in STAIRS/CMS überhaupt sinnvoll nachgebildet werden konnten. Ein Vergleich der Eigenschaften beider Retrieval-Systeme ergab folgendes Ergebnis:

- Beide Systeme können die Suche auf bestimmte Paragraphen der Dokumente eingrenzen. Dabei sind beim Retrieval-System des Comenius-Instituts im Gegensatz zu STAIRS die Zeilenzahl und -länge pro Paragraph vorgegeben.
- STAIRS kann bei Suchanfragen darüber hinaus auch auf die Paragraphenstruktur und Satzstruktur Bezug nehmen.
- In STAIRS können Anfragen mit Platzhaltern vorformuliert werden, so daß die Handhabung gerade für unerfahrene Benutzer vereinfacht wird.
- STAIRS bietet die Möglichkeit, Synonyme zu definieren.
- Die Datenbank des Comenius-Institutes unterstützt andererseits sowohl bei der Aufnahme der Dokumente als auch bei der Anfrage Thesauri.
- Im Gegensatz zu STAIRS kann nicht nur nach Wortanfängen, sondern nach beliebigen Wortbestandteilen gesucht werden.

● Während STAIRS bei der Sortierung der aufgefundenen Dokumente nur ein Sortierfeld zuläßt, ist die Datenbank des Comenius-Institutes bei der Sortierung flexibler.

Eine Auswertung der Anfragen, die beim Comenius-Institut gestellt wurden, ergab, daß von der Suche nach beliebigen Wortbestandteilen nur in kleinen, ausgewählten Dokumentbeständen Gebrauch gemacht wurde - und das geschah sehr selten. Deshalb glauben wir, auf diese Eigenschaft verzichten zu können.

Problematisch erweist sich die Unterstützung der Thesauri bei Anfragen und die Behandlung der Sortierung gefundener Dokumente. Hierzu wird auf den nächsten Abschnitt verwiesen.

Als Vorzug der gegenüber STAIRS stärker fixierten Dokumentform der Datenbank des Comenius-Instituts läßt sich festhalten, daß sich diese Dokumente dazu eignen, in dBASE gespeichert zu werden - das geht bei Paragraphen mit nicht festgelegter Zeilenzahl und -länge (was in STAIRS möglich wäre) wesentlich schlechter. dBASE ist nun zwar nicht als Retrieval-System geeignet, diese Software kann aber sicherlich eingesetzt werden, um einen kleinen Dokumentenbestand vor Ort zu speichern. Viel wichtiger aber ist das Argument, daß sich Mitarbeiter des Fachbereichs gut in dBASE auskennen. Mithin konnten sie ohne Hilfe ein Eingabemenü in dBASE schreiben, das zugleich die vom Comenius-Institut entwickelten Thesauri bei der Eingabe unterstützt.

Entwurfsphase

Wie bereits im vorigen Abschnitt angedeutet wurde, verlief die Übertragung der Dokumentstruktur nach STAIRS in weiten Teilen problemlos. Schwierigkeiten bereiteten im wesentlichen die Thesauruspflege und die Sortiermöglichkeiten. Das Problem der Thesauri wurde folgendermaßen gelöst:

- Die für die Eingabe wichtige Überprüfung der Schlüsselwörter wird ausschließlich in dBASE vorgenommen. Die Thesauri wurden – und Erweiterungen werden – vom Comenius-Institut ans Rechenzentrum übertragen und von dort dem Fachbereich auf Diskette in Form einer dBASE-Relation zur Verfügung gestellt.
- Für das Retrieval wurden die wichtigsten Oberbegriffe mit den zugehörigen Unterbegriffen zu Synonymen den Benutzern zur Verfügung gestellt. Auch diese müssen bei gelegentlichen Änderungen des Comenius-Instituts überprüft und ggf. verändert werden.
- Für häufig gestellte Anfragen, die Bezug auf die Thesauri nehmen, werden Anfragen mit Platzhaltern vorfomuliert.
- Zusätzlich ist die Struktur der Thesauri in einem eigenen Dokument abgelegt, so daß der Benutzer interaktiv darauf Zugriff hat und seine Anfragen gemäß der Struktur modifizieren kann.

Damit die Sortierbarkeit der Dokumente zwischen CIKADE, dem am Comenius-Institut eingesetzten Retrieval-System, und STAIRS annähernd ähnlich nachgebildet werden konnte, wurden zwei zusätzliche Sortierfelder in der STAIRS-Struktur erzeugt, die bei der Datenbank des Comenius-Instituts nur als Information in den Paragraphen vorhanden waren: Das Erscheinungsdatum und der Autorenname. Die Information wird aus den vom Comenius-Institut gelieferten Daten extrahiert. Damit wird eine alphabetische Sortierung der Dokumente nach den Autorennamen, eine Sortierung nach zeitlicher Reihenfolge und bei dem Suchprozess ein Begrenzen des Zeitraumes unterstützt. Zusätzlich wird noch ein Sortier-Programm geschrieben, das es ermöglicht, beim Retrieval gefundene und als CMS-Datei abgespeicherte Dokumente nach den Kriterien Erscheinungsdatum, Autorenname und Titel gemeinsam zu sortieren.

Ein weiteres Problem tauchte durch den Wunsch einer Abteilung des Fachbereichs auf, die zugleich auf diese Daten und auf ähnlich strukturierte eigene Dokumente zugreifen will. Zur Lösung wurde aus beiden Dokument-Strukturen eine übergeordnete gemeinsame Struktur erzeugt. Diese Lösung konnte gewählt werden, da der Retrieval-Prozess in STAIRS leere Paragraphen bei der Ausgabe nicht anzeigt. Der Benutzer, der sich Dokumente des Comenius-Institus anschaut, wird damit nicht beeinträchtigt.

Die Umlaute werden aufgelöst, d.h. "ä", "ö", "ü" werden in "ae", "oe", "ue" und "ß" wird in "ss" abgebildet. Zwar wären in STAIRS Umlaute darstellbar gewesen, da jedoch die verschiedenen Ausgabegeräte jeweils unterschiedlich auf die im Standard-EBCDIC-Code liegenden Umlaute reagieren, schien die Auflösung bei der am Rechenzentrum vorhandenen Hardware-Vielfalt der vernünftigste Weg zu sein. Zu hoffen ist, daß in absehbarer Zeit eine Code-Erweiterung von EBCDIC und ASCII durchgesetzt wird. Die Vernachlässigung von Umlauten, Akzenten und ähnlichen kleinen Besonderheiten einzelner Sprachen ist für die Datenverarbeitung in den 80-Jahren eine traurige Situation.

Literatur

- Achilles, A.: Benutzerhandbuch STAIRS/CMS (SI16, Münster 1986).

- Hochwald, K.H.: CIKADE Handbuch (Münster 1985).

- Salton, G., McGill, M.J.: Introduction to Modern Information Retrieval (McGraw Hill, 1984).

<u>Das Sicherungssystem in Informationssystemen</u>
<u>Analyse eines Security-Falls</u>

Friedrich Roithmayr
EDV-Zentrum Universität Linz

1. Einleitung

Wenn man davon ausgeht, daß zum 1.1.1985 in Österreich 71.259 Datenverarbeitungssysteme mit einem Gesamtwert von 26.2 Mrd. Schillinge
installiert waren [1], die Lebensfähigkeit von Großunternehmen ohne
funktionierende Informationsverarbeitung nach wenigen Tagen gefährdet ist [2] und informationsverarbeitende Zentren verstärkt das Ziel
terroristischer Aktivitäten sowie das Ziel von Computerkriminalität
sind [3], dann zeigt dies den hohen Stellenwert des Sicherungssystems.

Sichern bedeutet allgemein, etwas vor Gefahr schützen. Dieses "etwas" ist in einem weiteren Sinne die Gesamtheit aller Einrichtungen,
Mittel, Maßnahmen, Personen usw., welche Bestandteil der Infrastruktur der Informationsfunktion einer Organisation sind [4]. Die Gefahr, vor der diese Infrastruktur zu schützen ist, geht von unterschiedlichen Quellen aus, wobei in der hier berichteten Fallstudie
die Gefahr die durch Hacker ausgeht an einem konkreten Fall dargestellt wird. Besonderes Augenmerk wird auf die Situationsdarstel-
lung, beginnend mit dem Bekanntwerden des Security-Falls bis hin zur
Wiederaufnahme des Rechenzentrumsbetriebs, gelegt.

Aus der Tages- bzw. Wochenpresse bekannt sind nur die spektakulären
Fälle von Computerkriminalität. Fachleute sprechen von einer Dunkel-
ziffer zwischen 82% und 97% [5]. Dies erklärt auch das brennende Interesse der Medien an bekanntgewordenen Fällen.

Da empirische Ergebnisse über Sicherungssysteme in Unternehmen meist
zusätzlich zur Jahresabschlußprüfung gemacht werden und diese Ergebnisse aus verständlichen Gründen nicht publiziert werden, stehen dem

mit der Gestaltung von Sicherungssystemen Beauftragten nur mangelnde
Informationen über die Sicherheit in realisierten Informationssystemen zur Verfügung [6]. Dies war auch der Anlaß für die Publikation
dieser Fallstudie.

2. Ausgangssituation

Abbildung 1 zeigt die Hardwarekonfiguration, die vom Security-Fall
betroffen war.

An die im Verbund betriebenen drei Datenverarbeitungssysteme waren
ca. 150 Bildschirmterminals angeschlossen.

An Systemsoftware wurde eingesetzt:

- Das Betriebssystem MVS mit TSO (CPU1 = Dialogrechner)
- CICS mit DL/1 (CPU1)
- Das Betriebssystem MVS (CPU2 = Batchrechner)
- VM/CMS (CPU3)

Folgende Anwendungssysteme wurden über diese Konfiguration betreut:

- Wissenschaftliche Lehre: Vorlesungen, Praktika, Seminare usw.
- Wissenschaftliche Forschung: Forschungsprojekte, Dissertationen
- Aufgaben der Universitätsverwaltung: Büroautomation usw.
- Dokumentationswesen: Bibliotheksverwaltung usw.

Folgende organisatorischen Teilsysteme benutzten die Einrichtungen
des EDV-Zentrums:

- Technisch-Naturwissenschaftliche Fakultät
- Sozial- und Wirtschaftswissenschaftliche Fakultät
- Rechtswissenschaftliche Fakultät
- Universitätsverwaltung
- Bibliothek

Die in Abbildung 1 dargestellte Konfiguration stand den Benutzern werktags zwischen 7 Uhr und 22 Uhr im Operatorbetrieb zur Verfügung, zwischen 22 Uhr und 7 Uhr an allen Tagen im operatorlosen Betrieb.

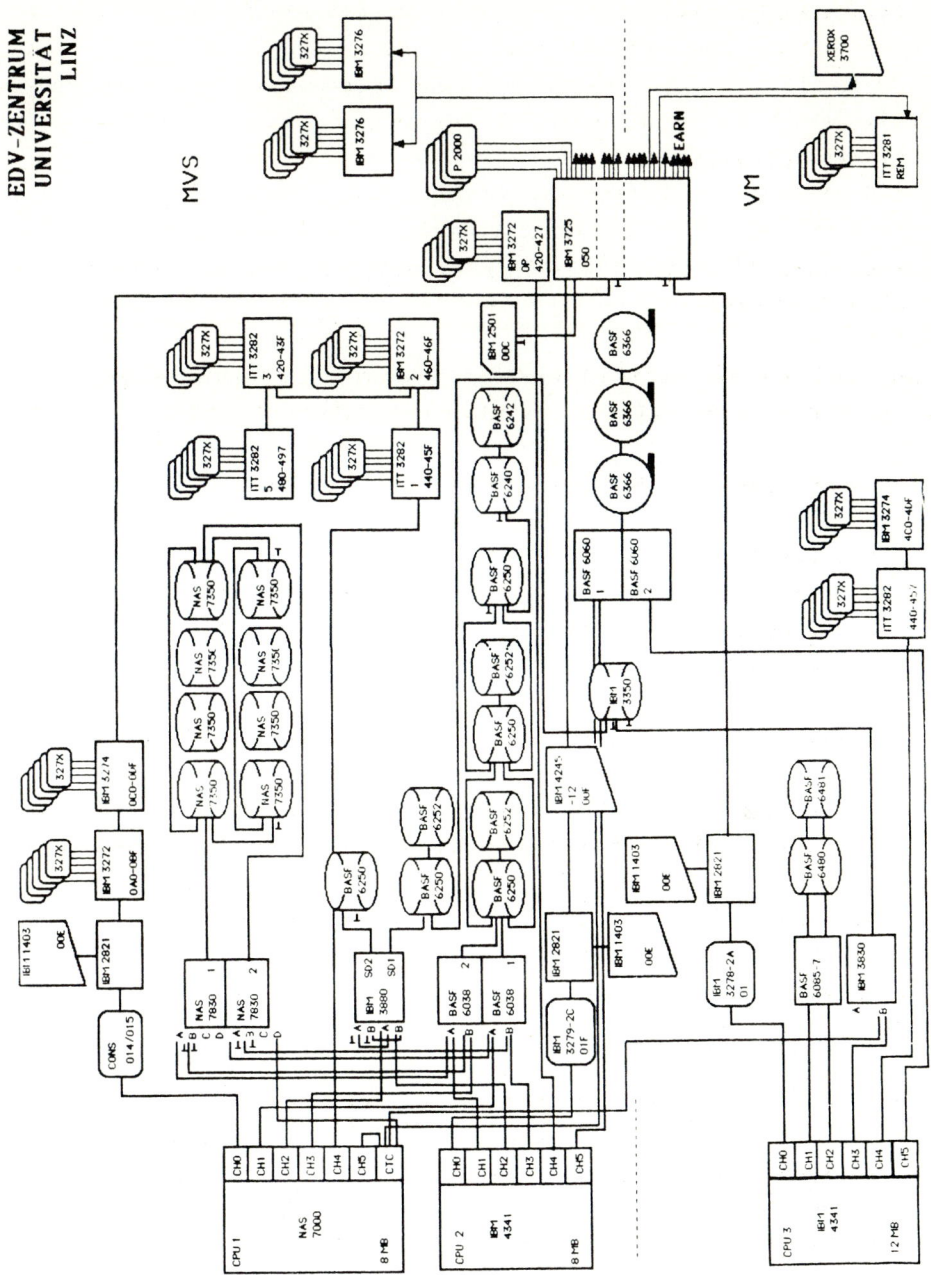

Abb. 1: Konfiguration

3. Falldarstellung

Am 8. April 1986 ist es mindestens einem (namentlich bekannt) Studenten (nachfolgend als Hacker bezeichnet) gelungen im Dialogsystem GUTS [7] mit der Authorität des Systemverwalters des EDV-Zentrums ein Logon durchzuführen. Im EDV-Zentrum waren fünf Systemverwalter beschäftigt, die alle über die höchstmögliche Authorität die im Dialogsystem GUTS möglich war verfügten. Durch eine studentische Indiskretion wurde der Rechenzentrumsleitung bekannt, daß Hacker am o.a. Tag um 11 Uhr von einem bestimmten Bildschirm aus eine medienwirksame Aktion starten wollten. Wenige Minuten vor der geplanten Aktion stellte die Rechenzentrumsleitung den gesamten Benutzerbetrieb ein. Die darauffolgenden Ereignisse waren äußerst turbulent und konnten am nächsten Morgen den Titelüberschriften der österreichischen Tages- bzw. auch der Wochenzeitungen entnommen werden. Die Berichte in den Zeitungen deckten das gesamte Spektrum von sachlich - richtig - übertrieben - reißerhaft - falsch bis unqualifiziert ab.

In der nachfolgenden Aufstellung wird durch eine Gruppenbildung versucht die Situation von Bekanntwerden des Security-Falls bis zur Wiederaufnahme des Rechenzentrumsbetriebs darzustellen.

(1) Die Studentenvertreter publizierten das in Abbildung 2 ansatzweise wiedergegebene Flugblatt. Dieses Flugblatt beinhaltete: Benutzernummern von Benutzern des EDV-Zentrums, die Projektsbezeichnungen sowie die aktuellen Paßworte der Benutzer. Es war somit unberechtigten Benutzern gelungen die Datei der Benutzerberechtigungen, auf die nur mit höchster Authorität zugegriffen werden darf, zu listen (und damit auch vermutlich zu ändern).

Benutzernr.	Name/Projekt.	Passwort	Benutzernr.	Name/Projekt	Passwort
ka00186	edv-abt	lupo	kb00290	gamsjäger biblio.	polz
kb00390	koeppl biolio.	evaleu	kc00180	cen-buchhaltung	alpha
kc00281	oeh-datei	ilcofr	k000160	maschtera	splendor
k000161	prager	geier	k000162	gupfinger	spss i
k000163	schmittner	1986	k000164	philippi	stop
k000181	roithmayr	fritz5	k000183	grassecker	ernst03
k000186	regl	reglwal	k000281	edtbauer	caroi3
k000282	stoeffler	inge	k000283	goehring	michi
k1a0171	menner generalr.	astrid	k111111	spielnummer	edvz
k180170	pree	1449	k2a0370	mediaanalyse	harry
k2a0713	spss-kurs	spss	k2a0840	kuenz/rudel	chapwi

Abb. 2: Flugblattinhalt

(2) In der von der Leitung des EDV-Zentrums unmittelbar einberufenen Mitarbeiterbesprechung stellten sich folgende Fragen:
- Welche Technik wurde zur Penetrierung angewendet ?
- Welcher Schaden wurde in Dateien bereits verursacht ?
- Welche Anwendungssysteme und organisatorischen Teilsysteme waren betroffen ?
- Waren Mitarbeiter des EDV-Zentrums am Security-Fall beteiligt ?
- Wurden Computer-Viren gesetzt ?
- Welche Möglichkeiten hat das EDV-Zentrum um in kürzester Zeit wiederum einen Betrieb mit angemessener Sicherheit zu gewährleisten ?
- Welche Strategie wird gegenüber den Medien eingeschlagen ?

Keine einzige dieser Fragen konnte bei dieser Mitarbeiterbesprechung beantwortet werden.

(3) Es erfolgten intensive Recherchen einerseits von den Medien, andererseits von der übergeordneten Dienststelle, bis zum Beauftragten des Bundesministers.

(4) Nachdem es in der kurzen zur Verfügung stehenden Zeit nicht möglich war, auf die unter (2) gestellten Fragen auch sichere Antworten zu finden, wurde mit den Vertretern der Hochschülerschaft, aus deren Kreis auch der Hacker kam, Kontakt aufgenommen. In diesem Gespräch war es nicht möglich einer Klärung der offenen Fragen näher zu kommen. Es wurde lediglich indirekt bestätigt, daß die Penetrierung über das Dialogsystem GUTS erfolgte.

(5) Nachdem es nicht möglich war vom europäischen Generallizenznehmer von GUTS Aussagen über bekannte Schwachstellen hinsichtlich der Sicherheit des Systems zu erhalten, wurde via EARN mit den Designern von GUTS an der Universität von Göteborg Kontakt aufgenommen. Es wurden uns von dort binnen acht Stunden zwei Schwachstellen hinsichtlich Sicherheit genannt, von denen uns eine bereits bekannt war.

(6) Beide bekannten Schwachstellen waren mit dem Design des Dialogsystems verbunden, sodaß eine kurzfristige Beseitigung nicht möglich war. Aus diesem Grunde wurden die sensiblen Anwendungen

insbesondere jene der Universitätsverwaltung aus dem Dialogsystem GUTS herausgenommen und nach TSO gegeben, wo RACF eingesetzt war. Zu diesem Zweck wurden vom EDV-Zentrum Konvertierprogramme geschrieben, mit denen die Daten- und Programmübernahme durchgeführt wurde. Nicht möglich war die Konvertierung der Proceduren, da die Procedursprache von GUTS mit der im TSO verfügbaren Procedursprache inkompatibel war.

(7) GUTS verfügt über eine Bibliothek, in der zum damaligen Zeitpunkt ca. 28.000 Programme und Datenbestände gespeichert waren. Sämtliche GUTS-Benutzer hatten in dieser Bibliothek ihre Programme und Daten gespeichert. Demnach waren von dem Vorfall sämtliche Benutzer betroffen

(8) Andeutungsweise wurde dem EDV-Zentrum bekannt, daß Computer-Viren gesetzt sein könnten. Dies machte die Neugenerierung der wesentlichen Bereiche des Betriebssystems notwendig. Weiters wurde mit einem vom EDV-Zentrum kurzfristig entwickelten Programm, die GUTS-Bibliothek nach Computer-Viren, die sich Command-Proceduren bedienen durchsucht. Es wurde tatsächlich ein Computer-Virus das bereits unter zwei verschiedenen Benutzernummern gesetzt war gefunden. Mit Hilfe dieses Computer-Virus war es möglich die Authorität von Benutzerberechtigung zum Zeitpunkt des Logon auf die höchst mögliche Authorität zu erhöhen. Die Computer-Viren wurden entfernt. Zugleich wurde ein Systemprogramm eingebaut, das den Systemzustand im Hinblick auf die Authorität ständig überwachte.

(9) Nach sieben Tagen der Betriebsunterbrechung wurde am 14. April 1986 der Rechenzentrumsbetrieb wiedereröffnet. Während des ersten Betriebstages wurden ca. 280 Versuche festgestellt das Datenverarbeitungssystem zu penetrieren. Während der ersten zwei Wochen nach Betriebsaufnahme wurde kein operatorloser Betrieb und auch kein Wochenendbetrieb zugelassen. Dies führte zu einem erheblichen Anwendungsrückstau.

(10) Es erfolgte eine Sachverhaltsdarstellung bei der Staatsanwaltschaft sowie bei den univeritären Entscheidungsgremien.

(11) Der Einfluß universitärer Entscheidungsgremien auf taktische

und operative Aufgaben des EDV-Zentrums nahm bis etwa November des laufenden Jahres in einem nicht erwarteten Ausmaß zu. Dies führte zu Problemen im Betrieb des EDV-Zentrums, die insbesondere aus der fachlichen Überforderung dieser Entscheidungsträger herrührten.

(12) Das vom EDV-Zentrum ausgearbeitete Sicherungssystem führt zu hohen Investitionen, denen die Entscheidungsträger bisher nicht zustimmten. Das strategische Ziel ist eine hohe Produktivität bei angemessener Sicherheit.

4. Ergebnisse der Schwachstellenanalyse

In diesem Kapitel wird in komprimierter Form das Ergebnis der durchgeführten Schwachstellenanalyse dargestellt. Abschließend wird ein Ansatz für ein Sicherungssystem dargestellt.

(1) Regelungen zum Paßwortsystem (insbesondere Paßwortstruktur, Paßwortinhalt, Paßwortlebensdauer) sind verbindlich für die Systemadministration festzulegen.

(2) Die genaue Kenntnis des Authentifikationsvorganges ist notwendig. Diese umfaßt:
 - Bestimmen der Abbruchsbedingung während des Authentifikationsvorganges
 - Paßwortverschlüsselung
 - Ereignisaufzeichnung während des Authentifikationsvorganges
 - Regelmäßige Auswertung des Authentifikationslogs.

(3) Der Systemadministrator erhält nur jene Paßwortauthorität, die er für die Durchführung seiner Arbeit unbedingt benötigt. Im vorliegenden Fall verfügten fünf Systemadministratoren über die höchste Paßwortauthorität. Dem Hacker muß es in der Vergangenheit einmal gelungen sein, an eines der Paßworte der Systemadministratoren heranzukommen.

(4) Beim Einsatz von Systemsoftware unterschiedlicher Hersteller

sind die Schnittstellen, soweit sie das Sicherungssystem betreffen besonders sorgfältig zu prüfen. Dies gilt auch für Releaseänderungen.

(5) Die Prüfung der Systemlogs, insbesondere was den operatorlosen Betrieb betrifft ist zu institutionalisieren.

(6) Es ist der Weg des Paßworts während der gesamten Dauer der Terminalsitzung von der Systemprogrammierung zu kennen. Es geht vor allem um die Frage ob es auf diesem Weg Phasen gibt, wo ein unberechtigter Benutzer die Möglichkeit hat auf das Paßwort zuzugreifen.

Diese dargestellten Schwachstellen sind aus dem vorliegenen Fall heraus entstanden. Sie werden demnach nur zufällig und nicht systematisch aufgezeigt.

Nachfolgend wird eine mögliche Vorgehensweise für die Konzeption eines Sicherungssystems aufgezeigt.

Die Phasen der Systemplanung und der Systemnutzung müssen ständig am Ziel des "Risikostrebens" gemessen werden [8]. Risikostreben ist die Identifikation, die Messung, die Kontrolle und die Minimierung des Einflusses unsicherer Ereignisse auf das Informations- und Kommunikationssystem [9]. Dies setzt Meßobjekte auf der strategischen, der taktischen und der operativen Managementebene voraus. Im Gegensatz zu den anderen strategischen Zielen eines Informations- und Kommunikationssystems (wie Effizienzstreben, Anpassungsstreben, Durchdringungsstreben, Sicherheitsstreben) ist das Risikostreben eine Querschnittsfunktion, die jedes dieser strategischen Ziele, ausgehend von der strategischen Managementebene über die taktische Managementebene bis hin zur operativen Managementebene miteinbezieht. Abbildung 3 zeigt ein mögliches Konzept für das Risikostreben für die einzelnen Managementebenen [10]. Für die Objekte des Risikostrebens sind auf den einzelnen Managementebenen Meßvorschriften zu entwerfen, mit denen eine Messung einzelner Objekte ermöglicht wird. Diese analytisch entwickelten modularen Meßvorschriften sind für die Beurteilung des gesamten Risikostrebens in einem Informations- und Kommunikationssystem mit geeigneten Methoden zusammenzuführen. Einen Ansatz dafür bietet das Fehlerbaumkonzept. Die Makrologik für ein

Strategische Managementebene: **Risikostreben**
Überprüfen identifizierter Risiken. Überprüfen der gesetzten Gegenmaßnahmen.
Effizienzprüfung der zu setzenden Gegenmaßnahmen. Auswahl der zu setzenden
Gegenmaßnahmen. Kontrolle der gesetzten Gegenmaßnahmen.

Taktische Managementebene: Wertanalyse

Operative Managementebene: Sensitivitätsanalyse, Auswirkungsanalyse
für unterschiedliche Stufen des Katastrophenfalls, Wertbestimmung der
IKS-Ressourcen

Taktische Managementebene: Gefahrenidentifikation 1 (Bestimmen der
Gefahrenverursacher)

Operative Managementebene: Umgebungsfaktoren des IKS, Authorisierte
Benutzer, Nicht authorisierte Benutzer

Taktische Managementebene: Gefahrenidentifikation 2 (Penetrationstechniken)

Operative Managementebene: Physische Techniken, Personenorientierte
Techniken, Hardwareorientierte Techniken, Softwareorientierte Techniken,
Formalorientierte Techniken

Taktische Managementebene: Verwundbarkeitsanalyse

Operative Managementebene: Auswirkungsanalyse für Identifikation der
Verwundbarkeit, Gewichtung der Verwundbarkeit

Taktische Managementebene: Risikoanalyse 1 (Analyse der Gefahren und
Verwundbarkeit

Operative Managementebene: Unerwünschte Enthüllung von Informationen,
Nichtauthorisierte Manipulation mit Informationen

Abb. 3: Konzept für das Risikostreben

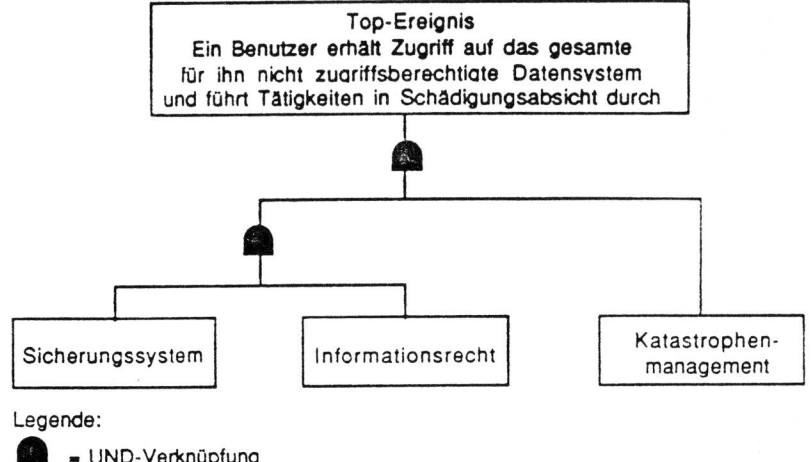

Top-Ereignis
Ein Benutzer erhält Zugriff auf das gesamte
für ihn nicht zugriffsberechtigte Datensystem
und führt Tätigkeiten in Schädigungsabsicht durch

Sicherungssystem

Informationsrecht

Katastrophen-
management

Legende:

◨ = UND-Verknüpfung

Abb. 4: Makrologik für ein Sicherheitskonzept

Sicherheitskonzept auf der taktischen Managementebene zeigt Abbildung 4 [10].

Als Top-Ereignis wird angenommen, daß der nicht authorisierte Benutzer einen unkontrollierten Zugriff auf das gesamte, für ihn normalerweise nicht zugriffsberechtigte Dialogsystem erhält und eine Schädigungsabsicht verfolgt. Drei Objekte führen zum Top-Ereignis: Das Sicherungssystem, das Informationsrecht und das Katastrophenmanagement. Das Sicherungssystem und das Katastrophenmanagment sind zwei durch die Informationssystemfunktion beeinflußbare Objekte. Kaum beeinflußbar mit der Ausnahme vertragsrechtlicher Vereinbarungen, ist das Informationsrecht. Wenn man bei der nachfolgenden Überlegung davon ausgeht, daß das Objekt Informationsrecht eine gegebene Größe darstellt, so kann das Top-Ereignis nur über das Sicherungssystem und das Katastrophenmanagement beeinflußt werden. Ein mangelhaftes Sicherungssystem, verbunden mit einem schwachen Informationsrecht, zusätzlich zu einem schwachen Katastrophenmanagement führen zum Top-Ereignis.

5. Literaturverzeichnis

[1] Diebold Statistik der installierten elektronischen Rechenanlagen in Österreich. Stand 1. Jänner 1986

[2] Lindemann, V.: DV-Katastrophen: Bankrott nach nur fünf Tagen. In: Computerwoche. Jhg. 1984/18, 1f

[3] Hasenbeck, M.: MAN-Bombe Läßt DV-Sicherheitsleute aufhorchen. In Computerwoche. Jhg. 1983/40, 1 und 5

[4] Heinrich, L. J. und Roithmayr, F.: Wirtschaftsinformatik-Lexikon. Oldenburg-Verlag. München/Wien 1986

[5] Diskussionsergebnis der Tagung "Computerkriminalität" des Kuratoriums Sicheres Österreich am 29. Mai 1984 in Linz

[6] Zwei andere Fallstudien in denen das Sicherungssystem angespro-

chen wird finden sich bei: Roithmayr, F.: Controlling von Infor-
mations- und Kommunikationssystemen. Oldenburg-Verlag. München/
Wien 1987 (Habilitationsschrift, erscheint Mitte 1987).

[7] GUTS V 3.7 Reference Manual. Gothenburg University Timesharing
System. 12, 1981

[8] Roithmayr, F.: Controlling von Informations- und Kommunikationssystemen

[9] Campbell, R. P. und Sands, G. A.: A modular approach to computer
security risk management. In: NCC 1979, 293-303

[10] Entnommen bei Roithmayr, F.: Controlling von Informations- und
Kommunikationssystemen

Die Risiko-Profil-Methode
als ganzheitliche Sicherheitskonzeption
für den EDV-Bereich und das Unternehmen

Eckart Weese
Dr. Weese & Partner, Köln
Günter Lessing
FRASER Essen

Problemstellung

Die Statistik zeigt ansteigende Tendenz der Kriminalität im EDV-Bereich. Stillstands-, Manipulations- und Informationsabfluß-Gefahren sind die Kategorien, in denen der EDV-Leiter und seine Vorgesetzten denken müssen. Nach der Sicherheits-Enquète der Zeitschrift KES meinen 85,7 % der EDV-Verantwortlichen, daß die Risiken zukünftig steigen werden. Aber nur 4,5 % der Befragten haben eine tiefgehende Sicherheitsanalyse durchgeführt oder durchführen lassen. Der EDV-Leiter allein kann die Verantwortung für sicheres Arbeiten des Rechenzentrums nicht übernehmen, wenn das Umfeld nicht auch in ein Sicherheitskonzept einbezogen ist. Viele der bisherigen Ansätze zur Erhöhung der Sicherheit zielten auf die Gestaltung des Rechenzentrums (manchmal als Bau mit festungsartigem Charakter) ab. Dabei blieben so wichtige Teile wie Datenträgerhandling, Sicherheitsarchive, Dokumentationsrichtlinien, Folgewirkungen von EDV-Risiken, der Versicherungsschutz u.a.m. außer Betracht.

Hinzu kommt, daß, werbemäßig aufgemacht, rezeptartige Empfehlungen gegeben werden, nach denen ratsuchende Unternehmen ihr Sicherheitskonzept erarbeiten sollen. Dies ist gefährlich. Erstens werden nur Teilsicherheiten aus dem Gesamtkomplex EDV-Sicherheits-Management angesprochen, zweitens wird mit Rezepten der Eindruck erweckt, Sicherheitskonzepte ließen sich 1:1 von einem Unternehmen auf das nächste übertragen. Gerade das ist nicht der Fall. Das Risiko Informationsabfluß in Unternehmen A kann eine vollkommen andere Bedeutung haben als in Unternehmen B, in dem z.B. keine sensitiven Daten zu finden sind.

Ein Weiteres ist zu beachten: Die genannten Ansätze berücksichtigen nicht das Kommunikationsgeflecht, in dem der EDV-Leiter arbeitet. Er ist einerseits den Gefahren für die EDV ausgesetzt, für die er im Rahmen seiner Tätigkeit verantwortlich gemacht wird, andererseits befindet er sich in einem mehrdimensionalen Beziehungsnetz zu seinen Mitarbeitern, zu den Fachanwendern und zu den Vorgesetzten. Das bedeutet in der Praxis:
Maßnahmen zur Erhöhung der Sicherheit können nur dann eingeleitet werden, wenn das Management des Unternehmens von der Notwendigkeit überzeugt ist und Mittel dafür freigibt. Sicherheit kostet Geld, und der Nutzen - so wird immer wieder gesagt - ließe sich nicht messen.

Mit der Risiko-Profil-Methode

wird ein Verfahren vorgestellt, das an alternativen Gefahrenpotentialen und am mehrdimensionalen Beziehungsnetz ansetzt. Durch die Ermittlung von Risikowerten wird der Faktor EDV-Sicherheit auch für den Manager deutlich erkennbar, der sich nicht zu den Fachspezialisten zählt. Da der Nutzen aus geplanten, sicherheitserhöhenden Maßnahmen in DM ausgedrückt wird, kann die Wirtschaftlichkeit des Vorgehens gemessen werden.

Es wird eine *ganzheitliche* Betrachtung des EDV-Bereiches einerseits und des Anwender-Umfeldes andererseits durchgeführt. Dies ist in überschaubarer, relativ kurzer Zeit nur dadurch möglich, daß der EDV-Bereich und die gesamten Anwenderbereiche von zwei entsprechenden Fachspezialisten in paralleler Arbeit untersucht werden. Dabei erfolgt eine kontinuierliche Abgleichung der gegenseitigen Arbeitsergebnisse. Wenn z.B. herausgefunden wird, daß aufgrund bestimmter Gefahren EDV-Stillstände von drei Wochen möglich erscheinen, dann werden unmittelbar die ergebnismäßigen Konsequenzen, in DM ausgedrückt, errechnet. Gerade diese Zahlen sind es, mit denen sicherheitserhöhende Maßnahmen begründbar sind.

Man kann die Gefahren, denen der EDV-Betrieb ausgesetzt ist, einteilen in

- Gefahren durch höhere Gewalt
- Gefahren durch Vorsatz und Sabotage
- Gefahren durch Fahrlässigkeit.

Ein Schaden kann z.B. durch Feuer, Blitzeinschlag, Explosion oder durch fahrlässiges oder vorsätzliches Betätigen des Hauptschalters entstehen, wodurch eine nichtgewollte Unterbrechung des EDV-Betriebes verursacht wird. Es sind auch Fälle bekannt, in denen das Feuerzeug des Operators im RZ gefunden wurde, das er nach dem Rauchen einer Zigarette im Flur auf dem Bandtransportwagen abgelegt hatte.

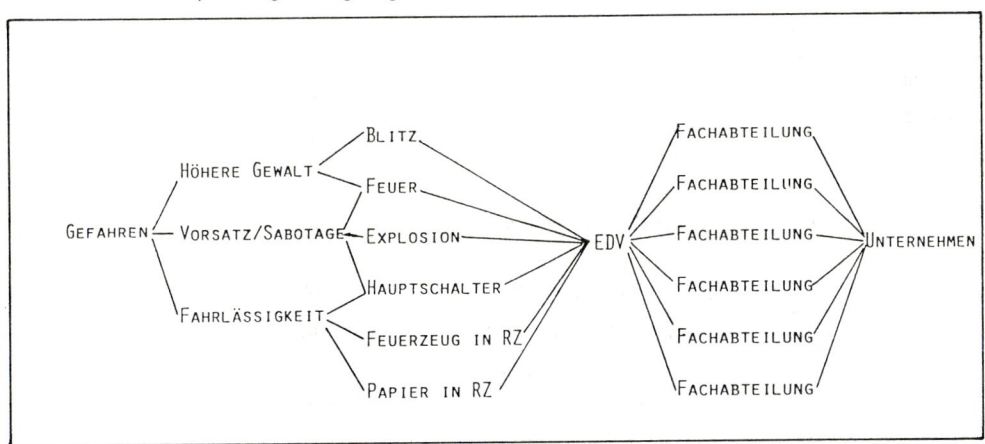

DR.WEESE & PARTNER

Aus der vorstehenden Übersicht ersieht man, daß Gefahren für die EDV auch Gefahren für die Fachabteilungen darstellen und damit das Unternehmen tangieren. Wenn z.B. die Auftragsabwicklung über EDV durchgeführt wird, kann ein längerer Ausfall der EDV zu empfindlichen Störungen des Warenflusses führen. In Märkten mit hoher Wettbewerbsintensität - und diese Situation trifft auf die meisten Unternehmen zu - kann nicht nur eine kurzfristige Lieferunmöglichkeit das Unternehmensergebnis gefährden, sondern es müssen auch Langfristwirkungen einkalkuliert werden. Dies ist dann der Fall, wenn ein leistungsfähiger Wettbewerber die Engpaßsituation längerfristig für sich zu nutzen versteht. Eine besondere Problematik ergibt sich außerdem, wenn das vom Schaden betroffene Unternehmen Produkte herstellt, die speziell für bestimmte Anwendungen bei den Kunden entwickelt wurden und deren Nichtlieferung zum Stillstand von Montagebändern bei den Abnehmern führt. In diesem Zusammenhang mögen die Kraftfahrzeug-Zulieferer genannt sein. Auch Schadenersatzansprüche wegen Nichtlieferung können gestellt werden. Eine folgenschwere Belastung!

Zur Analyse der Folgewirkungen

sind die EDV-Abhängigkeiten der einzelnen Fachabteilungen zu untersuchen. Für diese Untersuchung gibt es drei Wege: Der erste besteht darin, die Folgewirkungen von unterschiedlichen EDV-Ausfällen, von Manipulation und Informationsabfluß vom EDV-Leiter schätzen zu lassen. Diese Methode liefert nur einen Teil der Wahrheit. Der EDV-Leiter sieht naturgemäß die Folgen einseitig aus der Informationsverarbeitungs-Sicht.

Der zweite Weg sieht die Analyse der Folgewirkungen mittels Checklisten vor, die den Fachabteilungen zur Beantwortung übersandt werden. Auch dieser Weg liefert nur Teilwahrheiten bzw. auch Unwahrheiten und ist deshalb abzulehnen. Die Frage: "Wie lange können Sie in Ihrem Bereich weiterarbeiten, wenn Sie die EDV nicht mehr zur Verfügung haben?" wird entweder beantwortet mit "Überhaupt nicht mehr arbeiten" oder "weiterarbeiten". Diese Fälle gibt es zwar in der Praxis, sie sind aber nicht die häufigsten. Vielfach können mit Notfall-Überbrückungsmaßnahmen Warenfluß und Finanzströme zumindest teilweise aufrechterhalten werden. Diese Möglichkeiten lassen sich aber nur mit der dritten Methode, dem richtig geführten Interview, analysieren.

Der erste Schritt ist die Darstellung der Tätigkeiten des jeweiligen Fachbereiches und der Kommunikationssträne, über die er mit der EDV einerseits und mit anderen Unternehmensbereichen andererseits verbunden ist. Im zweiten Schritt wird ermittelt, welche Tätigkeiten bei einem EDV-Ausfall unterbrochen sind. Z.B. ist es möglich, daß nicht mehr kalkuliert werden kann (damit keine Angebotsabgabe), da sämtliche Konditionen im System sind und im Störfall nicht abgerufen werden können. Oder wenn die Rechnungserstellung DV-gestützt durchgeführt wird, ergeben sich Zinsnachteile durch verzögerten Rechnungsausgang. In großen Unternehmen kann dies leicht zu Beträgen von mehreren Millionen DM führen.

Weit gravierender ist es, wenn die Fertigung DV-gesteuert läuft. EDV-Stillstände bedeuten Produktionsausfälle, Lieferverzögerungen und eventuell Marktanteilsverluste. In diesem Arbeitsschritt erfolgt die Quantifizierung der Risiken. Dies ist ein mehrstufiger Vorgang mit verschiedenen Rechenoperationen. In den meisten Fällen erweist es sich als sinnvoll, Risikowerte in Bandbreiten anzugeben. Eine Annäherung an die realistischen Werte geschieht in den folgenden Schritten.

Dabei ist von der aktuellen Sicherheitssituation auszugehen. Es wird im Schritt drei nach bestehenden Notfallüberbrückungsmaßnahmen gefragt. Man findet sehr selten schriftlich formulierte Maßnahmenlisten, die im Notfall eine wirkliche Hilfe bedeuten könnten. Sofern Notfallmaßnahmen dokumentiert sind, läßt sich eine Verifikation oder Falsifikation der Risikoquantifizierung herbeiführen.

Im Schritt vier werden alternative Informationsquellen untersucht. Sind bei einer EDV-Ausfallsituation keine alternativen Informationsquellen vorhanden, erübrigen sich alle weiteren Abfrageschritte. Das kann z.B. zur Maßnahme "Sicherstellung hinreichender Ausweichkapazität" führen.

Sind dagegen alternative Informationsquellen verfügbar, wird weiter gefragt, ob diese Informationen qualitativ verarbeitet werden können (ohne EDV) oder ob z.B. infolge komplizierter Rechenvorgänge eine Verarbeitung nicht möglich ist. Im negativen Fall wird die Abfrageroutine hier abgebrochen. Im positiven Fall wird der Zeitaufwand ermittelt, der mit der Informationsverarbeitung ohne EDV verbunden ist. Hierbei werden Hilfsgrößen verwendet, deren Sinnhaftigkeit bei Abfragen über Checklisten nicht nachprüfbar ist.

Kommt man z.B. zu dem Ergebnis, daß 104 Manntage notwendig wären, um eine einigermaßen ausreichende Informationsverarbeitung in der Fachabteilung zu gewährleisten, muß gefragt werden, ob dafür das entsprechend qualifizierte Fachpersonal verfügbar und ob der zusätzliche Aufwand sinnvoll ist. Bei der Angebotskalkulation tauchen diese Fragen häufig auf. In jedem Fall ist der meist sehr hohe Nacherfassungsaufwand zu berücksichtigen, der bei Wiederanlauf der EDV entsteht. Allein aus diesem Grund muß in den meisten Fällen die Sicherstellung hinreichender Ausweichkapazitäten angeraten werden.

Der Interviewphase folgt die Auswertungsphase. Die bisherigen Analyseergebnisse werden in Übersichten gebracht, die als Entscheidungsgrundlage für die Gestaltung des Sicherheitskonzeptes dienen. Im Rahmen dieses Referates sei stellvertretend für weitere Übersichten auf das Risiko-Deckungs-Konzept verwiesen.

	RISIKO		GEGENW. VERSICHERUNGEN		UNGEDECKTES	MASSNAHMEN-EMPFEHLUNGEN			INVESTITIONEN GESCHÄTZT		EINSPA-
ABTEILUNG	ART	HÖHE	ART	HÖHE	RISIKO	E D V	FACHABTEILUNG		EINMALIG		RUNGEN
							VERSICHERUNGEN			LAUFEND	
1	2	3	4	5	6	7	8	9	10	11	12
E D V	Manipulation von Daten und Programmen mit Zerstörung/ Verfälschung	Dateire- konstr. 14 Mio DM Programm- rekonstr. nicht schätzbar	keine		14 Mio DM mind. z.Zt.nicht bekannt	7) Aufbau umfängl. Abstimm-,Sicherungs-und Kontrollsystem für DV-Basisverfahren,Systembetreuungs-, RZ- und PC-Bereich mit institutionalem EDV-Controlling, -QS- und -Revisionsstellen bzw. -systeme			Inv. müssen noch geschätzt werden		Wegfall erhöhter Progr.- Wartungs- aufwand TDM 720 p.a.
						9) Prüfung Abschluß Computer-Mißbrauchsversicherung ,sofern 7) nicht realisiert wird			11)Promillesatz...		
Fachabteilungen	Vermind. des Funktionserfüllungsgrades	z.Zt. nicht schätzbar, da Rekon.- dauer und Fehlersuch- zeit nicht bekannt			s. Sp. 3	8) Erstellung Notfallmaßnahmen-Diagramme im Rahmen Katastrophenplan			10)Beraterkosten in Abh. von Eigenleistung		
						9) möglich wäre Schwachstrom-BU-Versicherung			11)4 -8 % der vereinbarten Ausfallsumme		
						8)und 9) sind in Zusammenhang mit 7) zu entscheiden					
						9) Erstellung Wiederanlauf-Prioritäten-Diagramm			10)Beraterkosten entspr. Umfang noch zu quantifizieren		

DR.WEESE & PARTNER

Eine wesentliche Aussage ist die Angabe Spalte 6 "Ungedecktes Risiko". Sie stellt die Nutzengröße in Form der Risikoanteile dar, die mit gezielten Maßnahmen (Spalten 7-9) reduziert werden können. Diese Nutzengröße ist den für ein Sicherheitskonzept notwendigen Investitionen gegenüberzustellen.

Das EDV-Sicherheitskonzept als Marketing-Instrument

Daß die Erarbeitung eines ganzheitlichen Sicherheitskonzeptes notwendig ist, ergibt sich aus folgendem:

Erstens kann ein solches Konzept als Marketing-Instrument wirkungsvoll eingesetzt werden, wenn - wie z.B. in der Kfz-Zulieferindustrie - von Großkunden eine nahezu 100 %ige Liefersicherheit verlangt wird. Das Argument der Liefersicherheit gilt aber im wettbewerbsinternen Markt für alle Unternehmen, deren EDV-Abhängigkeitsgrad als hoch einzustufen ist.

Zweitens sind hohe Kapitalmittel erforderlich, wenn infolge eines Ausstiegs der EDV der Funktionserfüllungsgrad mehrer Fachabteilungen deutlich absinkt. Spätestens im crash-Fall wird ein umfängliches Sicherheitskonzept mit den zusätzlichen Kosten für das Heraufschleusen des verminderten Funktionserfüllungsgrades in Gang gesetzt.

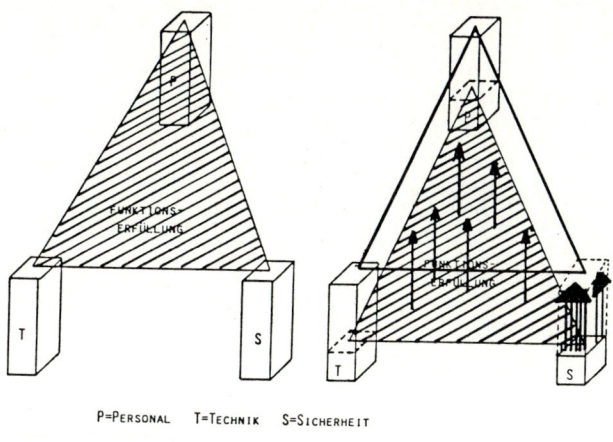

P=Personal   T=Technik   S=Sicherheit

DR. WEESE & PARTNER

Bild03

Die Erfassung der Schwachstellen im EDV-Bereich

Die ganzheitliche Betrachtung aller EDV-Risikobereiche ist Voraussetzung für ein umfassendes Sicherheitskonzept im EDV-Bereich. Die Sicherheitslücken müssen in einem mehrstufigen Analyse- und Auswertungsprozeß aufgedeckt werden. Risikofelder und Störungsursachen einerseits sind Schutz- und Sicherheitsmaßnahmen mit entsprechenden Prüfungsinhalten andererseits zuzuordnen. Die Einteilung der Risikofelder nach Gebäuden/Räumen - Hardware - Software - Verarbeitung - Datenträger hat sich bewährt. Von den modulartig aufgebauten Prüfungspaketen Objektschutz, Verfahrensdokumentation, Rechenzentrumsdurchführung, Hantierungsvorschriften Datenträger, Abstimm-, Sicherungs- und Kontrollsystem (ASK) und Katastrophenplan her wird ein verbindlicher *Prüfungsleitfaden* nach folgender Systematik aufgebaut:

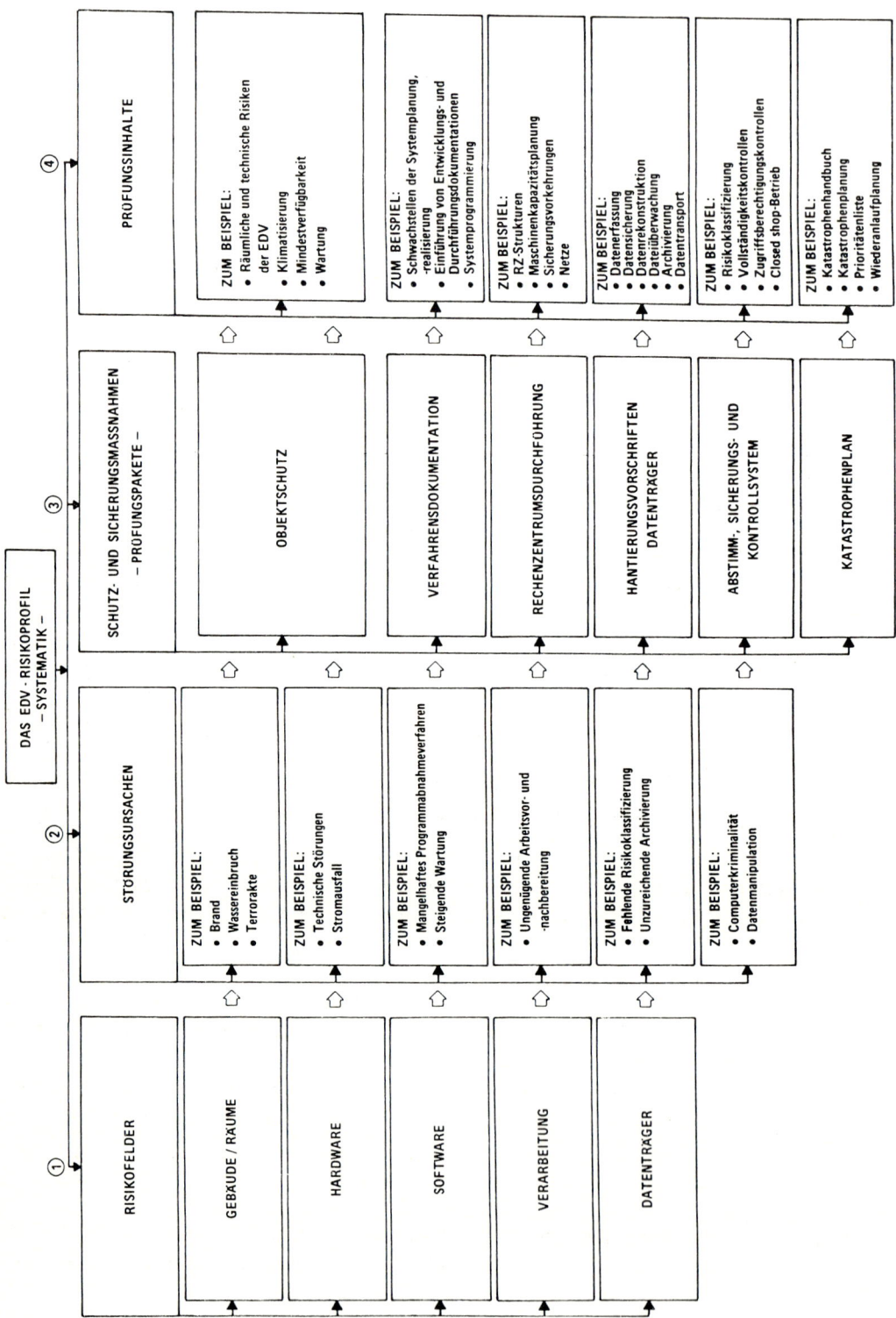

DAS EDV · RISIKOPROFIL – SYSTEMATIK –

① RISIKOFELDER

② STÖRUNGSURSACHEN

③ SCHUTZ- UND SICHERUNGSMASSNAHMEN – PRÜFUNGSPAKETE –

④ PRÜFUNGSINHALTE

GEBÄUDE / RÄUME

ZUM BEISPIEL:
• Brand
• Wassereinbruch
• Terrorakte

OBJEKTSCHUTZ

ZUM BEISPIEL:
• Räumliche und technische Risiken der EDV
• Klimatisierung
• Mindestverfügbarkeit
• Wartung

HARDWARE

ZUM BEISPIEL:
• Technische Störungen
• Stromausfall

SOFTWARE

ZUM BEISPIEL:
• Mangelhaftes Programmabnahmeverfahren
• Steigende Wartung

VERFAHRENSDOKUMENTATION

ZUM BEISPIEL:
• Schwachstellen der Systemplanung, -realisierung
• Einführung von Entwicklungs- und Durchführungsdokumentationen
• Systemprogrammierung

VERARBEITUNG

ZUM BEISPIEL:
• Ungenügende Arbeitsvor- und -nachbereitung

RECHENZENTRUMSDURCHFÜHRUNG

ZUM BEISPIEL:
• RZ-Strukturen
• Maschinenkapazitätsplanung
• Sicherungsvorkehrungen
• Netze

DATENTRÄGER

ZUM BEISPIEL:
• Fehlende Risikoklassifizierung
• Unzureichende Archivierung

HANTIERUNGSVORSCHRIFTEN DATENTRÄGER

ZUM BEISPIEL:
• Datenerfassung
• Datensicherung
• Datenrekonstruktion
• Dateiüberwachung
• Archivierung
• Datentransport

ZUM BEISPIEL:
• Computerkriminalität
• Datenmanipulation

ABSTIMM., SICHERUNGS- UND KONTROLLSYSTEM

ZUM BEISPIEL:
• Risikoklassifizierung
• Vollständigkeitskontrollen
• Zugriffsberechtigungskontrollen
• Closed shop-Betrieb

KATASTROPHENPLAN

ZUM BEISPIEL:
• Katastrophenhandbuch
• Katastrophenplanung
• Prioritätenliste
• Wiederanlaufplanung

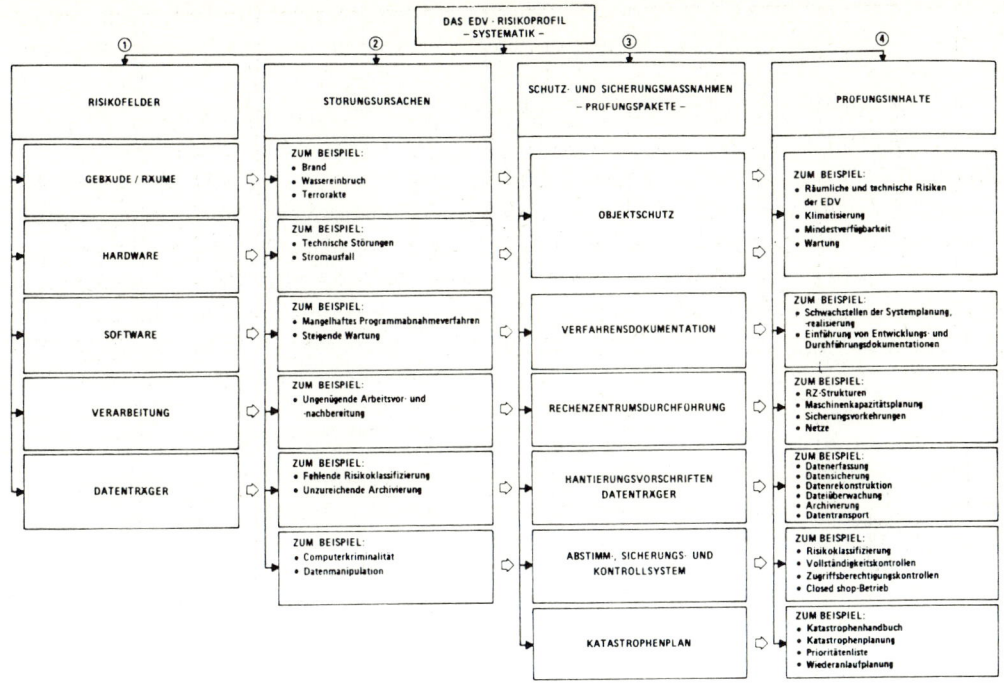

Innerhalb der Prüfungspakete ermöglichen *strukturierte Checklisten* eine Interviewtechnik mit Feedback-Frage-Schleifen. Die Beantwortung der Checks hat im persönlichen Interview zu erfolgen. Sicherheitsbewußtsein läßt sich nur in Stufen herbeiführen. Je eindeutiger der Interviewte zu einem gemeinsam gefundenen Interviewergebnis steht, um so mehr wird er hinter der Realisierung von daraus abgeleiteten Maßnahmen stehen.

Systembeschreibung

Vor der Objektschutzbegehung, die am Anfang der eigentlichen Erhebungsaktivitäten steht, muß eine Systembeschreibung vorgenommen werden. Unternehmensorganigramme, EDV-Abteilungsstrukturen, Zuordnung der EDV-Revision, EDV-Controlling und -Qualitätssicherungsstelle, Einordnung der PC-Betreuung, der Bürokommunikation, der COM- und technischen Rechnerbereiche sind zu bearbeiten. Des weiteren gehören zur Systembeschreibung: Beschreibung der Konfiguration incl. aller wichtigen betriebsnahen Software, Projektübersichten, funktionale und personelle Arbeitsteilungen, erste Übersichten über das Alter von Programmen/Programmpaketen, Sichtung der vorhandenen Richtlinien für Datenträger, Dokumentationsprozesse, Benutzerhandbücher, Brandschutzberichte, Katastrophenpläne, Kauf-Leasing-Wartungsverträge, Inventarverzeichnisse, Störungsstatistiken, Netzatlas, Gebäude-Lagepläne etc.

Objektschutzprüfung

Sie beginnt mit einer gründlichen *Objektschutzbegehung* und erstreckt sich auf alle Räume und Gebäudeteile incl. Gebäudeumgebungen, die für die Sicherheit des EDV-Traktes rele-

vant sind. An ihr sollten die EDV- und RZ-Leiter sowie die Verantwortlichen für den innerbe-
trieblichen technischen Dienst für Stromversorgung, Installierung, Wartung von Klimaanlagen,
Ausführung von baulichen Maßnahmen, Sicherheits- und Werkschutzbeauftragte u.a. teilneh-
men. Zu den Besichtigungsobjekten gehören die Personal- und Lieferanteneingänge mit
ihren Überwachungsanlagen, die Stromversorgungseinrichtungen, Leitungsführungen von
Telefon und DFÜ-Kabelsträngen, Klimaanlagen, tote und aktive Schächte, Zu- und Abluft-
öffnungen, Doppelböden, Decken, Rauchmelder, Fluchtwege, Löscheinrichtungen, Sicher-
heitssysteme an Türen und Fenstern, Schlüsselkästen, Holz- und Papiergegenstände in und
um den RZ-Raum, Transportwege zu den Sicherheitsarchiven, Datenträgertransportmittel,
wasserführende Leitungen in und um das RZ, Notstromversorgungen, Brandschutzmauera-
nordnung, feste Tresore im RZ, Überspannungsschutzeinrichtunge, Blitzschutzanlagen usw.
Die Liste der zu beachtenden Punkte sollte alle evtl. Schwachstellen in Richtung Brand- und
Wassergefährdung, Einbruch, Sabotage, Informationsabfluß etc. umfassen. Unabhängig von
dem sich an die Begehung anschließenden Interview per Checkliste sind die Erkenntnisse
nach einem *Schutzzonen-Schema* für Rechenzentren auszuwerten. Für evtl. spätere archi-
tektonische Um- oder Neubauten werden dadurch wesentliche Grundlagen gebildet. Planung-
steams können schneller und gezielter zusammengestellt werden.

Anhand der vorliegenden Checklisten werden jetzt nochmals alle bautechnisch relevanten
Einrichtungen, die Stromversorgung, Klimatisierung, Wartungsfragen, Ausweichkapazitäten,
kompromittierenden Abstrahlungen etc. abgearbeitet und damit die Begehung verifiziert.

Prüfung Entwicklungsabteilung (Anwendungsprogrammierung/Test)
Hier kommen die Checklisten der Verfahrensdokumentation in Anwendung: Allgemeine technische und strukturelle Richtlinien, Richtlinien für die Dokumentation, Systementwicklung, -ab-
nahme, -einführung, -wartung, Aufbau und Kontrolle der Qualitätssicherung (Tools/Vor-
gehensweisen), unterschieden nach Batch und Dialog, Abnahmeverfahren (Testmethodik
und -organisation, wann erfolgt die Abnahme durch wen?), Schottungsbarrieren zwischen
Test- und Produktionsprozessen, Zusammenspiel manueller und maschineller Abläufe im
Realisierungsprozeß, Umgehungsmöglichkeiten maschineller Berechtigungs- und Zugriffskontrollen, Zusammenarbeit von Systemprogrammierern mit Entwicklern usw.

Prüfung Rechenzentrumsdurchführung
Von Bedeutung sind u.a.: RZ-Organisation, -Ordnung, Kompetenzen, Funktionstrennung,
Arbeitsvorbereitungsabläufe, Eingangskontrollen, operatorarmer und operatorintensiver Bet-
riebe, Arbeitsnachbereitung, Ausgangskontrollen, Maschinenkapazitätsplanung, Job-Conrol-
ling, Bandarchivverwaltungssysteme, automatische, halbautomatische und manuelle RZ-Über-
wachungssysteme, Probleme der Fernwartung, Schichtbesetzungen an Sonn- und Feierta-
gen, Vieraugenprinzip im RZ, Datenträger und Personenschleusen usw.

Prüfung Netzbetrieb
Die Komplexität dieses Gebietes erzwingt einen eigenen Check: DFÜ-Schnittstellen zum son-
stigen RZ-Betrieb, Einsatz von Meßinstrumenten, Transaktionsmonitoren, Protokollschreibern,
Testverfahren, Störungsstatistiken, Paßwordsicherung, Fehlererkennung, Netzwerksteu-
erungs- und -überwachungssoftware, Fehleranalysesysteme, unkontrollierte Leitungsauf-
zeichnungen etc.

Prüfung Datenträgerhandling

Im Objektschutz und im RZ-Bereich wurden teilweise schon Fragen dieses Komplexes ange-sprochen. Zu prüfen sind: Datenerfassungsverfahren, Rekonstruktionsverfahren, Überwa-chungsprotokolle, maschinelle Dateikataverwaltungssysteme, Archivierungsvorschriften, Mag-netbandaufbewahrung, Erstellung von Sicherheitsbeständen, Speicherkonzepte, Transport-kontrollen, Löschungen, Vollständigkeitskontrollen der Sicherheitsarchive, Bänderdiebstahl-möglichkeiten, Risikoklassifizierungen von Daten und Programmen.

Prüfung Systemprogrammierung/-technik

Hier handelt es sich um eines der sensibelsten Gebiete, die mit der Personenüberprüfung des Systemprogrammierers beginnt (Betriebszugehörigkeit, Lebenslauf im Betrieb, Berufser-fahrung, Schnittstellen zu Anwendungsprogrammierungen und zur Fachabteilung). Es folgt eine Erstellung einer Funktionsübersicht für Basissysteme, Sprachen, Tools, Datenbanken, Datenkommunikation, DFÜ-Umgebung. Sie ist durch eine Funktionen-Beziehungs-Matrix zu ergänzen (welche Funktion arbeitet mit welcher zusammen?). Diese bildet die Basis für eine Risikopotentialanalyse, von der die Personen-Beziehungs-Matrix abgeleitet wird (welche Funktionen dürfen unter Risikogesichtspunkten nicht in Personalunion erledigt werden?).

Prüfung PC-Bereich

Ein PC-Sicherheitskonzept kann ohne ein EDV-Sicherheitskonzept nicht sinnvoll realisiert werden. Hardwarekompatibilität, Kommunikationswege/Rechnerkoppelung, Dialogflußanaly-se stehen daher im Vordergrund. Sie werden durch Prüfung der Ablaufstrukturen, Daten-sicherungsverfahren und Schwachstellenraster ergänzt.

Prüfung Abstimm-, Sicherungs- und Kontrollsystem (ASK)

Dieser Check dient vor allem der nochmaligen Prüfung der vorangegangenen Prüfungser-gebnisse auf Konsistenz: U.a. Plausibilitätskontrollen, Zugriffsberechtigungskontrollen, Secu-rity-Pakete, Netzüberwachungsprozessoren, Festlegung von Risikoklassen, Verwaltung von Zugriffsberechtigungs- und Verfolgungssystemen, closed shop-Konzepte. Hier handelt es sich zugleich um Elemente für den weiteren Aufbau eines bereichs- und funktionsüber-greifenden ASK-Systems.

Prüfung Katastrophenplanung

Sinnvoll kann die Prüfung dieses Gebietes erst zum Abschluß der Interviewrunde erfolgen. Ausweichkapazitäts- und bauliche Probleme sind bekannt sowie die Sensibilität von Hard-ware, Programmen und Daten. Ziele, Ursachen und Stufen von Katastrophenplanungen kön-nen jetzt definiert, Prioritätenlisten der Verfahren und Prozeduren festgelegt werden. Funk-tionsträger, Hilfsmittel und Maßnahmen sind jeweils für die Abschnitte Schadensbekämpfung, Schadensbeseitigung, Maßnahmen während der Stillstandszeiten, Wiederanlauf festzulegen. Es sei nochmals betont: Der Schwerpunkt der Checks, der im persönlichen Interview abgear-beitet werden muß, liegt auf *Sicherheit und risikomindernden Maßnahmen* und nicht auf dem "Nur-Nachweis" von Lücken.

Die Erstellung der Maßnahmen- und Risikozuordnungsmatrix (MRZM)

Die im Check erfaßten Mängel und Schwachstellen werden in einer ausgefeilten Matrix horizontal den Räumlichkeiten der Unternehmung und/oder den Funktionen bzw. den Arbeitsbereichen zugeordnet.

Vertikal erfolgt eine Anordnung von Mängeln unter Risikoaspekten. Durch eine kumulative Wichtung und Zusammenfassung von Mängeln (nicht jeder Mangel ist für sich allein genommen als Risiko zu werten) kann abgelesen werden, mit welchem Risiko zu rechnen ist, wenn die vorgeschlagenen Maßnahmen (sie werden im Umkehrschluß aus den definierten Mängeln abgeleitet) nicht realisiert werden. Die Risikozuordnung erfolgt nach: EDV-Stillstand durch Zerstörung von Maschinen, Daten, Programmen, Gebäuden usw., Vermögensschäden durch Verfälschung von Daten, Programmen, Arbeitsabläufen, durch Abfluß von Know-how und anderen Informationen, Betriebsergebnisbelastungen durch zunehmenden Programmwartungsaufwand, Auftreten nicht kalkulierter Folgekosten und behördlicher Auflagen. Durch die Standardisierung der Arbeitsbereiche bzw. Funktionen nach organisatorisch allgemeingültigen Gesichtspunkten kann nach dem TÜV-Prinzip bei einer späteren Prüfung der alte Sicherheitszustand mit dem neuen verglichen werden. Die Ergebnisse der MRZM dienen den Risiko-Folgewirkungsübersichten als Basismaterial, auf den EDV-Bereich selbst bezogen auch in DM quantifiziert.

Klassifizierung und Wichtung der empfohlenen Maßnahmen

Die in der MRZM empfohlenen Maßnahmen werden nunmehr für die praktische Umsetzung mit Hilfe einer Prioritäten-Matrix neu gruppiert. Maßnahmen I. Priorität können demnach z.B. als sehr wichtig und technisch/wirtschaftlich unverzüglich realisierbar angesehen, Maßnahmen II. Priorität ebenfalls als sehr wichtig, aber mit substantiellen Investitionen verbunden eingesetzt werden. Die Maßnahmen für den EDV-Bereich werden durch Notfalldiagramme für die Fachabteilungen ergänzt. Diese stellen konkrete Handlungsanweisungen dar und bestimmen, welche Maßnahmen in den Fachabteilungen im EDV-Notfall von wem einzuleiten sind.

Auf der Grundlage dieses Maßnahmenkataloges können weiterführende Ziele einer *ASK-Konzeption mit funktions- und bereichsübergreifenden Sicherheitsmaßnahmen* von der Unternehmensleitung verabschiedet werden.

Sicherheitseinrichtungen in modernen GPC-Betriebssystemen
(Versuch einer Wertung der Technik
gegenüber Organisation und Personal)

Peter Brandt
Siemens AG
Bereich Datentechnik
Software-Kundendienst
8000 München 83

Zusammenfassung:

Es gibt keine 100%ige Datensicherheit, die Arbeit an der Datensicherheit endet nie. Das ist der Grundtenor dieses Beitrags.

Die technischen Sicherungsfunktionen von DV-Systemen gegen Mißbrauch werden in Beziehung gesetzt zu der vorrangigen Wirksam-
keit von organisatorischen Schutzmaßnahmen.

Die Abwehr von externen Mißbrauchsversuchen wird in ihrer Bedeutung relativiert gegenüber der Beeinträchtigung durch nachlässige
oder illoyale Mitarbeiter.

Es wird eine Lanze gebrochen für den Paßwortschutz und es wird
die abschottende Schutzwirkung von Transaktionssystemen hervorge-
hoben.

1. Das Primat der organisatorischen Maßnahmen

Die Anfälligkeit von DV-Systemen gegen Mißbrauch ist ein der
verteilten Datenverarbeitung inhärentes Problem:
Rein technisch erhalten immer mehr Personen Zugang zu den DV-
Systemen, und je weiter man sich von der Arbeitsweise eines
isolierten Rechenzentrums entfernt, je mehr die Datenfernver-
arbeitung und die Verteilung der Verarbeitung fortschreitet,
um so größer wird das Sicherheitsrisiko und die Schadensgefahr
/9/.

1.1 Mißbrauch unmöglich machen mit Technik ?

Vom Hersteller wird erwartet, daß er gegen Mißbrauch sichere Produkte und Funktionen anbietet. Der Anwender äußert seinen Wunsch nach einem einfachen und abgeschlossenen Datensicherheits-Konzept: "Aus einem Sieb kann man keinen Dampftopf machen, indem man die Löcher stopft" und bringt häufig eine Erwartungshaltung zum Ausdruck, eigentlich sei der Hersteller für die Datensicherheit verantwortlich, eigentlich sollte sie ohne Hinzutun des Anwenders funktionieren. Vor allem Techniker neigen zu der Ansicht, Datensicherheit sei mit rein technischen Mitteln machbar, Technik mache Mißbrauch unmöglich.

Beispiel: Ein Rechenzentrum fragte einen seiner Computer-Lieferanten, welches Produkt er anzubieten hätte zum Schutz einer Datenbank, die übernommen werden solle, hochsensible Gerichtsdaten.

Es stellte sich heraus, daß der in Frage stehende Rechner über Wählanschlüsse einem großen Benutzerkreis zur Verfügung stand. Es war also davon auszugehen, daß der Rechner auch von Unbefugten angewählt werden kann und daß es relativ leicht ist, in das vergleichsweise offene, benutzerfreundliche, mit Menü-Technik und Help-Funktionen ausgestattete System einzudringen. Damit ist aber für den potentiellen Täter die Hälfte der Arbeit der Überwindung von Zugangs- und Zugriffskontrollen schon getan.

Zwar können Datenbanksysteme eingesetzt werden im Rahmen eines Transaktionssystems, welches Mißbrauchsmöglichkeiten einschränkt durch eigene Benutzeridentifikation und durch ein eigenes System von Berechtigungen und welches für den Zugriff auf die Daten die Verwendung der üblichen System-Kommando- und -Makro-Schnittstelle ausschließt. Zwar können sensitive Daten auf eigenen Platten oder Plattensets mit eigenem Datei- und Benutzerkatalog untergebracht werden. Eine weitere Abschottungsmöglichkeit bietet eine Virtuelle Maschine (VM), eine Software die das HSI (Hardware-Software-Interface) der

Zentraleinheit vervielfacht und den Ablauf mehrerer Betriebssysteme ermöglicht, von denen eines für die Verwaltung der sensitiven Daten reserviert werden könnte.

Aber der Hersteller empfahl als wirksamste Maßnahme, die hochsensib-
len Daten auf einem eigenen Rechner zu führen, isoliert, abgeschirmt,
ohne Wählanschluß, die Terminals in besonders abgesicherten Räumen.
Also eine organisatorische Maßnahme, viel wirksamer als rein technische Sicherungsfunktionen /7/.

Der Hersteller bietet eine Palette von Produkten und Funktionen
an, aus der der Anwender ein für den konkreten Anwendungszweck
seines DV-Systems, für die organisatorische Struktur seines
Unternehmens und für seine Sicherheitsbedürfnisse passendes
Sicherheitsnetz maßschneidern kann.

Die vom Hersteller angebotene Palette beginnt bei äußerst preis-
werten Maßnahmen, wie beispielsweise einer Blockade-Diskette, die
die unbefugte Benutzung eines PC verhindern soll: eine Blech-Dis-
kette, die das Diskettenlaufwerk sperrt, mit einem Vorhängeschloß
gesichert, das natürlich leicht aufzubrechen ist und für einen
Profi kein Hindernis darstellt. Das aber für die meisten
potentiellen Hacker eine Schwelle bildet, die sie nicht
übersteigen, weil sie einen echten Einbruch gar nicht begehen
wollen.

Die Palette reicht bis zu abstrahlarmen Sichtgeräten, anzapf-
sicheren Glasfaserkabeln, kryptographisch verschlüsselter Datenübertragung und Datenspeicherung, aufwendigen Zugangs- und Zu-
griffssicherungen mittels Ausweislesern und Chipkarten.

Aber diese technischen Sicherheitseinrichtungen sind in jedem
Fall nur Hilfsmittel, die eigebettet sein müssen in ein organi-
satorisches Konzept, welches ihren Einsatz sinnvoll und effek-
tiv macht. Beispiel am Wohnhaus: Was nützen eine teuere Alarman-
lage, Fenstergitter und einbruchsichere Haustür, wenn Gartenpforte
und Terrassentür offengelassen werden? Einer solchen Versuchung
kann der potentielle Täter häufig einfach nicht widerstehen.

Organisatorische Maßnahmen müssen Vorrang haben! Sie sind wesentlich billiger und haben wesentlich größere Auswirkungen als rein
technische Einrichtungen selbst. Die Sicherheit kann nicht nur
vom technischen Vorsprung des Herstellers abhängen! Selbst wenn
einem Angreifer sämtliche technischen Mittel des Herstellers und
des Systembetreibers zur Verfügung stehen, soll die Datensicherheit gewährleistet sein /8/.

1.2 Der Wunsch : 100%ige Datensicherheit

Mit entsprechend hohem Aufwand läßt sich theoretisch jedes Maß
an Datensicherheit erreichen. Aber kein Anwender würde sich eine
100%ige Sicherheit leisten wollen, selbst wenn sie technisch und
organisatorisch machbar wäre /3/.

Risikoanalysen, Sensitivitätsanalysen, eine Priorisierung der
Sicherungsmaßnahmen müssen vorgenommen werden, damit die Datensicherheit in effizienter und wirtschaftlicher Weise herbeige-
führt wird, damit nicht mit Kanonen auf Spatzen geschossen wird /4/.
Der zweckgerechte Einsatz der Mittel sorgt auch für Akzeptanz:
Sicherheit und Kontrollierbarkeit gehören auch in großen verteilten DV-Systemen nicht immer zu den selbstverständlich zu erfüllen-
den Anforderungen, zum Teil werden sie als lästige Auflagen
empfunden und werden nur notgedrungen akzeptiert.

Daraus schlußfolgert aber auch, daß es ein abgeschlossenes,
einmal fertiges Sicherheitskonzept nicht gibt. Ebenso wie die Anwendungen sich weiterentwickeln, entstehen immer neue Sicherheits-
probleme und machen neue Gegenmaßnahmen erforderlich.
Die Arbeit an der Datensicherheit hört nie auf, damit muß man
sich abfinden.

2. Die sicherste Investition: loyales Personal

Der Anwender weiß um die Notwendigkeit von Klimatisierung, unterbrechungsfreier Stromversorgung, Brandschutz, Einbruchsicherung, Backup- und Reservekapazitäten. Für die Sicherung der Infrastruktur besteht meist ein genügendes Sicherheitsbewußtsein. Das gleiche gilt für die Datensicherung in Gestalt von Sicherungskopien, die Duplizierung von Programmen und Dateien als Vorsorge, daß sie stets rekonstruierbar bleiben. Hier wird viel investiert.

Aber der Notwendigkeit, unerwünschte Zugriffe auf Daten abzuwehren, unbefugte Einsichtnahme oder unzulässige Verarbeitung, Veränderung oder Zerstörung zu verhindern (vgl. Abb. 1), steht der Anwender häufig etwas hilflos gegenüber. Wenn er in die Datensicherheit investieren will, denkt er zunächst an professionelle Spione und Saboteure und an aufwendige Schutzmaßnahmen, um sie abzuwehren.

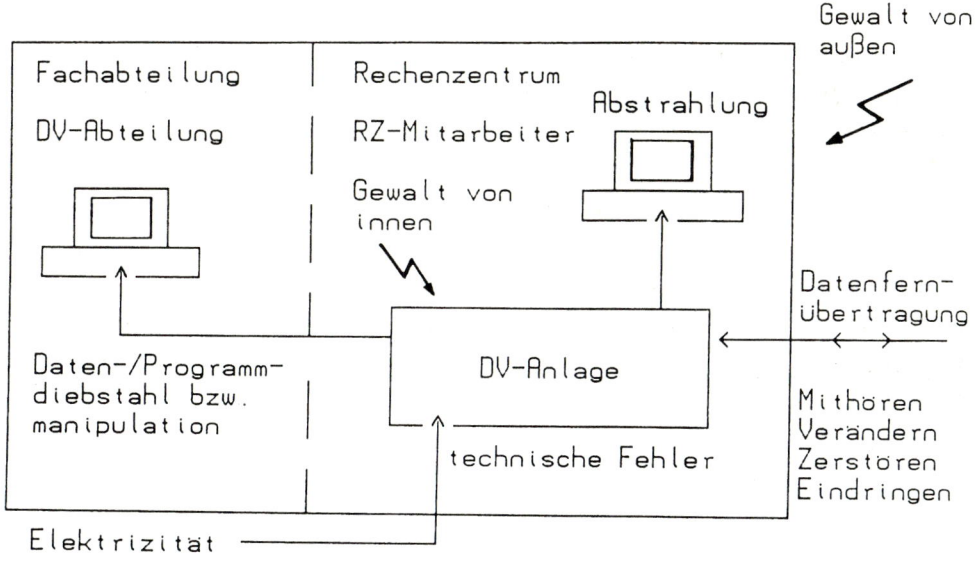

Abb.1: Gefahren, die die Datensicherheit bedrohen

2.1 Schutz gegen externe Mißbrauchsversuche

Abstrahlsichere Terminals

Die Signale zur Steuerung des Bildschirms bewirken eine Abstrahlung im TV-Bereich, die bei einigermaßen geschickter Plazierung einer Antenne bis in 1 km Entfernung aufgefangen werden kann, um die Arbeit des Bildschirms auf einem Fernsehgerät sichtbar zu machen.

Für östliche Geheimdienste soll es gang und gäbe sein, mit einer Antenne im gelüfteten Plexiglasdach eines Pkw solchen Datenverkehr abzuhören und zur späteren Analyse auf Magnetband aufzuzeichnen. Die Analysemethoden sollen es erlauben, auch eine Vielzahl gleichzeitig arbeitender Bildschirmgeräte auszuwerten. Deutschen Diensten soll eine Liste eines östlichen Geheimdienstes in die Hände gefallen sein, auf der gute Positionen zum Abhören solchen Datenverkehrs hunderteweise verzeichnet waren /11/.

Die Bildschirmgeräte verschiedener Hersteller unterscheiden sich sehr in der Intensität ihrer Abstrahlung. Forderung des Anwenders an den Hersteller: Er soll nicht nur teuere abstrahlsichere (bis 1m Entfernung) Geräte für militärischen Einsatz, sondern auch preisgünstigere abstrahlarme Geräte für den normalen kommerziellen Markt anbieten /10/.

Abhörsichere Übertragungswege

Ebenso wie Telefongespräche auf vielfältige Weise mitgehört werden, können Unbefugte auf den Übertragungswegen Daten mithören oder sogar den Datenverkehr beeinflussen. Auf Richtfunkstrecken und auf den normalen Vierdrahtleitungen geschieht das Tag für Tag. Datex-Netz und Bildschirmtext sind so abhörgefährdet und verwundbar wie Telefonverbindungen /5/.

Auch Koaxialkabel können mit Hilfe einer eingebrachten Sonde abgehört werden. Dazu gibt es fertige Geräte, mit denen einige Hersteller die Adapter für Local Area Networks mit dem Koaxialkabel
verbinden. Nur Glasfaserkabel sind fast - nicht absolut - anzapf-
sicher.

Die DV-Hersteller arbeiten an kryptographischen Schutzsystemen,
die die abgehörten Daten nutzlos werden lassen, weil sie ohne
Kenntnis des Schlüssels praktisch nicht in Klartext zurückver-
wandelt werden können.

Rechtskräftige Identifikation und Authentifikation

Die Zugangskontrolle zu einem DV-System durch Benutzer-Identifi-
kation (Benutzerkennung, Abrechnungsnummer, Paßwort) ist - bei
konsequenter Anwendung - heute eine sichere Technik und der Zu-
griffsschutz für Dateien, Programme und Prozeduren wird im Betriebssystem durch einen ganzen Katalog von Sicherheitseinrichtungen gewährleistet (vgl. Abb. 3).

Von zunehmender Wichtigkeit ist aber nicht nur die Sicherheit
der Daten, sondern die juristische Beweisbarkeit, wer Daten verändert hat. Die User-Identifikation (Benutzerkennung), die der
allgemeinen Verwaltung dient, der Abrechnung und dem Adressieren
von Mitteilungen, die also gar nicht geheim bleiben kann, trägt
wenig zur Identifizierung des tatsächlich agierenden Benutzers
bei. Aber auch allein aufgrund der Verwendung von Paßwörtern kann
niemand juristisch belangt werden. Selbst wenn protokolliert worden ist, daß die fragliche Datei von einem bestimmten Terminal
aus geändert worden ist, kann doch eine fremde Person sich den Zugang erschlichen haben. Es sind zusätzliche organisatorische Maßnahmen erforderlich - wie Vier-Augen-Prinzip, räumliche Zugangs-
kontrollen -, um ein hohes Maß juristisch relevanter Sicherheit
zu erzielen.

Der Anwender wünscht sich eigentlich, daß ebenso, wie er beim
Telefongespräch den Partner an den Eigenarten der Stimme,

dem Akzent, der Sprechweise sicher erkennt, auch das DV-System
den Benutzer anhand von Stimmprofil, Fingerabdrücken,
Handgeometrie oder einer Unterschriftenprobe eindeutig
identifiziert. Da dies bisher mit vertretbarem Aufwand nicht
möglich ist, arbeiten DV-Hersteller an kryptographischen
Verfahren, mit denen sich nicht nur der Datentransport sichern
läßt, sondern mit denen auch Benutzer einwandfrei identifiziert
werden können. Beispiel: Der Benutzer besitzt eine Chipkarte, in
der ein kryptographischer Geheimschlüssel gespeichert ist, der
einzig ihm zugeordnet ist und der seiner Identifizierung dient /12/.
Der Systemzugang erfolgt über einen PC mit Chipkartenleser. Eine
Textprobe, bestehend aus Zufallszahl, Datum und Uhrzeit wird vom
Host-System an den PC gesandt, dort mit Hilfe des
Geheimschlüssels verschlüsselt und an das Host-System
zurückgesandt. Das Betriebssystem entschlüsselt die Rücknachricht
mit Hilfe eines offenen Schlüssels und vergleicht sie mit der
ursprünglich gesendeten Textprobe /13/.
Damit eine gefundene oder gestohlene Chipkarte nicht verwendet
werden kann, muß sie, damit sie überhaupt funktioniert, durch
Eingabe eines persönlichen Paßwortes aktiviert werden. Nach drei
Fehleingaben wird die Chipkarte unbrauchbar gemacht.

Nach Identifikation des Benutzers erfolgt die Sicherung der
Datenübertragung durch Verschlüsselung mit einem offenen
Schlüssel, den das Host-System für diese Session dem PC
übersendet. Entschlüsselung im Host-System mit Hilfe des
zugehörigen Geheimschlüssels /14/.

Die Authentifikation der empfangenen Daten, d.h. der Beweis, daß
sie vom identifizierten Benutzer stammen und nicht etwa von einem
in die Leitung eingeschalteten Gerät, welches die authentischen
Daten empfängt und plausibel geänderte Daten weiterschickt, ist
ebenfalls mit der Chipkarte möglich. Zu diesem Zweck wird die zu
übertragende Information ergänzt durch ein zusätzlich mittels
Geheimschlüssel des Benutzers verschlüsseltes und gefaltetes
Duplikat der Information, welches als elektronische Unterschrift
fungiert. Das Host-System überprüft die Echtheit der empfangenen
Daten durch Vergleich mit dem Duplikat.

2.2 Gewöhnliche Mißbrauchsmethoden

In einem normalen Betrieb gibt es allerdings weit leichtere Möglichkeiten, um unberechtigt an Daten heranzukommen, als die Strahlung von Bildschirmgeräten aufzufangen oder Übertragungswege abzuhören. Und die Identifikation des Benutzers ist in jedem Fall nur so lange sicher, wie die Berechtigten es verhindern, daß Unbefugte sich Berechtigungen ausleihen oder erschleichen. Eine größere Gefahr für den normalen Anwender besteht in Eindringmethoden wie den folgenden /15/.

Abfallauswertung (scavenging): Papierkörbe, Listings, Dumps, Zettel im Büro auswerten nach Paßwörtern und anderen interessanten Informationen.

Schnüffeln (browsing): Zugängliche Speicherbereiche wie Common Memory Pools, temporäre Speicherbereiche, Platten, Bänder absuchen nach verwertbaren Informationen von Vorbesitzern, die diese Bereiche aus Performance-Gründen nicht vor Freigabe physikalisch gelöscht haben. Abhilfe: Physikalisch löschen.

Impersonation (social engineering): Auftreten als authorisierte Person, z.B. am Telefon als Wartungstechniker, der zur Prüfung einer Leitung oder zur Diagnose eines Systemfehlers z.B. das Paßwort des Systemverwalters benötigt. Abhilfe: Rückruf.

Falltür-Methode (trap door): In einem größeren Programmsystem können Weichen enthalten sein, die z.B. während der Testphase für Fehlerfälle eingebaut worden sind, um Sprungverfolger zu aktivieren oder Speicherbereiche sicherzustellen. Sind sie bei der Übergabe nicht entfernt worden, dann können sie im produktiven Ablauf für unberechtigtes Mitlesen oder Verändern von Daten genutzt werden. Es gibt auch geheime Hintereingänge, die der Entwickler extra für sich eingebaut hat, um später in den produktiven Betrieb eindringen zu können. Abhilfe: Codereview.

Trojanische Pferde: In Prozeduren bzw. Programmen eine Reihe
zweckdienlicher Kommandos bzw. Befehle einfügen, um z.B. bestimmte Daten zu verfälschen bzw. zu zerstören. Besonders heimtückisch
ist solche Programm-Manipulation, wenn sie nicht sofort aktiv ist,
sondern erst nach Ablauf eines bestimmten Datums oder nach Ein-
tritt eines Ereignisses. Gefährdet sind Prozeduren bzw. Programme
mit den Attributen SHARE=YES, ACCESS=WRITE. Abhilfe: Paßwörter,
Codereview /16/.

Computer-Viren: Dies sind in Programme eingefügte Trojanische
Pferde, welche die zusätzliche Fähigkeit besitzen, eine Kopie
seiner selbst in andere Programme einzufügen.
Ein Virus sucht nach einer ausführbaren Programmdatei, die
noch nicht infiziert worden ist, kopiert sich hinein und prüft
danach, ob die Bedingung für die verfälschende bzw. zerstören-
de Funktion schon eingetreten ist. Wenn nicht, wird das weitere
Wirtsprogramm des Virus ordnungsgemäß ausgeführt. Wo Daten gemeinsam genutzt werden, können Viren von einem Benutzer zu einem anderen gelangen. Wie weit ein Virus ein DV-System durch-
dringt, hängt davon ab, an welcher Stelle und mit welchen Berechtigungen er eingeschleust wird. Am wirksamsten sind Dienstprogramme oder gar der Systemkern und die Berechtigung des Sy-
stemadministrators /18/.
Allerdings ist auch dieses Problem nicht grundsätzlich neu,
denn mit fehlerhafter Software hatte man in der Datenverarbeitung schon immer zu kämpfen. Abhilfe: Codereview, strenge Pro-
grammkontrolle, Vier-Augen-Prinzip, Längen,- Prüfsummen-,
Schutzschlüssel-Vergleich stichprobenweise oder vor jedem Ablauf /17/.

Solche gewöhnlichen Eindringmethoden und Manipulationsmöglich-
keiten stehen nicht so sehr Außenstehenden zur Verfügung, sondern vor allem den Angehörigen des eigenen Unternehmens (vgl.
Abb. 1). Insider bilden die wichtigste Schwachstelle für die
Datensicherheit. Allerdings am größten ist für die Datensicherheit die Gefahr, die ausgeht von den normalen Fehlern und
Unterlassungen.

2.3 Das Problem ist die Nachlässigkeit

Das größte Sicherheitsrisiko sind eigene Mitarbeiter, die Fehler machen. Irrtum und Nachlässigkeit eigener Mitarbeiter stellen - wenn man von den technischen Defekten absieht - ein größeres Risiko dar als alle anderen Bedrohungen zusammen /1/. Lt. Diebold ist zwar in den meisten Unternehmungen die Geschäftsleitung der Meinung, man könne den Leuten nicht vertrauen, aber es gebe ja ausreichende Kontrollen. Die DV/Org-Mitarbeiter wissen es anders: Die Kontrollen sind bei weitem nicht ausreichend, aber man kann den Leuten vertrauen /2/. Es ist in erster Linie wichtig, unbeabsichtigte Gefährdungen auszuschließen (Verfahren narrensicher machen).

Das zweitgrößte Sicherheitsrisiko sind unehrliche und frustrierte Mitarbeiter, die sich illoyal verhalten, die Daten und Programme manipulieren, Diebstahl und Sabotage betreiben. Dieses Risiko wird im allgemeinen noch dadurch erhöht, daß die Benutzer mit zu vielen Berechtigungen ausgestattet sind, die sie für ihre Arbeit nicht brauchen, daß zu viele Personen auf Informationen zugreifen können, die sie eigentlich nichts angehen, daß eine Funktionstrennung nicht konsequent eingehalten wird. Der Täterkreis wird verkleinert, wenn die Benutzer wissen, daß Datenzugriffe protokolliert werden, daß unrechtmäßige Handlungen nachvollzogen werden können und auch im Interesse eines geregelten und sabotagefreien Betriebsablaufes verfolgt werden.

Schlußfolgerung: Der wirksamste Schutz sind zuverlässige, vertrauenswürdige, gut motivierte Mitarbeiter und ein gutes Betriebsklima! Das ist für die Datensicherheit die lohnendste Investition. Und vielleicht sollte man die Arbeitsplätze ausstatten mit Schildchen, wie man sie in Las Vegas im Hotel findet: "Thou shalt not tempt!", welche dort den Hotelgast mahnen, nicht durch Herumliegenlassen von Geld und Wertsachen andere in Versuchung zu führen.

In seiner Bedeutung an dritter Stelle steht das Risiko von
Katastrophen durch höhere Gewalt (Feuer, Wasser). Nur zu geringem
Prozentsatz /1/ ist die Datensicherheit viertens bedroht durch

Externe Mißbrauchsversuche.

Ein externes Problem der Datensicherheit sind u.a. die sogenannten Hacker, vorwiegend jugendliche Computerexperten, die mit
HomeComputern über Telefon-Wählleitungen meist aus
technisch-sportlichem Ehrgeiz Verbindungen zu DV-Systemen
aufbauen und unbefugten Zugang zu Daten suchen. Ihnen gelingt es
zu demonstrieren, daß die Sicherheitsvorkehrungen häufig völlig
unzureichend sind und schon mit einfachen Mitteln umgangen werden
können. Sie bewirken in manchen Unternehmen, daß endlich
organisatorische und technische Sicherheitsmaßnahmen installiert
werden, die schon längst hätten eingerichtet werden sollen. Im
Einzelfall können schon allein begründete Vermutungen über die
Unsicherheit eines DV-Systems einen erheblichen Vertrauensschaden
anrichten /21/.

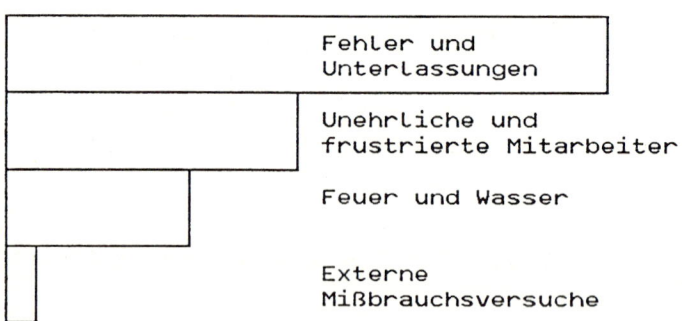

Abb.2: Abschätzung der Sicherheitsrisiken

3. Schutz des Betriebssystems vor Mißbrauch

3.1 Die Parole

Paßwörter sind die meistgebrauchte Sicherung gegen Mißbrauch
(vgl. Abb. 3). Durch ihre Prüfung im System kann mit einem meist
ausreichenden Maß an Sicherheit erreicht werden, daß die
gebotenen Möglichkeiten nur von den dazu ausdrücklich
berechtigten Personen genutzt werden /20/. Paßwörter werden verwendet

- für den Schutz von Verbindungen vor Benutzung durch Unberechtigte,
- für die Benutzeridentifikation beim Zugang zum System über
  das LOGON-Kommando bzw. beim Zugang zu einer Anwendung,
- für den Schutz von Dateien, auch ausführbarer Dateien wie
  Programme, Kommandoprozeduren, ENTER-Dateien, von Transaktionen und Datenbanken, von Jobvariablen vor unberechtigten Zugriffen,
- für den Schutz von Betriebs-Kennungen für verschiedene Ad-
  ministratoren und Wartungstechniker.

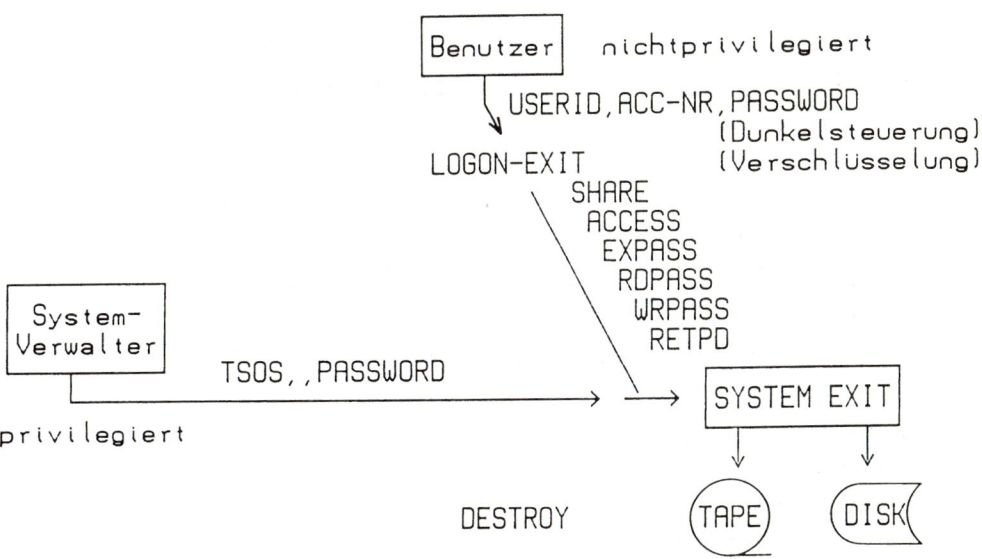

Abb.3: Zugangs- und Zugriffskontrollen des Betriebssystems

Nach der Identifizierung des Benutzers kann man auch auf die
Verwendung weiterer Paßwörter zur Kontrolle des Zugriffs auf
Ressourcen und Objekte verzichten, wenn man ein System hat,
die Benutzungs- und Zugriffsberechtigung einzelner Benutzer
oder von Benutzergruppen für jede Ressource und jedes Objekt
- also eine Berechtigungsmatrix - zu verwalten. Das kann ein
Schloß/Schlüssel-System sein, in dem jedes zu schützende Objekt
ein logisches Schloß erhält und die zugriffsberechtigten Subjekte
mit logischen Schlüsseln ausgestattet werden. Beispiel:
UTM-Anwendungen wie in Abb. 4 (Universeller Transaktions-
Monitor). Das kann aber auch ein Objektschutz-System sein,
welches jedem zu schützenden Objekt eine Access Control List
zuordnet, die die zugriffsberechtigten Subjekte samt zugelassener
Zugriffsmodi enthält. Beipiel: SRPM (System Resources and
Privileges Management).

Mit Hilfe von Zusatz-Software kann man vor allen besonders
kritischen Zugriffen verlangen, daß der Benutzer sich
nochmals identifiziert z.B. mit seinem LOGON-Paßwort,
um auszuschließen, daß während vorübergehender Abwesenheit
des Berechtigten ein Unberechtigter dessen Arbeit "fort-
setzt".

Die Verwendung von Paßwörtern läßt sich durch eine unter-
stützende Organisation sehr sicher machen /6/.
Paßwörter kann man

- an einer Datensichtstation in einem dunkelgesteuerten
  Feld eingeben,
- an einer Dialog-Schreibstation nach der Eingabe überschreiben lassen,
- gegen systematisches Ausprobieren schützen mittels er-
  zwungener Pause nach jeder Falscheingabe
- und durch Abbruch der Verbindung bzw. sogar durch Sperren
  des benutzten Terminals oder des Benutzers nach z.B.
  5 Fehlversuchen.
- Man kann Höchstfristen für die Geltungsdauer festlegen,
- die Ausnutzung der vollen möglichen Paßwortlänge erzwingen

- und man kann das Paßwort, das im System gespeichert sein muß
  zwecks Validierung der Paßworteingaben, einweg-verschlüsselt
  abspeichern, damit ein etwa im Dump oder mittels Dienstprogramm gefundenes Paßwort nicht verwendet werden kann.

Trotzdem hat der Paßwort-Mechanismus ein schlechtes Image, denn
er ist nur so sicher wie seine Handhabung durch den Benutzer: Wenn
der Benutzer mehrere verschiedene Paßwörter für mehrere Systeme
braucht, die volle Länge haben müssen (möglichst 8 Zeichen), die will-
kürliche, nicht so leicht zu erratende alphanumerische Kombinationen
sein sollen (nicht Namen der Ehefrau oder der Kinder) und die zudem
noch möglichst häufig gewechselt werden müssen, dann kann er sie sich
halt nicht merken und schreibt sie auf einen Zettel, der griffbereit
sein muß, in der Schreibtischschublade oder gar unter der Terminal-
tastatur.

An dieser Stelle soll eine Lanze für den Paßwort-Mechanismus gebrochen werden, denn er ist preiswert und effizient. Viele Anwender schätzen die Sensitivität ihrer Daten und ihr Sicherheitsrisiko nicht so hoch ein, daß sie für höchste Sicherheit höchste
Investitionen machen wollen und lehnen z.B. schon einen Ausweis-
leser an der Datenstation aus Kostengründen ab.

Möglicherweise ist es nur erforderlich, daß die Benutzer lernen,
vertraute Begriffe, die sie sich leicht merken wie den morgend-
lich wechselnden Parkplatz, die also ruhig lang sein und auch
häufiger ausgetauscht werden können, auf geeignete Weise zu willkürlich aussehenden Zeichenkombinationen zu verfremden, z.B. durch

- Verwendung nur jedes n-ten Buchstabens,
- Weglassen der Vokale,
- Einfügen bestimmter Buchstaben oder Ziffern,
- Verwendung der Anfangsbuchstaben eines Satzes.

Dann wird es möglich sein, den Merkzettel, auf dem man sich evtl.
die aktuellen Paßwörter sicherheitshalber noch notiert, nicht mehr
griffbereit dort aufzubewahren, wo ihn Unbefugte finden können,
sondern dort wo man auch z.B. persönliche Dinge diebstahlsicher
unterbringt /19/.

3.2. Systemfunktionen abschotten, Dedicated Processing

Im Dialogbetrieb (Teilnehmerbetrieb, Interactive Processing, Time-sharingbetrieb) wie im Stapelbetrieb stehen dem Benutzer die Dienstleistungen des Betriebssystems über Systemkommandos, Makroaufrufe und Dienstprogramme zur Verfügung.

Um die Mißbrauchsmöglichkeiten einzuschränken, kann der Systemverwalter benutzerspezifisch die verwendbaren Kommandos, Parameter und Dienstprogramme auf die Menge begrenzen, die der betreffende Benutzer für seine Arbeit braucht. Im BS2000 geschieht das z.B. ganz drastisch für die SERVICE-Kennung und mit einer System Dialog Facility (SDF) gezielt für die nichtprivilegierten Benutzer. Zusätzliche Beschränkungsmöglichkeiten bestehen mit Hilfe einer Reihe von RZ-spezifischen Systemroutinen, die an verschiedenen System-Exit-Schnitt stellen angeschlossen werden können.

Sicherer sind Transaktionssysteme (Teilhaberbetrieb, Transaction Processing). Hier hat der Terminalbenutzer überhaupt keinen Zugang zu Systemkommandos, Makros und Dienstprogrammen. Er kann die Dienstleistungen des Betriebssystems nicht direkt benutzen, sondern nur in Gestalt von Funktionen, die ihm ein Anwenderprogrammsystem, die Teilhaberanwendung anbietet.

Die Mißbrauchssicherheit des DV-Systems wird weiter erhöht unter Zuhilfenahme des Kommunikationsrechners (DÜ-Vorrechner, Datenstationsrechner), der die logischen Verbindungen zu Kommunikationspartnern terminalspezifisch und benutzerspezifisch verwaltet, der je nach Berechtigung des Benutzers Verbindungswünsche erfüllt oder abweist oder sogar nur eine dem Terminal fest zugeordnete Verbindung zu einer ganz bestimmten Teilhaberanwendung herstellt. Dann kann der Terminalbenutzer keine Kommandos OPEN CONNECTION und LOGON geben, sondern nur - nach anwendungsspezifischer Eingabe von Benutzerkennung und Paßwort - die Dienste dieses einen Anwendungssystems in Anspruch nehmen.

Anwendungssysteme mit Datensicherheitsanforderungen sollten stets Transaktionssysteme sein. Sie werden realisiert mit Hilfe eines Transaktionsmonitors und mit Hilfe von Datenbanksystemen. Die Dienstleistungen werden realisiert in Anwendungs-Teilprogrammen, die der Benutzer durch Eingabe von Transaktionscodes ansteuert und die auf Datenbanken zugreifen. Durch ein System von Berechtigungen kann der Administrator festlegen (vgl. Abb. 4),

- daß bestimmte Benutzer nur an bestimmten Datenstationen arbeiten können,
- daß von bestimmten Datenstationen nur bestimmte Dienstleistungen (Teilprogramme, TAC's) genutzt werden können,
- daß bestimmte Anwendungs-Teilprogramme nur auf bestimmte Teile der Datenbanken zugreifen können.

Mit speziellen Teilprogrammen kann für die Anwendung eine Protokollierung aller oder ausgewählter Aktivitäten erfolgen.

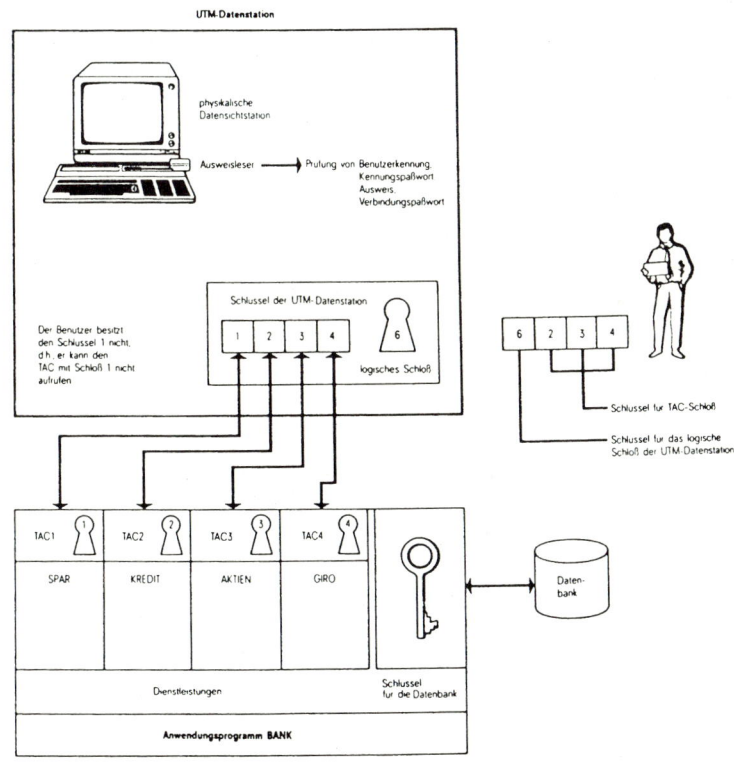

Abb. 4: Beispiel eines Transaktionssystems

Literatur

1. Schwabe W., EDV-Sicherheit bei der Ersten österreichischen Spar-Casse-Bank: Ein Erfahrungsbericht, Tagungsband EDV-Sicherheit 28.10.1986, ADV Wien

2. Boltz W., Risikobereiche und Risikoanalyse beim Einsatz der Informationstechnik, Tagungsband EDV-Sicherheit 28.10.86, ADV-Wien

3. Hacker, Gauner, Saboteure; Diebold Management Report Nr. 4/1984

4. Leib H.-J., Bewertung von Datensicherung bei automatisierter Datenverarbeitung, Online 6/1986

5. Siebenter Tätigkeitsbericht des Bundesbeauftragten für den Datenschutz, 1.1.1985

6. Sechster Tätigkeitsbericht des Bundesbeauftragten für den Datenschutz, 13.1.1984

7. Jahresbericht 1984 des Berliner Datenschutzbeauftragten, 17.12.84

8. Weyer H., Pütter P.S., Organisation und Technik der Datensicherung: Empfehlungen aus der Kontrollpraxis, Köln, Datakontext-Verlag, 1983

9. Weck G., Datensicherheit: Methoden, Maßnahmen und Auswirkungen des Schutzes von Informationen, Stuttgart, Teubner, 1984

10. Nachtmann L., Gegen den Datenklau, wie man Computer abhörsicher macht, Chip Nr. 12, Dezember 1986

11. Koenen H., Gefahr: Abstrahlung, KES 2/1985

12. Kruse D., Sicherheit à la Karte, Chip-Karten identifizieren fälschungssicher, Siemens-Magazin COM 4/1986

13. Kruse D., Wächter fürs Betriebssystem, Chip-Karte für komfortable Zugangskontrolle zum BS2000, Siemens-Magazin COM 4/1986

14. Hellmann M.E., Die Mathematik neuer Verschlüsselungssysteme, Spektrum der Wissenschaft, 1979, Heft 10

15. Kastenmüller S., Sicherheit der Datenverarbeitung, Informatik-Fachberichte Band 96, Springer-Verlag 1985

16. Trojanische Pferde, PC Magazin Nr. 6 vom 29.1.1986

17. Virusprogramme, Computer Persönlich, Ausgabe 24 vom 12.11.1986

18. Dierstein R., Computerviren, KES 3-4/1985

19. Dierstein R., Sichere Paßwortverfahren, KES 3/1986

20. Zöller G., unter Mitarbeit von Kraus G., Die Datensicherung im BS2000, Siemens-Schriftreihe "data praxis" 1985

21. Chaos Computer Club, Die Hackerbibel, Löhrbach, Werner Pieper, 85

Ein Ansatz zur Abwehr von Computerviren

Frank Hoffmeister

Universität Dortmund
Fachbereich Informatik
Lehrstuhl Systemanalyse

Einleitung

Seit 1985 taucht in den verschiedensten ComputerMagazinen [1,2,3] immer wieder der Begriff <u>Computervirus</u> auf. Hierbei handelt es sich im weiteren Sinne um eine spezielle Art selbstreproduzierender Programme, die zuerst 1983 wissenschaftliche Aufmerksamkeit [4] erfahren haben.

Computerviren besitzen die Fähigkeit, u.U. alle Programme innerhalb eines Rechnersystems (auch im Sinne von Rechnernetzen) unbemerkt zu manipulieren, um sie unter bestimmten Bedingungen zu Fehlfunktionen zu veranlassen. Das Erkennen und Entfernen von Computerviren ist eine generell unlösbare Aufgabe, so daß Computerviren für den ordnungsgemäßen Betrieb eines Rechnersystems eine ernste Gefahrenquelle darstellen.

In diesem Beitrag soll eine vorbeugende Maßnahme vorgestellt werden, die es Computerviren unmöglich macht, sich erfolgreich in Rechnersystemen auszubreiten, und so die Probleme vermeidet, die mit dem Vorhandensein von Computerviren im nachhinein entstehen.

Funktionsprinzip von Computerviren

Seit der Einführung von Von-Neumann-Rechnern besteht der Unterschied zwischen Programmen und Daten nur in der Interpretation von Information (Daten) durch die CPU eines Rechners, d.h. eine Folge von Datenworten kann sowohl als Programm als auch als Datum interpretiert werden. Diese Doppeldeutigkeit führte schon früh nach seiner Einführung zu der Fragestellung "Welches ist das kürzeste Programm, das sich selbst ausgibt ?" und lange Zeit war es ein beliebtes Problem unter Informatikstudenten, immer kürzere <u>selbstreproduzierende</u> Programme zu finden.

Computerviren sind im weiteren Sinne eine spezielle Klasse selbstreproduzierender Programme, die im Gegensatz zu gewöhnlichen selbstreproduzierenden Programmen nicht nur ein einfaches Duplikat ihrer selbst erzeugen, sondern dieses in <u>andere</u> Programme einfügen, ohne sie dabei zu zerstören.

D.h. ein derart "infiziertes" Programm wird in Zukunft neben seinen ursprünglichen Aufgaben den Programmcode des implantierten Computervirus ausführen und damit seinerseits andere Programme mit dem Virus infizieren.

Cohen [4] zeigt, daß auf diese Weise Computerviren alle Programme in der transitiven Hülle der Zugriffsberechtigungen eines Benutzers infizieren können. Haben also die Benutzer eines Rechners (teilweisen) Zugriff auf die Programme anderer oder ist auch nur ein Programm des Systemverwalters infiziert, so ist es nur eine Frage der Zeit, bis alle Programme innerhalb eines Rechnersystems infiziert sind. Dazu bedarf es u.U. nur weniger Minuten [4].

Die eigentliche Gefahr, die von Computerviren ausgeht, liegt nun nicht allein in der Fähigkeit andere Programme infizieren zu können, sondern darin, welche u.U. (zeit-) bedingten Aktivitäten ein Virus neben der Infektion anderer Programme ausführt. Diese können sowohl erwünscht als auch unerwünscht sein, z.B.:

> Komprimierung des infizierten Programms
> Zugriffsüberprüfung/-Protokollierung
> Verwirrende (Fehler-)Meldungen
> Abbruch des aufgerufenen Programms
> Abarbeitung einer Endlosschleife
> (willkürliche) Datenzerstörung
> ...

Mittels einfacher Beweise kann gezeigt werden [4], daß i.a. die Virus-Eigenschaft eines Programms nicht bewiesen werden kann, daß sogar das Aufspüren bzw. Entfernen eines "bekannten" Virus i.a. eine unlösbare Aufgabe ist, nämlich dann, wenn der Virus keine exakten Kopien von sich verbreitet.

Biologische Analogie

Folgt man den obigen Ausführungen, so ist klar, daß Computerviren das informationstechnologische Analogon zu biologischen Viren sind. Daher soll an dieser Stelle die Betrachtung der biologischen Immunantwort auf Virusinfektionen Hinweise zur informationstechnologischen Virusbekämpfung liefern [5,6].

Innerhalb der DNA eines Individuums existiert ein Genabschnitt mit der Bezeichnung Majorhistocompatability-Complex (MHC), der die Codierung für eine bestimmte Klasse von Proteinen enthält. Fast alle Zellen eines Individuums exprimieren damit auf der Zellmembran die gleichen MHC-Proteine. Die MHC-Proteine sind jedoch von Individuum zu Individuum verschieden und stellen somit eine Art Ausweis dar.

Wenn nun ein Virus in eine Zelle eindringt und diese dazu veranlasst, den Virus zu vervielfältigen, so werden dabei auch Antigene des Virus auf der Zellmembran ausgebildet, bevor die Zelle neue Viren entläßt.

Auf genau diese Konstellation von eigenem MHC-Protein und Antigen reagiert die Klasse der cytotoxischen T-Zellen (Killer-Zellen), die hierfür einen speziellen Rezeptor, den T-Zell-Rezeptor, entwickelt haben. Sie heften sich damit an die Zellmembran infizierter Zellen, um sie dann zu zerstören.

Für die verschiedensten Antigene entstehen die dazugehörigen spezifischen T-Zell-Rezeptoren durch genetische Rekombination und somatische Mutation.

Übertragung auf Rechnersysteme

Vergleicht man nun Programme innerhalb eines Rechners mit körpereigenen Zellen, so fällt auf, daß für Programme kein entsprechender Erkennungsmechanismus wie das MHC-Protein vorhanden ist, der nur schwer kopiert werden könnte. Wenn es gelingt, Programme mit einem Merkmal auszustatten, welches sich definitiv ändert, falls ein Programm manipuliert würde, so hätte man ein Kriterium zur Hand, das es gestattet, infizierte Programme einfach zu erkennen - eben daran, daß mit einer Programminfektion automatisch eine Änderung des Merkmals verbunden ist.

Ein solches Vorgehen bedeutet natürlich eine Beschränkung der allgemeinen Interpretier- und Verwendbarkeit von Programmen als Daten. Betrachtet man jedoch die Art und Weise, wie Programme in und durch Rechner gehandhabt werden, so bedeutet dies keine praktische Beschränkung (es sei denn, man verwendete (permanent-) selbstmodifizierende Programme).

Die Merkmalsinformation muß so beschaffen sein, daß sie nicht von einem Virus imitiert werden kann, um so der Entdeckung zu entgehen. Zu diesem Zweck könnte man Programme um Kontrollinformationen anreichern und anschließend geeignet verschlüsseln. Die Kontrollinformation dient zur Prüfung des Merkmals, die Verschlüsselung ist notwendig zur Sicherung dieser Information gegen unerlaubte Manipulation.

Das Verschlüsselungsverfahren muß jedoch sicher sein gegen Angriffe mit vollständigem Wissen [7], wie es z.B. ein Systemverwalter haben kann. Weiterhin sollte es ein Public-Key-Verfahren [8] sein, bei dem der öffentliche Schlüssel zur Verschlüsselung der Programme durch Compiler oder Linker dient und der geheime Schlüssel vom Betriebssystem zur Ladezeit zur Entschlüsselung des Programmcodes verwendet wird.

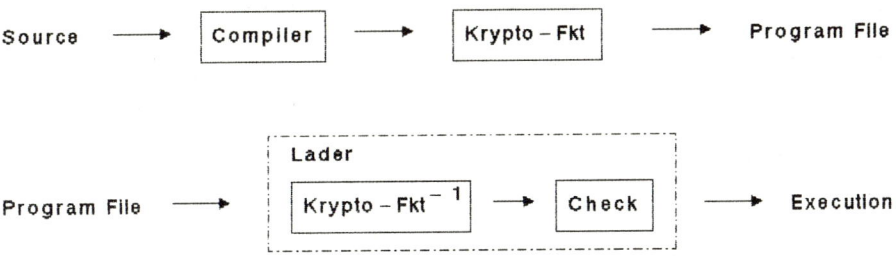

Man glaubt zur Zeit, daß diese Kriterien von dem RSA-Public-Key-Verfahren [9] erfüllt werden [7]. Damit steht nun nicht mehr der Betreiber eines Rechnersystems vor dem unentscheidbaren Problem der Virusentdeckung, sondern das Virus muß ein (praktisch) nichtberechenbares Problem lösen, wenn es sich erfolgreich, d.h. ohne Zerstörung des Merkmals bzw. der Kontrollinformation, ausbreiten will, denn bei ungültiger Kontrollinformation wird ein Programm nicht abgearbeitet und somit die Viruskopie nicht aktiviert.

Alles in allem kann ein Virus immer noch andere Programme manipulieren, aber dies wird sofort erkannt, weil das betreffende Programm dadurch zerstört wird. Ein Virus "löscht" somit nur die Programme, zu denen sein Benutzer Zugriffberechtigung hat. Dies ist leicht zu verfolgen und ist überdies ein (bereits bestehendes) Vertrauensproblem, das mit der Vergabe von Zugriffsberechtigungen einhergeht.

Das bisher beschriebene Verfahren ist plausibel und scheint in abgewandelter Form demnächst in der Schweiz auf Personal Computern zum Einsatz zu kommen [10]. Dennoch existieren zwei Gefahrenquellen:

(1) Überwachung des Verfahrens bzw. des geheimen Schlüssels durch einen Systemverwalter, der auch ein potentieller Virusprogrammierer sein könnte.

(2) Speicherung des geheimen Schlüssels im Rechner. Ein Benutzer mit außergewöhlichen Kenntnissen über Rechner-Interna könnte auf den Schlüssel direkt zugreifen.

Beide Punkte lassen sich zu der Frage verdichten: "Wie geheim kann eine Information in einem Rechner letztendlich sein ?". Mit der Kenntnis, wo Information auf welche Weise abgelegt ist, kann diese auch wieder zurückgewonnen werden. D.h., soll in diesem Fall die Verschlüsselung der Programme mit ihrer Kontrollinformation sicher sein, so müssen die Punkte (1) und (2) ausgeräumt werden. Daraus ergeben sich folgende Konsequenzen:

(A) Der Mensch als Kontrollinstanz muß ausgeschaltet werden, d.h. der Schutzmechanismus muß eigenständig ohne Kontrolle durch einen Systemverwalter (transparent) tätig sein.

(B) Ort, Art und Weise des gespeicherten geheimen Schlüssels müssen unbekannt und praktisch nicht ableitbar sein.

Die Forderung (A) ist verhältnismäßig einfach zu erfüllen. Die Implementierung des Verfahrens könnte in der Art eines formal verifizierten Sicherheitskerns [11] erfolgen, so daß Fehlfunktionen ausgeschlossen sind und somit keine Kontrolle bzw. Wiederherstellung (d.h. menschlicher Eingriff) notwendig ist.

Schwieriger ist die Erfüllung der Forderung (B). Verwendet man die üblichen Implementierungstechniken, so weiß mindestens der Implementierer, wo und wie die geheimen Informationen abgelegt sind. Diesem Dilemma kann begegnet werden durch den Einsatz sog. entwicklungsfähiger (evolutionärer) Programme [1].

Entwicklungsfähige Programme

Enwicklungsfähige Programme sind Programme, die in der Lage sind, eine _modifizierte_ Version ihrer selbst auszugeben. Ein solches Vorgehen macht gerade das Entfernen eines erkannten Computervirus aus einem Rechnersystem zu einem unentscheidbaren Problem [4]. Hier aber soll diese Technik dazu dienen, eine geheime Information sicher zu verbergen.

Das Prinzip ist denkbar einfach: Ausgehend von einem Programmge-
rüst, dem Programmschema, das eine Codierung eines Algorithmus
enthält, werden (nacheinander) nicht-determinierte, verschiedene
Inkarnationen (Programme) erzeugt, die trotzdem das gleiche leisten wie das Programmschema. Teilinformationen des Algorithmus
bzw. des Programms befinden sich so je nach Inkarnation an anderer
Stelle im Speicher, ggf. sogar in anderer Darstellung.

Betrachtet man die Semantik eines Programms als Funktion f

$$f: (\underline{S}+\underline{P}) \times \underline{I} \;\; \dashrightarrow \;\; \underline{O}$$ mit Menge der Programmschemata $\underline{S}$,
Menge der Programme $\underline{P}$,
Menge der Eingaben $\underline{I}$ und
Menge der Ausgaben $\underline{O}$

und die Erzeugung einer Inkarnation $p \in \underline{P}$ aus einem Schema $s \in \underline{S}$ als

$$g: \underline{S} \;\; \dashrightarrow \;\; \underline{P}$$ mit $g(s)=p$ (nicht-determiniert !) ,

so gilt

$$f(g(s),\underline{I}) = f(s,\underline{I}) \; .$$

Unterstellt man einen Angriff auf eine Teilinformation in p bei
bekannten s und g, so ist die Information sicher für das Minimum
der Zeit, die notwendig ist, um

(1) die Hälfte aller möglichen Inkarnationen von s zu generieren (Mittelwert), d.h. durch Exhaustive Search $g(s) = p$ zu
suchen oder

(2) die inverse Funktion $g^{-1}(p) = s$ zu berechnen oder

(3) p "per Hand" bzgl. der gewünschten Teilinformation zu analysieren.

Bzgl. (1) und (2) bestimmt sich der Ort der geheimen Information
durch Verfolgung der einzelnen Zwischenschritte des nicht-determi-
nierten Algorithmus für g.

Bzgl. (3) sollte man annehmen können, daß, wenn die Zeiten für (1)
und (2) ausreichend lang sind, dies ebenso auch hier gilt.

Generische Programme

Bei den folgenden Überlegungen für eine Funktion g soll davon
ausgegangen werden, daß das Programmschema -der codierte Algo-
rithmus- als Folge von Quadrupeln, angereichert um Steueranweisungen, vorliegt [12].

Typische Quadrupel zur Berechnung arithmetischer Ausdrücke sind
z.B.:
     A = B;   A = B <Opr> C;   A = B[C];

wobei A, B oder C Programmvariablen oder compiler-definierte
Hilfsvariablen sein können.

Der hier vorgeschlagene Algorithmus für die Funktion g erzeugt aus Quadrupelfolgen mit symbolischen Variablennamen ein ablauffähiges Programm. Dazu sind an verschiedenen Stellen echte Zufallszahlen erforderlich, die aus extern zufälligen Ereignissen wie Benutzer- oder Maschinen-Interrupts gebildet werden können. Dies ist erforderlich, um eine Reproduzierbarkeit der Abläufe (in praktischen Fällen) auszuschließen. Das Gerüst des Algorithmus lautet wie folgt:

(1) Erzeuge zufällig eine Speicherabbildung m_0: $\underline{V} \longrightarrow \underline{A}$, die Variable $v \in \underline{V}$ auf Adressen $a \in \underline{A}$ so abbildet, daß für alle

$$v_1, v_2 \in \underline{V} \quad \text{gilt} \quad v_1 <> v_2 \quad ==> \quad m_0(v_1) <> m_0(v_2)$$

unter Berücksichtigung des benötigten Speicherplatzes der einzelnen Variablen.

(2) Zerlege die Quadrupelsequenz des Programmschemas $s \in \underline{S}$ in $n >= n_{min}$ Teilsequenzen $w_1 .. w_n$, so daß gilt: $s = w_1 .. w_n$.

(3) Wende auf die Teilsequenzen w_i zufällig eine Transformation t aus der endlichen Menge $\underline{T}$ von Semantik-erhaltenden Transformationen an und übersetze anschließend die neue Quadrupelsequenz in eine entsprechende Maschinenbefehlssequenz.

Bei den nun folgenden Erläuterungen und Verfeinerungen des oben skizzierten Verfahrens soll davon ausgegangen werden, daß ein Angriff auf eine geheime Information k mit vollständigem Wissen erfolgt. D.h., dem Angreifer sind das Schema s, der Algorithmus für g und eine Inkarnation p bekannt, ebenso soll er über Möglichkeiten des Tests der Korrektheit einer mutmaßlichen geheimen Information k' verfügen.

Wäre anstelle der zufälligen Speicherzuteilung m in Schritt (1) eine determinierte Variante gewählt worden, so könnte aus der Inkarnation p leicht eine entsprechende symbolische Quadrupelsequenz mittels der Übersetzungsregeln für Quadrupel aus Schritt (3) erzeugt werden. Durch einen anschließenden Links-nach-rechts-Vergleich könnten aus der symbolischen Quadrupelsequenz von p alle diejenigen ignoriert werden, für die kein entsprechendes Quadrupel in s existiert. Dies würde solange wiederholt, bis man zu der geheimen Information k angelangt wäre.

Die nicht determinierte Speicherzuteilung m reduziert jedoch die Quadrupelsequenz von p auf eine Quadrupeltypsequenz. Z.B.:

A = H;		( ) = ( );
H = C ⋆ A;	==>	( ) = ( ) ⋆ ( );
A = A / H;		( ) = ( ) / ( );

Die Klammern repräsentieren die unrelevant gewordenen Variablenbezeichnungen.

Der obige Links-nach-rechts-Vergleich wird nun unmöglich gemacht durch die in (3) angewandten Transformationen, die die Quadrupelteilsequenz u.U. umordnen, einzelne Quadrupel durch semantisch äquivalente Quadrupelsequenzen ersetzen und/oder weitere Quadrupel(-sequenzen) einfügen, die die (interessierende) Semantik der Teilsequenz nicht verändern.

So kann z.B. die Darstellung einer Konstanten durch einen Ausdruck oder die Erzeugung zusätzlicher Anweisungen und das Einfügen von 'toten' oder doppelten Programmzweigen eine Quelle derartiger Transformationen sein (siehe auch [13]).

Die Speicheraufteilung m sollte dabei so beschaffen sein, daß sie Lücken enthält und/oder die Datenbereiche für Variablen des Schemas und der zusätzlichen Quadrupel (Anweisungen) vermischt. Damit ist eine Identifikation der eingefügten Quadrupel mittels ihrer Operandenadressen (durch Partitionierung des Speichers) nicht durchführbar.

Mit zusätzlicher semantischer Information über die Quadrupelsequenz des Schemas s ist es darüberhinaus möglich, die Speicherzuteilung der symbolischen Variablen mittels einer Transformation einer ggf. leeren Quadrupelsequenz zu verändern.

In symbolischer Form:

$$A = H;$$
$$H = C * D; \qquad ==> \qquad$$
$$A = A / H;$$

$$A' = H;$$
$$H = C * D;$$
$$A' = A' / D;$$

$$m("A") = a_1 \in \underline{A} \qquad\qquad m'("A'") = a_2 \in \underline{A}$$

Durch diese Maßnahmen reduziert sich das vollständige Wissen eines Angreifers bzgl. des Schemas s und der Inkarnation p auf die entsprechenden Quadrupel<u>typ</u>sequenzen von s und p. Die Konsequenzen hieraus sollen durch ein einfaches Beispiel mit drei Quadrupeltypen a, b und c dargestellt werden:

$$\text{Schema} \qquad s = \text{ab} \mid \text{bc} \mid \text{abc} \mid \text{bc} \mid \text{abbc}$$
$$\text{Inkarnation p} = \text{ab}\underline{\text{bc}} \mid \underline{\text{ab}}\text{bc} \mid \text{ab}\underline{\text{bc}} \mid \underline{\text{ab}}\text{bc} \mid \text{abbc}$$

Die senkrechten Striche markieren die Zerlegung der Quadrupelsequenz von s (gemäß Schritt (2)) und ihre Fortsetzung auf p nach Anwendung von Transformationen in Schritt (3). Die hinzugefügten Quadrupel (-typen) sind durch Unterstreichung kenntlich gemacht, die jedoch für einen Angreifer <u>nicht</u> erkennbar sind.

Man sieht leicht, daß die Auswahl einer geeigneten Rücktransformation für die Typsequenz abbc ohne weitere Information eine zufällige sein muß. Viel schwerwiegender für einen Angriff ist jedoch die Tatsache, daß die anfängliche Zerlegung von s zufällig ist und damit auch die entsprechende für p, auf der die Rücktransformationen anzusetzen sind.

Ein Angriff auf der Basis vollständiger Enumeration aller Zerlegungen ist aber in fast allen Fällen praktisch unmöglich durch die Vielzahl der Möglichkeiten. Dazu ein einfaches Fallbeispiel:

Die Inkarnation p eines Schemas s sei um 30 Quadrupel länger als s mit einer Länge l > 465. Dann existiert auch eine Zerlegung in Teilsequenzen der Längen 1, 2, 3, ..., 30, l-465. Von dieser Zerlegung existieren mindestens 30! (Fakultät) $\approx$ 2.6 * 10^{32} Permutationen, die wiederum verschiedene Zerlegungen darstellen. Unterstellt man, daß es möglich sei, pro Sekunde 10^{15} Zerlegungen mit den entsprechenden Rücktransformationen und einem Korrektheitstest auf der mutmaßlichen geheimen Information durchzuführen, so benötigte man hierzu immer noch 10^{17} Sekunden. Dies entspricht dem geschätzten Alter des Universums [14].
Damit ist bereits die vollständige Enumeration dieses Falles

praktisch nicht-berechenbar.

Generischer Lader

Ohne weitere Vorkehrungen ist die geheime Information k, nicht jedoch die Wirkung der Inkarnation, die k benutzt, geschützt. Übertragen auf die oben vorgestellte Schutzmaßnahme gegen Computerviren bedeutet dies, daß der geheime Schlüssel zum Entschlüsseln der Programme geheim, aber mittels geeigneter Maßnahmen die Wirkung der so geschützten Entschlüsselungsroutine nutzbar ist. Zwei Maßnahmen kommen grundsätzlich in Betracht, wenn ein Betriebssystem mit dem vorgeschlagenen Schutzmechanismus ausgestattet ist:

(1) Modifikation der Betriebssystemumgebung, so daß nach erfolgter Entschlüsselung des Programms, aber vor dessen Start die Kontrolle an den Angreifer zurückgeht, der nun das Programm im Klartext manipulieren kann.

(2) Interpretation der Inkarnation p als Programm mittels einer Prozessor-Emulation. Sobald der emulierte Programmcounter den Speicherbereich von p verläßt, geht die Kontrolle an das entschlüsselte Programm über, d.h. das Programm liegt im Klartext bereit.

Ungeachtet der Tatsache, daß dem Angreifer durch diese Maßnahmen u.U. Information wie z.B. die Relocation-Information verloren geht, können diese Angriffe abgewehrt werden.

(1) Vor Beginn der Entschlüsselung kann der Lader die Integrität seiner Betriebssystemumgebung überprüfen, z.B. durch kryptografische Prüfsummen o.ä. Des weiteren kann der Lader prüfen, ob seine Rücksprungadresse in den integren Systemkern verweist.

(2) Jede Emulation eines Prozessors durch sich selbst ist deutlich langsamer als die direkte Interpretation des Programms durch den Prozessor selbst. Die Verletzung bestimmter Timing-Bedingungen zeigt dem Programm (Lader), daß es emuliert wird.

Unter Berücksichtigung der bisherigen Überlegungen sollte es also möglich sein, (1) eine Information unwiederbringlich im Rechner abzulegen und (2) darauf aufbauend den vorgeschlagenen Schutzmechanismus gegen Computerviren sicher -selbst für bestehende Betriebssystemarchitekturen- in Form eines Programmschemas zu implementieren. Die hieraus erzeugten Inkarnationen, verbunden mit einer geheimen Generierung des geheimen Schlüssels, sind so sicher wie das zugrundeliegende Public-Key-Verschlüsselungsverfahren und so sicher wie das Verfahren zur Erzeugung von Inkarnationen.

Grenzen

Die Annahme, die menschliche Intuition sei nicht schneller oder leistungsfähiger als ein maschinelles Verfahren zur Rücktransformation einer Inkarnation, ist willkürlich. Wenn jedoch diesbezüglich Bedenken bestehen, so muß der Schutzmechanismus in kürzerer Zeit sowohl den Schlüssel ändern als auch eine neue Inkarnation

von sich selbst erzeugen. Dazu müßten sämtliche Generierungsfunk-
tionen zur Erzeugung von Inkarnationen und Schlüsselpaaren sowie
Umkodierungsfunktionen im Lader bereitstehen, so daß ein solcher
Lader ein selbstreproduzierendes und selbstmodifizierendes bzw.
selbstersetzendes Programm wäre.

Zusammenfassung

Durch Anreicherung von Programmen um Kontrollinformationen und
deren anschließende Verschlüsselung mit einem Public-Key-Krypto-
graphie-Verfahren, das sicher ist gegen Angriffe mit vollständigem
Wissen (wie z.B. RSA), bewirkt jede Manipulation an Programmen
durch Computerviren eine Zerstörung ihrer Integrität, die daraufhin nicht mehr ablauffähig sind. Damit sind Computerviren nur
noch so gefährlich wie normale fehlerhafte oder bösartige Anwendungsprogramme.

Dem verbleibenden Problem, daß in Rechnern bisher keine Information wirklich geheim ist für Leute mit detailierten Implementie-
rungs- und Systemkenntnissen, ist Rechnung getragen worden durch
die Einführung sog. generischer Programme bzw. eines generischen
Laders, der ggf. die geheime Information im Rechner bewegt und
konsistent verändert.

Offen geblieben ist nur der formale Beweis, ob das hier vorgestellte Verfahren wirklich bzw. praktisch sicher Information im
Rechner verbergen kann. Dies ist jedoch Gegenstand der noch
laufenden Arbeit zu diesem Problem.

Literatur:

   [1] Dierstein, R.
       Computer-Viren
       KES - Zeitschrift für Kommunikations- und EDV-Sicherheit
           Heft 3,4; 1985

   [2] anonym
       Infektion bei UNIX
       unix/mail Heft 2, 1985

   [3] anonym
       Virusprogramme
       Computer Persönlich, Heft 24, 1986

   [4] Cohen, F.
       Computer Viruses - Theory and Experiments
       University of Southern California, 1983

   [5] Tonegawa, S.
       Die Moleküle des Immunsystems
       Spektrum der Wissenschaft, Heft 12, 1985

   [6] Robertson, M.
       T-cell receptor: gamma gene product surface
       Nature, Vol.323, 1986

   [7] Heider, F.-P. / et al.
       Mathematische Methoden der Kryptoanalyse
       Vieweg, 1985

[8] Diffie, W. / Hellman, M.E.
    New Directions in Cryptography
    Transactions of IEEE on Information Theory, IT-22, Nov. 1976

[9] Rivest, R.L. / Shamir, A. / Adleman, L.
    A Method for obtaining Digital Signatures and Public-Key
      Crypto Systems
    Communications of the ACM, Vol.21, No.2

[10] anonym
    CP8-"Impfschutz"
    ComputerWoche, 15.Okt.1986

[11] Wulf, W. / et al.
    HYDRA: The Kernel of a Multiprocessor Operating System
    Communications of the ACM, Vol.17, No.6, (1976)

[12] Compilers - Principles, Techniques and Tools
    Aho, A. / et al.
    Addison-Wesley, 1985

[13] Weber, J.
    Programmtransformationen mit Attributierten Transformations-
      Grammatiken
    Universität München,Institut für Informatik, Bericht Nr.7604

[14] Fritsch, H.
    Vom Urknall zum Zerfall
    Pieper, 1983

ZUGANGSKONTROLLE ZU RECHNERN

MIT HILFE EINER CHIPKARTE

Albrecht Beutelspacher
Siemens AG
ZT ZTI SYS 413
8000 München 83

Zusammenfassung

Es wird über ein Zugangskontrollsystem berichtet, das von der GMD Darmstadt in Zusammenarbeit mit der Siemens AG München erarbeitet wurde. Dieses System basiert auf dem RSA-Signaturalgorithmus; der Hauptvorteil besteht darin, daß die geheimen schlüssel nur auf den Chipkarten der Benutzer gespeichert sind, während im Host keinerlei Geheimdaten geführt werden müssen.

1. Einführung

Zugangskontrollsysteme zu sicherheitsrelevanten Einrichtungen wie Rechnern, Datenbanken, Gebäuden, usw. müssen zwei Forderungen erfüllen:

- Sichere Identifizierung der Benutzer,
- gute Benutzeroberfläche.

Beim ersten Punkt unterscheidet man drei verschiedene Methoden. Eine Person kann sich einem technischen System gegenüber identifizieren

(1) durch etwas, was sie *weiß* (wie z.B. ein Paßwort),

(2) durch etwas, das sie *hat* (wie z.B. einen Schlüssel, eine Magnetstreifen- oder Chipkarte), oder

(3) durch etwas, was sie *ist* (biometrische Eigenschaften wie Fingerabdrücke, Retinamuster, usw.)

Die ersten sicheren Zugangsverfahren basierten auf benutzerspezifischen Paßwörtern. Obwohl diese Systeme schrittweise verbessert worden sind (insbesondere sind hier zu nennen: Mindestlänge eines Paßworts, häufiger Wechsel der Paßwörter, verschlüsselte Speicherung), leiden sie an einem grundsätzlichen Dilemma: Aus Sicherheitsgründen müssen Paßwörter lang und zufällig gewählt sein; solche Paßwörter können aber von den Benutzern nur schwer gemerkt werden, und werden deshalb oft (nur oberflächlich geschützt) schriftlich notiert. Dieses Aufschreiben wiederum widerspricht eklatant allen Sicherheitsforderungen. Ein weiterer Nachteil sollte nicht unerwähnt bleiben: Ist das Paßwort von A einem anderen Benutzer B bekannt, so paßt B in aller Regel noch weniger auf A's Paßwort auf als A selber. Kurz gesagt: Paßwörter vermehren sich ungeschlechtlich.

Zusammenfassend halten wir fest: Ein reines Paßwortsystem ist nur dann sicher, wenn es von einer intensiven Personalschulung unterstützt wird. Mit anderen Worten: Der Mensch ist nicht für Paßwörter gemacht.

Das andere Extrem sind biometrische Erkennungsverfahren. Diese sind nur mit extrem hohem Einsatz fälschbar. Einige von ihnen, wie z.B. Fingerabdruckerkennung oder dynamische Unterschriftserkennung bieten auch eine hervorragende und bequeme Benutzeroberfläche. Der Stand der Technik ist im Augenblick aber nicht so, daß solche Systeme für billige Massenanwendungen zum Einsatz kommen können. (Vgl. insbesondere [1].) Insbesondere gibt es derzeit keine Verfahren, Fingerabdrücke auf einer Chipkarte abzunehmen und in ihr zu prüfen.

*

Hier soll ein Verfahren vorgestellt werden, das (1) und (2) kombiniert. Der Benutzer hat ein Paßwort *und* eine persönliche Chipkarte. Dies ist ein wichtiger Schritt zu einem *doppelt gesicherten* System. Ein potentieller Betrüger muß nämlich nicht nur das (immaterielle) Paßwort auffangen, sondern er muß sich auch in den Besitz der Chipkarte bringen. In einem solchen System sind nun zwei Identifizierungen vorzunehmen.

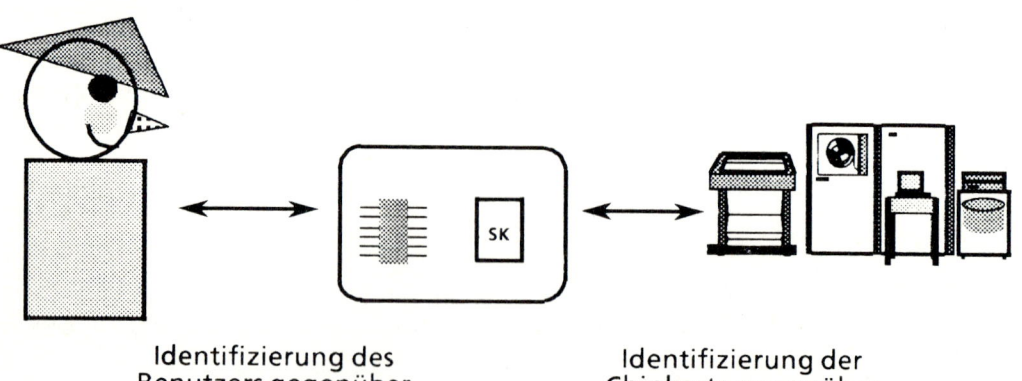

Identifizierung des
Benutzers gegenüber
seiner Chipkarte mit Hilfe
der *persönlichen PIN*

Identifizierung der
Chipkarte gegenüber
dem System mittels
des *RSA-Algorithmus*

Das jedem Benutzer persönlich zugeordnete Paßwort dient nur der Sicherung der Beziehung zwischen Benutzer und seiner Karte. Es stellt die Sicherung bei Verlust oder Entwendung der Karte dar. Dieses Paßwort (das 6 alphanumerische Stellen hat) wird direkt in der Karte (und nicht etwa im Host) geprüft. Wird das Paßwort vergessen, so hat das System nur die Möglichkeit, dem Benutzer eine neue Chipkarte (mit neuem Paßwort) zur Verfügung stellen; der zweifelhafte "Service", dem Benutzer ein vergessenes Paßwort wieder beschaffen zu können, ist grundsätzlich ausgeschlossen.

Das Neue ist die Sicherung der Beziehung zwischen Karte und Rechner (bzw. Betriebssystem). Hier wird der RSA-Algorithmus [6] eingesetzt. Das ist ein Public-Key Verfahren [2], dessen entscheidender Vorteil darin liegt, daß

• im Rechner keinerlei geheime Benutzerdaten (wie etwa (verschlüsselte) Paß-wörter) gespeichert werden müssen.

Dies ermöglicht es auch,

• spontan zu kommunizieren. D.h.: Man kann beispielsweise mit einer Daten-bank sicher kommunizieren, mit der man zuvor noch keinen Kontakt gahabt hat.

Der RSA-Algorithmus ist der prominenteste und am intensivsten untersuchte Vertreter der Public-Key Algorithmen. Wir werden ihn im zweiten Abschnitt er-läutern. Er hat den Nachteil, daß derzeit noch keine kompakte Hardwarelösung in Sicht ist [5], jedenfalls kein Chip, der in eine Chipkarte eingebettet werden könnte. Deshalb muß in unserem System der Algorithmus in einem vorge-schalteten Rechner ablaufen (der also gewissermaßen mit zur "sicheren Zone" des Benutzers gerechnet werden muß). In dem Prototyp, der von der GMD Darm-stadt und der Siemens AG realisiert und auf der CeBIT 86 vorgestellt wurde [4], war dieser Vorrechner ein PC. In der endgültigen Produktversion wird dies eine kleine Hardewareeinheit ("PIN-Pad") mit Tastatur, Display und Sicherheitsmodul sein.

Die Systemarchitektur stellt sich also folgendermaßen dar:

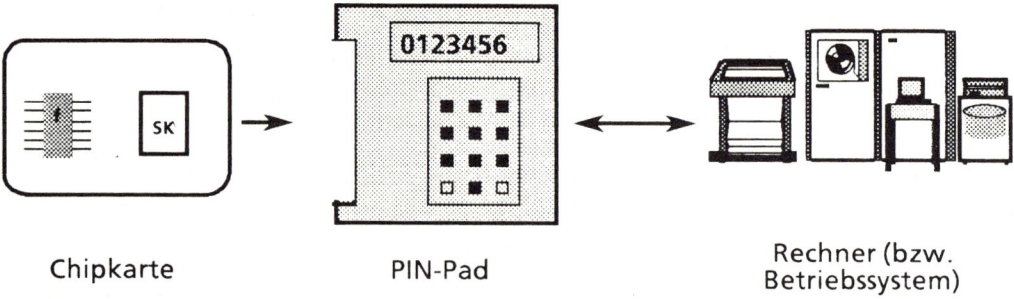

Chipkarte   PIN-Pad   Rechner (bzw.
                                                Betriebssystem)

Wie schon angedeutet werden wir im zweiten Abschnitt den RSA-Algorithmus
streifen; im darauffolgenden Abschnitt werden wir das Zugangskontrollsystem
im Detail beschreiben, sowie im vierten Abschnitt auf mögliche zukünftige Entwicklungen eingehen.

2. Der RSA-Algorithmus

Bei einem **Public-Key System** hat jeder Benutzer A ein **Schlüsselpaar** bestehend
aus dem **öffentlichen** Schlüssel $E = E_A$ ("Encryption") zum *Verschlüsseln* und
dem **geheimen** Schlüssel $D = D_A$ ("Decryption"), der zum *Entschlüsseln* verwendet wird. Die entscheidende Eigenschaft eines Public-Key Systems ist die, daß
man nicht (d.h. nur mit unzumutbar großem Aufwand) aus der Kenntnis des
Schlüssels E auf den Schlüssel D schließen kann. Mit anderen Worten: Die
Schlüssel E können veröffentlicht werden. Sie sind in einer öffentlichem Directo-
ry zugänglich. Die geheimen Schlüssel D sind dagegen nicht allgemein zugänglich und dürfen nur ihrem Besitzer (beispielsweise seiner Chipkarte) bekannt
sein.

Der RSA-Algorithmus ist die wichtigste Konkretion eines Public-Key Verfahrens.
Es basiert darauf, daß es zwar keinerlei Schwierigkeiten bereitet, ganze Zahlen
zu multiplizieren, es aber andererseits extrem schwierig ist, 'große' natürliche
Zahlen in ihre Primfaktoren zu zerlegen.

Die Schlüsselpaare werden auf folgende Art und Weise berechnet. Man (genauer
gesagt: eine Schlüsselvergabezentrale) wählt zwei große Primzahlen p und q,
bildet ihr Produkt $n = p \cdot q$ und wendet darauf die "Eulersche ϕ-Funktion" an;
d.h. sie bildet $t = \phi(n) = (p-1)(q-1)$. Das ist die Anzahl aller zu $n = p \cdot q$ teiler-
fremden Zahlen $\leq n$. Sodann wird eine Zahl d gewählt mit der Eigenschaft, daß

d und t den größten gemeinsamen Teiler 1 haben. Nun kann die Schlüsselvergabezentrale eine Zahl e berechnen mit der Eigenschaft, daß

$$e \cdot d \equiv 1 \ (\text{mod} \ \ t)$$

ist. Die Zentrale kann eine solche Zahl e deswegen berechnen, weil sie die Prim-
faktorzerlegung von n und also die Zahl t kennt. Bis heute ist keine Methode
bekannt, die e berechnet, ohne n zu zerlegen.

Nun werden p, q und t vergessen. Als *öffentlicher Schlüssel* wird das Zahlen-
paar (e,n) veröffentlicht, während d *geheim* in eine Chipkarte geschrieben
wird.

Die Ver- und Entschlüsselung operiert auf natürlichen Zahlen < n. Ein "Klartext"
x wird wie folgt verschlüsselt:

$$x \rightarrow x^e \ \text{MOD} \ n.$$

Entschlüsselt wird ein "Geheimtext" y auf analoge Weise:

$$y \rightarrow y^d \ \text{MOD} \ n.$$

Die Zahlen d und e sind so gewählt, daß das Entschlüsseln einer verschlüsselten
Nachricht x wirklich wieder x zurückliefert.

Nun müssen wir noch den Begriff der "elektronischen Unterschrift" [6] erläutern.
Soll eine Nachricht m von A unterschrieben werden, so wendet A auf m seinen privaten geheimen Schlüssel d an; er bildet die **elektronische Signatur**

$$s = m^d \ \text{MOD} \ n.$$

Dieser Vorgang kann *nur von* A *vollzogen* werden. Andererseits kann aber *jeder
Teilnehmer* am System *verifizieren*, daß A diese Unterschrift geleistet hat. Man
muß nur auf s den (allgemein zugänglichen) öffentlichen Schlüssel von A an-
wenden. Ergibt sich dabei die (sinnvolle, d.h. redundante) Nachricht m, so ist
man sicher, daß sie von A kommt; denn nur die Anwendung des öffentlichen
Schlüssels von A liefert eine sinnvolle Nachricht m.

3. LOGON mit der Chipkarte

Wir beschreiben nun den Grobablauf eines Zugangs zum Betriebssystem BS2000
mit der Chipkarte. Wir gehen davon aus, daß sowohl im PIN-Pad als auch im
Betriebssystem der RSA-Algorithmus zur Verfügung steht. Der private Schlüssel

eines jeden Benutzers befindet sich in seiner Chipkarte, während im BS2000 ein Verzeichnis aller Benutzer mit zugehörigen öffentlichen Schlüsseln installiert ist.

Die *Grundidee* besteht darin, daß das BS2000 dem Benutzer A eine Zufallszahl **ZDU** (**Z**ufallzahl, **D**atum, **U**hrzeit) schickt. Danach bildet das PIN-Pad mit Hilfe des privaten Schlüssels D_A von A die Unterschrift **SIG** von **ZDU** und schickt sie an das BS2000. Dieses verifiziert die Unterschrift **SIG** mit Hilfe des öffentlichen Schlüssels E_A von A. Nur wenn die so erhaltene Zahl mit der gesendeten **ZDU** übereinstimmt, wird der Zugang gewährt.

Da der geheime Schlüssel in der Chipkarte steht, muß er zur Berechnung der Unterschrift in das PIN-Pad gesandt werden. Dabei könnte er abgehört werden. Aus diesem Grunde wird der geheime Schlüssel (mit einem konventionellen Algorithmus) *verschlüsselt* in der Karte gespeichert und ins PIN-Pad übertragen. (Auf der nachfolgenden Abbildung ist **SK** (**S**ecret **K**ey) der verschlüsselte private Schlüssel des Benutzers A.) **SK** wird im PIN-Pad zunächst entschlüsselt und steht dann zur Bildung der Unterschrift zur Verfügung.

Die Unterschrift wird zusammen mit dem öffentlichen Schlüssel ans Betriebssystem geschickt. Dort wird zunächst überprüft, ob der öffentliche Schlüssel vorhanden ist. Falls ja, wird die Unterschrift verifiziert. Nur wenn dieser Vorgang positiv abgeschlossen wird, erfolgt die LOGON-Freigabe.

Auf der folgenden Seite sind diese Vorgänge nochmals schematisch zusammengefaßt.

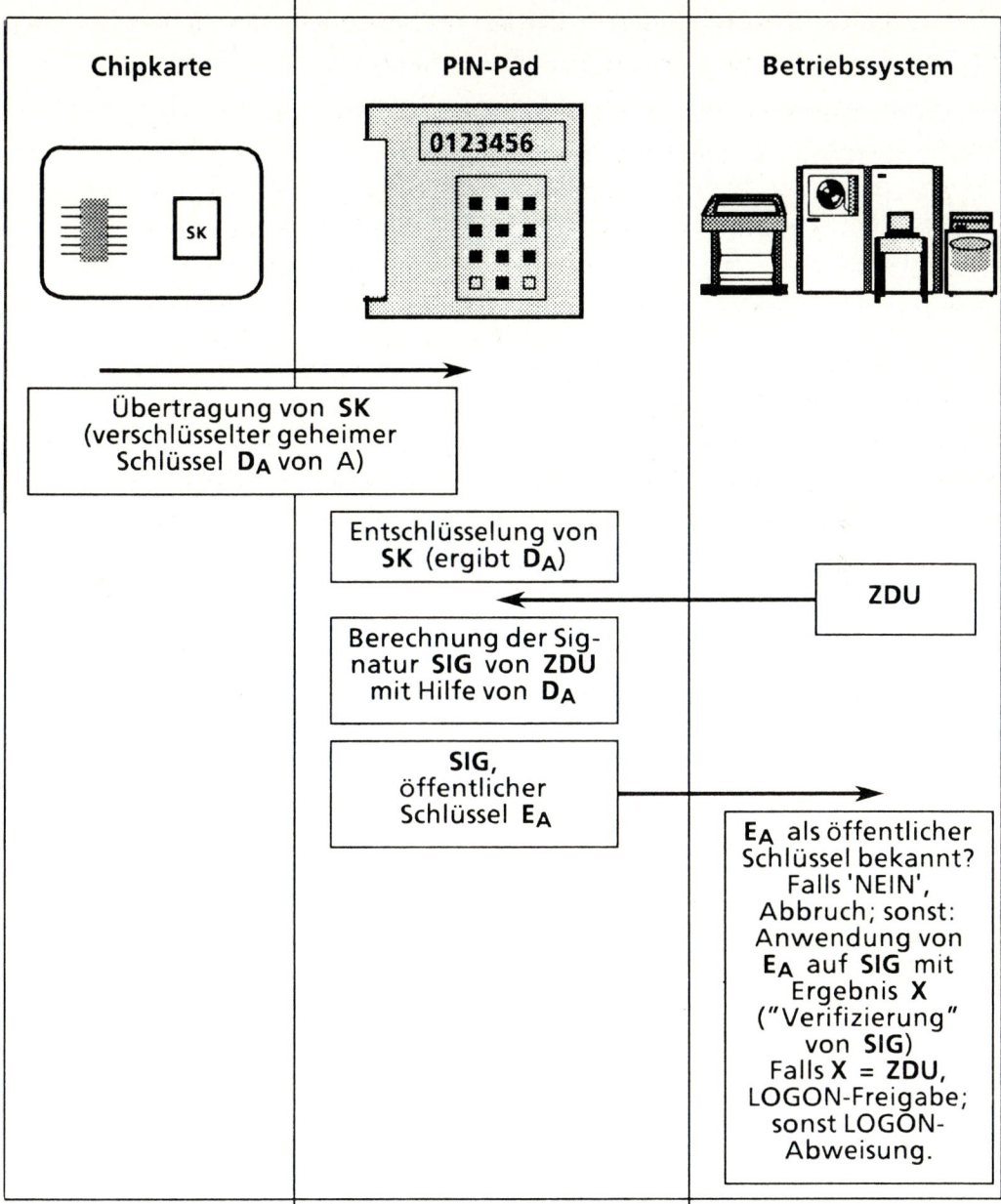

Chipkarte	PIN-Pad	Betriebssystem

Übertragung von **SK**
(verschlüsselter geheimer
Schlüssel **D$_A$** von A)

Entschlüsselung von
SK (ergibt **D$_A$**)

ZDU

Berechnung der Sig-
natur **SIG** von **ZDU**
mit Hilfe von **D$_A$**

SIG,
öffentlicher
Schlüssel **E$_A$**

E$_A$ als öffentlicher
Schlüssel bekannt?
Falls 'NEIN',
Abbruch; sonst:
Anwendung von
E$_A$ auf **SIG** mit
Ergebnis **X**
("Verifizierung"
von **SIG**)
Falls **X** = **ZDU**,
LOGON-Freigabe;
sonst LOGON-
Abweisung.

4. Ausblick

Das System kann in vielfältiger Weise weiterentwickelt werden. Wir begnügen
uns damit, einige Linien zu skizzieren.

Das Ziel muß es sein, die Unterschrift in der Chipkarte selbst berechnen zu lassen. Denn dann müßte der geheime Schlüssel nicht von der Karte zum Algorithmus übertragen werden. Es ist derzeit allerdings nicht möglich, den RSA-Algorithmus auf einem Chipkartenchip zu realisieren. Diesem Problem kann man auf zwei Weisen begegnen. Man könnte einerseits statt einer Chipkarte (deren Abmessungen den strengen ISO-Normen entsprechen müssen) ein etwas größeres "Sicherheitsmodul" verwenden. Doch solange keine RSA-Hardware erhältlich ist, ist auch das ein illusorischer Weg. Andererseits könnte man andere Algorithmen verwenden. Dabei sollte man insbesondere an das jüngst von Fiat und Shamir vorgeschlagene Identifikationsschema [3] denken. Dieses hat eine sehr geringe Komplexität; ferner braucht man auch nur ein relativ 'dummes' PIN-Pad.

Schließlich seien einige weitere Vorteile erwähnt, die man durch die Verwendung einer Chipkarte gewissermaßen geschenkt bekommt. Auf der Karte können Berechtigungen verschiedenster Art vermerkt sein (Zugang zu bestimmten Endgeräten, Zugriff zu Datenbanken,...). Ferner kann die Karte in ihrem EEPROM auch Kommunikationsdaten speichern. Das kann von der Aufzeichnung von LOGON-Versuchen bis zur Abrechnung von anfallenden Gebühren (etwa bei Datenbankabfragen) reichen.

Literatur

1. D.W. Davies and W.L. Price, Security for Computer Networks. John Wiley & Sons, 1984

2. W. Diffie and M. Hellman, New Directions in Cryptography. IEEE Trans. on Info. Theory Vol. IT-22(6), 644-654 (1976).

3. A. Fiat and A. Shamir, How To Prove Yourself: Practical Solutions to Identification and Signature Schemes. Preprint.

4. D. Kruse und B. Struif, Mit der Chipkarte ins BS2000 - Kooperation von GMD und Siemens im Bereich 'Kommunikationssicherheit'. GMD-Spiegel 1/86, 37- 41.

5. R.L. Rivest, RSA-Chips (Past/Present/Future). Springer Lecture Notes Series **209** (1984), 159-165.

6. R.L. Rivest, A. Shamir and L. Adleman, A Method for Obtaining Digital Signatures and Public-Key Cryptosystems. Comm. ACM Vol. 21(2), 120-126 (1978).

Datensicherung beim PC

Michael Nilgens
IS Datensicherung
IBM Deutschland GmbH Stuttgart

Datenschutz   (Privacy)

Gesellschaftspolitische Aufgabe,
den Menschen zu schützen
vor den Folgen von
Zweckentfremdung, Mißbrauch und
totaler Erfassung seiner Individualdaten.

Maßnahmenbereiche:
o Zulässigkeitsbeschränkungen für Datenverarbeitung
o Rechte der Betroffenen
o Datensicherheit
o Kontrolle, Sanktionen

Zielerreichung:
o Verantwortliches Handeln jedes Einzelnen
o Unternehmensgrundsätze
o Gesetze

Datensicherung   (Security)

Technisch / organisatorische Aufgabe,
Daten und Datenverarbeitung zu sichern
gegen Verfälschung, Zerstörung,
Preisgabe und Unterbrechung.

Ziele:
o Sicherung von Unternehmenswerten
o Betriebsablaufsicherung
o Datenschutz

Maßnahmenbereiche:
o Hardware
o Software
o Orgware

Definitionen

o PC

   - Eigenständiges System nicht unter IS Kontrolle
   - Endbenutzer kontrolliert System

   - Online Kommunikation mit Endbenutzer
   - Online Kommunikation mit anderen Systemen

   - Eigene Speicherung von Daten
   - Down-Load / Up-Load

Risiken

o Eigentumssicherung

   - Beschädigung
   - Zerstörung
   - Diebstahl (System, Komponenten, Daten, Programme)

o Sicherung von Daten und Programmen

   - Unberechtigte Einsichtnahme
   - Manipulation
   - Zerstörung

o Mißbrauch

   - Unberechtigte Systembenutzung
   - "Raub-Kopien"

Maßnahmen

o Verantwortlichkeiten

- Betreiber Verantwortung = Führungskraft
  . Überprüfen der Risiko-Lage
  . Festlegen der Sicherungsmaßnahmen
  . Überprüfen der Klassifikation
  . Bestandsführung von Datenträgern
  . Überprüfung der gespeicherten Daten
  . Meldung nach BDSG
  . Belehrung des Benutzers

- Benutzer
  . Benutzung nur entsprechend Auftrag
  . Einhalten aller getroffenen Maßnahmen
  . Meldung bei festgestellten Unregelmäßigkeiten
  . Keine "Raub-Kopien"

o Stand alone, Disketten Version

- Programme kopiergeschützt

- Daten auf Diskette verschlüsselt

- Daten und Programme unter Verschluß

- System unter Verschluß

"Clean Desk" ist optimaler Schutz von Daten und Programmen.

Maßnahmen

o Stand alone, Festplatten Version

- Programme kopiergeschützt
- Daten verschlüsseln
- Besonders kritische Daten entladen, sichern,
  Datei auf Platte physisch überschreiben.
  (Sicherung: Band oder Diskette möglich)
- System unter Verschluß (Raum, Kabinett etc.)

o PC am Netz

- Eindeutige User-Identifizierung
- Paßwörter

  . nicht trivial
  . kein bezug zur Person
  . keine Wiederholung innerhalb 24 Monaten
  . mind. 6 Ziffern, 5 Buchstaben, 4 alphanum. Zeichen
  . Änderung alle 2 Monate

- Revoke bei mehr als 10 Versuchen
- Keine gleichzeitige Benutzung von Fest- und Wählleitung erlaubt.

Zusammenfassung

o Der PC   erweitert die Möglichkeiten der dezentralen Datenverarbeitung

o Der PC   verlagert Verantwortlichkeiten vom RZ zum Benutzer

o Der PC   erlaubt die Speicherung von Daten direkt beim Benutzer

o Der PC   verlangt mehr Problembewußtsein beim Benutzer

o Der PC   ermöglicht eine sichere Datenverarbeitung bei Beachtung der notwendigen
             Maßnahmen

VORGEHENSWEISE BEI DER RATIONALISIERUNG
UND AUTOMATISIERUNG EINES PRODUKTIVEN
DV-BETRIEBS

Ida Kachel
Siemens AG München
Bereich Datentechnik D VS 28
8000 München 83

1. Einleitung

In den letzten drei Jahrzehnten ist mit der exponentiellen
Zunahme der DV-Anwendungen auch die Verarbeitungsleistung
und der Integrationsgrad um ca. 40% gestiegen. Dabei sind
häufig Organisationsstrukturen und Methoden beibehalten worden,
die den aktuellen Anforderungen einer modernen DV-Produktion
nicht mehr entsprechen.

Die Abwicklung der DV-gestützten Produktion eines Unternehmens
vollzieht sich derzeit noch verbreitet auf eine Art und Weise,
wie sie in den unterstützten Produktionszweigen vor Einführung
der EDV üblich war. Ein Großteil der wiederkehrenden Arbeiten
wird stets entsprechend den logischen Abhängigkeiten neu angeordnet und danach mehr oder weniger manuell durchgeführt.
Bei großer oder komplexer DV-Produktion führt dies häufig zu
Fehlern, da notwendige Randbedingungen unbekannt sind, übersehen oder schlicht nicht eingehalten werden.

Die DV-Abteilung beeinflußt durch ihre Serviceleistung direkt
die Produktivität der angeschlossenen Benutzer und sie sollte
jede Anstrengung unternehmen, die berechtigten Forderungen der
DV-Benutzer zu realisieren.

Es ist nicht damit getan, immer nur schnellere und leistungsfähigere Maschinen zu installieren, immer neue, noch bessere
und teurere Tools einzusetzen. Die Tools und Werkzeuge müssen
in die bestehende Organisation eingepaßt und von den betroffenen Mitarbeitern verstanden, mitgetragen und auch angewendet
werden. Nur dann ist es möglich, die Probleme des täglichen
Betriebes zu meistern und Serviceleistungen für den Anwender
zu erbringen.

2. Welche Ziele werden verfolgt?

Da die von der DV erwarteten Leistungen mit relativ wenig
Personal erbracht werden müssen, müssen Organisation und
Arbeitsmethodik umso straffer gestaltet sein.

Das Personal muß das DV-System in allen Situationen beherrschen und auf Ausnahmesituationen mit vorbereiteten Methoden
und Verfahren reagieren können.

Um die Wirtschaftlichkeit der Produktion zu erhöhen, werden
in der Industrie schon seit längerem rechnergestützte Verfahren zur Fertigungssteuerung eingesetzt. Diese Verfahren
sind unter der Bezeichnung PPS-Systeme (Produktionsplanungs-
und Steuerungssysteme) bekannt.

Mit dem Einsatz eines Produktionsplanungs- und Steuerungs-
systems in der DV werden in erster Linie folgende Ziele
verfolgt:

o   die Auftragsplanung/-disposition von EDV-Arbeiten

o   die Überwachung und Verfolgung des Produktionsstandes

o   die Entlastung des Operatings von Steuerungsfunktionen

o   die Steuerung des Informationsflusses in der DV-Produktion.

3. Die Schwachstellenanalyse nach den Methoden des Installation-Managements

----

Um Rationalisierungs- und Automatisierungspotentiale zu erkennen, empfiehlt es sich, eine Schwachstellenanalyse der
gesamten DV-Produktion, d.h. des Rechenzentrums und seines
Umfeldes, vorzunehmen. Diese Schwachstellenanalyse sollte
nach den Methoden des Installation-Managements erfolgen.

Das Installation-Management bezieht sich auf alle installierten Komponenten, also auf die Hardware, die Betriebs-
systemsoftware, die eingesetzten Lizenzprodukte und die
eigenentwickelte Anwendersoftware (siehe Abb. 1). Dies sind
die Komponenten, die von den einzelnen Funktionsbereichen
des Rechenzentrums mehr oder weniger intensiv betreut, verwaltet und angewendet werden. Dadurch kann durch die Anwendung der Methoden des Installation-Managements die
Effizienz des Personaleinsatzes gesteigert, der Einsatz der
DV optimiert und deren Verfügbarkeit erhöht werden.

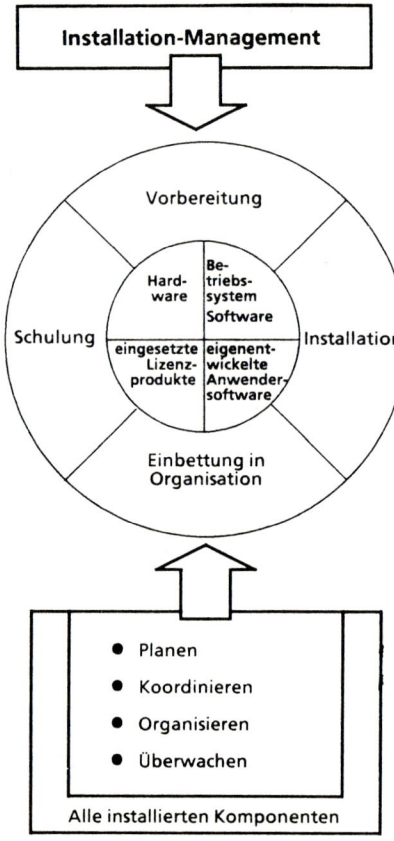

Abb. 1: Das Installation-Management betrifft alle installierten Komponenten der DV.

Das Installation-Management umfaßt (vgl. 1):

o Für die laufende Produktion

- die Betriebsablaufsteuerung,
  um die Wirtschaftlichkeit der Produktion zu erhöhen;

- die Betriebsablaufsicherung,
  um sowohl im täglichen Betrieb, als auch in Ausnahmesituationen auf vorgefertigte Wiederherstellungsver-
  fahren zugreifen zu können;

- den Benutzerservice,
  um die Transparenz des DV-Betriebes zu erhöhen;

- das Problemmanagement,
  um auf Probleme optimal vorbereitet reagieren zu können;

- das Konfiguration-Management,
  um die Kontinuität des DV-Betriebes bei Veränderungen
  am DV-System zu gewährleisten;

- das Netz-Management,
  um standortübergreifend ein stabiles Netz zu sichern.

o Für die zukünftigen Planungen

- das Service-Management,
  um den Anwendern einen optimalen Service zu bieten und
  eine solide Basis für Investitionsentscheidungen zu haben;

- das Kapazitäts-Management,
  um eine bedarfsgerechte Investitionsplanung durchführen
  zu können.

Drei Komponenten des Installation-Managements werden
näher erläutert:

Die Betriebsablaufsteuerung und -planung (siehe Abb. 2)

Sie umfaßt folgende Funktionen:

- Die Arbeitsvorbereitung plant nach betriebswirtschaftlich
  vorgegebenen Terminen den optimalen Ablauf der Verfahren. Dazu müssen die zur Produktion verwendeten Komponenten der Hard- und Software termingerecht zur Verfügung stehen.

- Die Arbeitsdurchführung ist für eine termintreue und
  revisionssichere Produktionsdurchführung zuständig.

- Die Arbeitsnachbearbeitung ist meist für die Kontrolle
  der produzierten Listen und deren Verteilung zuständig.

Um eine möglichst wirtschaftliche Produktionsplanung durchzuführen, sollten Verfahren zur Produktionsplanung und
-steuerung eingesetzt werden. Da zwischen den Betreibern
der Betriebsablaufsteuerung sowie zwischen DV und den
Fachbereichen eine Fülle von Informationen ausgetauscht
werden müssen, sollte diese über ein dialogorientiertes
Verfahren bereitgestellt werden.
Dieses Verfahren soll einen aktuellen Produktions- und
Ressourcen-Einsatzplan, Informationen über den Produktions-
stand sowie eine umfassende revisionssichere Dokumentation
enthalten.

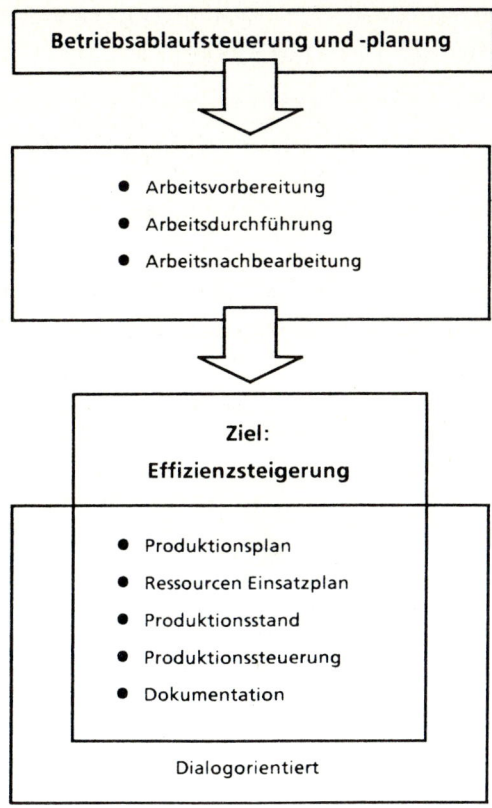

Abb. 2: Die Betriebsablaufsteuerung und -planung umfaßt eine
        effizient arbeitende Arbeitsvorbereitung, -durchführung
        und -nachbearbeitung

Der Benutzerservice (siehe Abb. 3)

Da die DV als Servicebetrieb innerhalb des Unternehmens
angesiedelt ist und die Fachbereiche sehr stark vom reibungslosen Ablauf der DV-Produktion abhängig sind, ist ein optimaler Benutzerservice als Bindeglied zwischen DV und den Endbenutzern sehr wichtig.

Zum Beispiel können über ein Kommunikationszentrum Informationen von der DV an die Fachbereiche weitergeleitet werden. Dadurch wird die Selbständigkeit und Produktivität der Fachbereiche durch die bessere Transparenz des DV-Betriebes erhöht. Des weiteren ist es sehr wichtig, daß die Fachbereiche einen Ansprechpartner in der DV haben, der sie bei ihren Problemen unterstützt.

Damit weiß der Anwender an wen er sich in allen Fragen wenden kann. Nicht zuständige Mitarbeiter der DV werden nicht unnötig gestört.

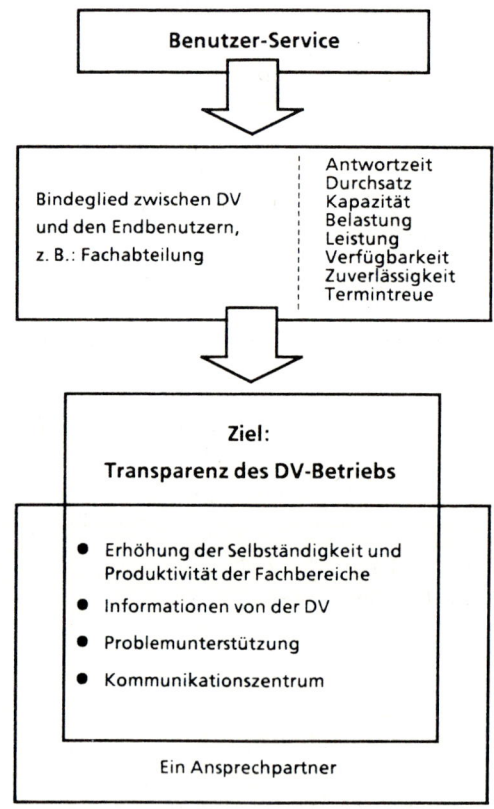

Abb. 3: Da die DV innerhalb des Unternehmens als Servicebetrieb gilt, ist der Benutzerservice von besonderer Bedeutung

Das Konfiguration-Management (siehe Abb. 4)

Es umfaßt sämtliche Änderungen des DV-Betriebs und
gewährleistet Kontinuität bei der Produktion.
Gleichgültig, ob es sich um Änderungen von Software-
Komponenten (z.B. neue Programmversionen, geänderte Daten-
formate), Konfigurationsänderungen der Hardware, geänderte
Produktionstermine oder um Personalprobleme handelt, es darf
keine Störung (Terminverschiebungen, Aushilfe) der DV-Produktion für die Fachbereiche geben.

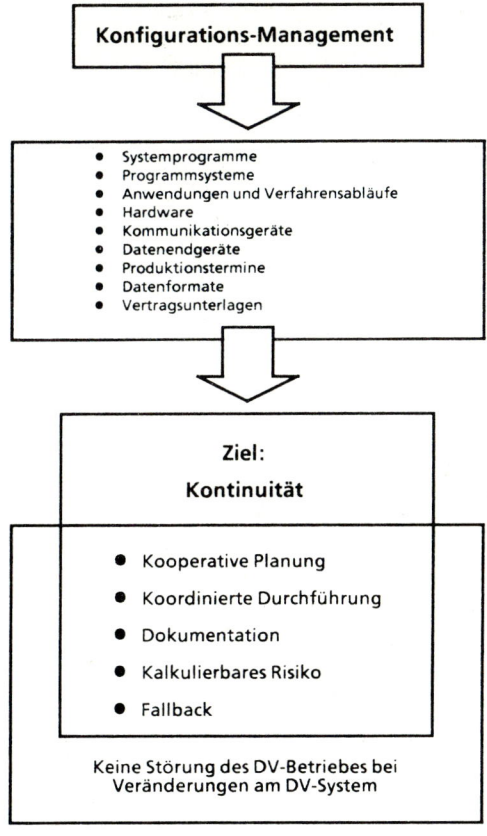

Abb. 4: Die Kontinuität des DV-Betriebes soll bei Änderungen
aller Art gewährleistet sein.

Diese Kontinuität der Produktion ist nur durch eine strikte Qualitätssicherung von neuen Software-Komponenten, einer kooperativen Planung und koordinierten Durchführung aller Änderungen zu erreichen. Dadurch wird das Risiko einer Änderung kalkulierbar.

Durch eine umfassende aktuelle Dokumentation und durch das Führen von Reserveversionen kann bei auftretenden Fehlern ein "Fallback" erreicht werden.

4. Lösungsweg

Nach der Durchführung der Schwachstellenanalyse, die nach Möglichkeit ein Betriebsfremder oder die Revisionsabteilung durchführen sollte, muß eine Analyse der gefundenen Schwachstellen erfolgen. Bei dieser Analyse und der daraus resultierenden Erarbeitung eines globalen Konzeptes sollten weitgehend die betroffenen Mitarbeiter einbezogen werden, damit bei der Einführung von Automatisierungsprodukten und eventuellen organisatorischen Änderungen eine größere Akzeptanz besteht.

Von einem produktorientierten Ansatz für Teilbereiche ist abzuraten, da er im Gegensatz zu einem funktionsorientierten Vorgehen in einer späteren Ausbauphase eine Integration der einzelnen Produkte erschwert.

Eine klare und eindeutige Aufgabenverteilung innerhalb der DV, die Arbeitsgebietskonfiguration und das Bewältigen einer immer umfangreicheren Informationsflut stellen die Basis einer funktionsorientierten Lösung dar.

1. Aufgabenverteilung innerhalb der DV-Produktion

Folgende Aufteilung gilt für die zentralisierte Form der DV-Produktion auf einem oder einigen lose gekoppelten Großrechnern. Aspekte und Auswirkungen des DDP (Distributed Data Processing) werden im Rahmen dieser Ausarbeitung nicht untersucht.

Mit der zunehmenden Ausstattung einzelner Abteilungen
eines Unternehmens mit eigener, dezentralisierter EDV-
Kapazität wird sich eine Verlagerung in der zentralen
DV-Produktion ergeben, die nunmehr vier Aufgaben zu erfüllen hat:

o interne Produktion
o Auftragsproduktion
o extern gesteuerte Produktion
o Anwenderberatung

Ansatz für eine Rationalisierung bieten vor allem die
beiden zuerst genannten Bereiche, da der DV-Bereich für sie
direkt zuständig ist.

Aus Gründen der Bedeutung für die allgemeine Leistungsfähigkeit des Unternehmens wird das Schwergewicht der Maßnahmen im Bereich der Auftragsproduktion liegen.

2. Die Arbeitsgebietskonfiguration (siehe Abb. 5)

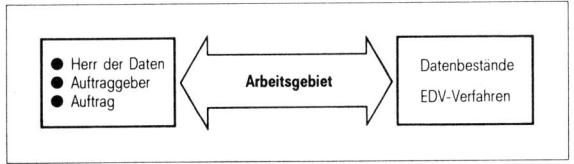

Abb. 5: Das Arbeitsgebiet ist ein logisches Bindeglied
        zwischen dem Auftraggeber und seinen Datenbeständen.

Die Arbeitsgebietskonfiguration stellt eine übersichtliche Darstellung und Gliederung von Arbeitsgebieten, Verfahren und Dateien sowie ihrer wechselseitigen Beziehungen dar. Damit wird
eine funktionsgerechte Aufteilung der Dateien eines Arbeits-
gebietes erreicht, die dann als Hilfsmittel zur Erstellung
einer produktionsgerechten JCL dient.

3.   Die Info-Börse (vgl. 6) ist ein informationsbezogenes
      Spiegelbild der DV. Durch Zusammenfassung und Selektion
      gewinnt man hieraus das Instrument zur Steuerung des
      gesamten DV-Betriebes.

      Sie setzt auf der Strukturierung des DV-Prozesses nach
      Abläufen, Funktionen bzw. Beteiligten, Informationen und
      Abhängigkeiten bzw. Schnittstellen sowie deren wechsel-
      seitigen Beziehungen auf.

      Die Hauptaufgabe dieses Systems ist das Sammeln und Ver-
      teilen von Informationen für die gesamte Fertigungssteuerung.
      Dazu zählen sowohl Arbeitsanweisungen, als auch Infor-
      mationen über Verfahrensdaten, wie Version oder Statistik-
      werte zum Resourcenverbrauch.

      Die Info-Börse ist entsprechend den Arbeitsschritten einer
      Auftragsproduktion strukturiert, d.h. für jeden Schritt
      bietet die Info-Börse eine spezifische Unterstützung an.

      Den an einem Arbeitsschritt Beteiligten ist nur der Zugriff
      auf die zugehörigen Daten - sowohl lesend als verändernd
      oder schreibend - erlaubt.

      Zusätzlich ist allen an der DV-Produktion Beteiligten ein
      ihrer Legitimation entsprechender Zugriff auf die Daten-
      basis gestattet. Zu diesem Personenkreis zählen insbesondere
      die Mitarbeiter von Fachabteilungen und Softwareentwicklung.

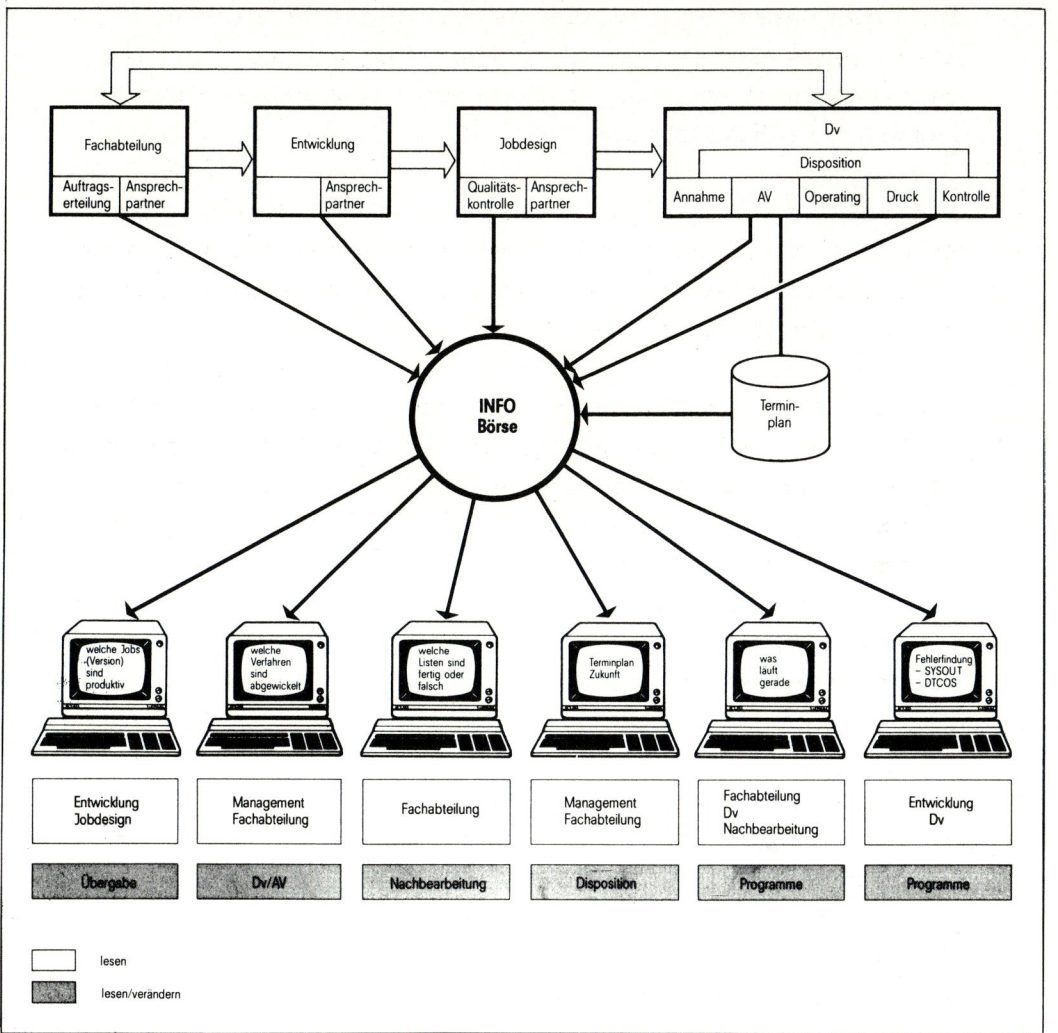

Abb. 6: Informationsangebot der Info-Börse

5. Langfristige Lösungsstrategie

Langfristig empfiehlt sich die Einbettung des vorliegenden Konzeptes in einen CAI-Rahmen (Computer Aided Industry), da sich Produktionsplanung, -steuerung und -überwachung im Bereich der Industrie seit langem bewährt haben und die DV-Abteilungen in zunehmendem Maße mit eigenständigen Produktionsbetrieben vergleichbar sind. Aufbauend auf dem prinzipiellen Ansatz des CAI-Modells kann ein Struktur- und Verfahrensmodell für die organisatorischen und technischen Aspekte der DV-Produktion, d.h. eine theoretische Basis, aufgestellt werden (siehe Abb. 7).

Die Aufgaben eines Industriebetriebs werden im CAI-Konzept in vier Funktionsbereiche aufgeteilt.

- Entwicklung/Konstruktion und Fertigungsvorbereitung
  (CAE: Computer Aided Engineering)

- Produktionsplanung und Steuerung (PPS)

- Fertigungssteuerung und Durchführung
  (CAM: Computer Aided Manufacturing)

- Verwaltung und Überwachung (CAO: Computer Aided Office)

- Dem Bestandteil Fertigungsvorbereitung der CAE-Verfahrenskette entspricht in der DV-Produktion der Vorgang der Übernahme von DV-Produkten und -Verfahren in die Produktionsumgebung; die davorliegenden Bestandteile Entwicklung/Konstruktion entsprechen der HW/SW-Entwicklung, die definitionsgemäß nicht zur DV-Produktion gehört (Lieferantenschnittstelle zwischen Entwicklung und DV-Produktion). Dieser Funktionsbereich der DV-Produktion wird als "Integration" bezeichnet.

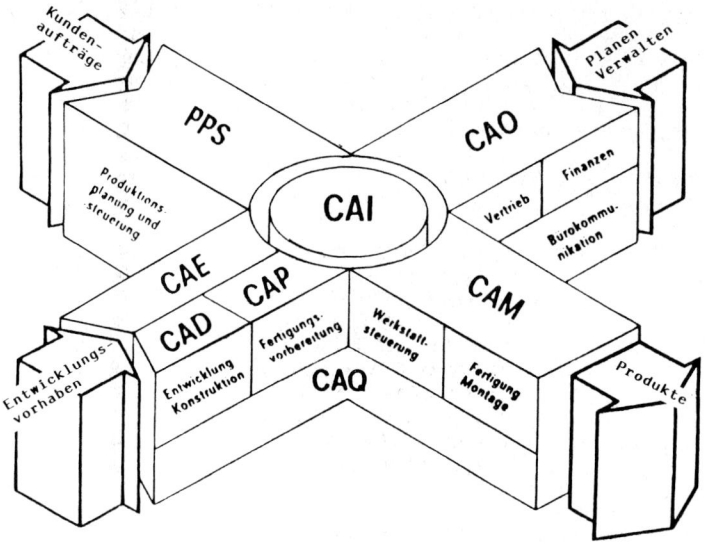

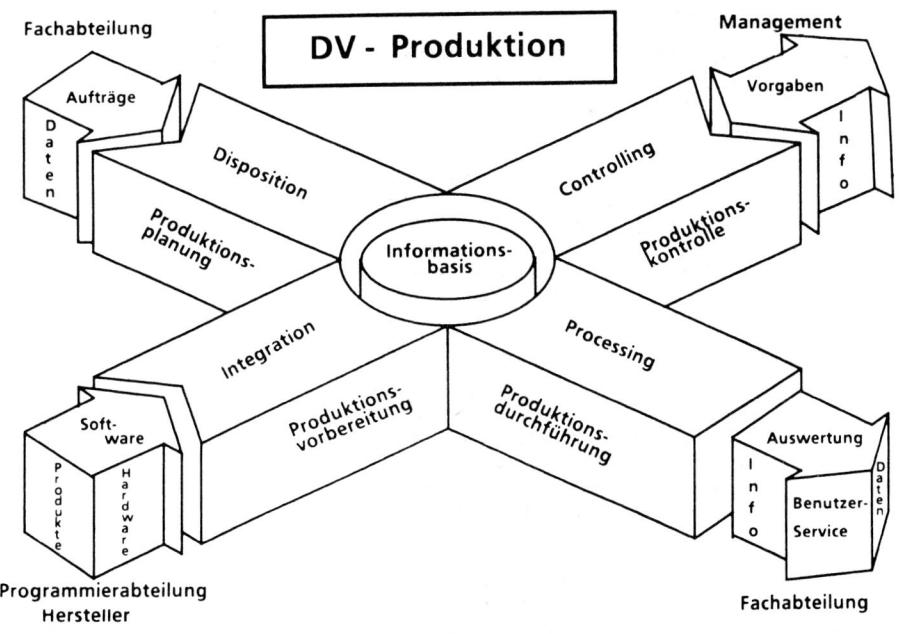

Abb. 7: Das CAI-Modell in der Industrie im Vergleich zur DV-Produktion

- Der PPS-Verfahrenskette entspricht in der DV-Produktion die Planung und Vorbereitung der DV-Produktion im Anschluß an die Kundenschnittstelle für die Auftragsannahme. Dieser Funktionsbereich der DV-Produktion wird als "Disposition" bezeichnet.

- Der CAM-Verfahrenskette entsprechen in der DV-Produktion das Betreiben des DV-Systems und die Abwicklung der Aufträge. Dieser Funktionsbereich der DV-Produktion wird als "Processing" (Durchführung) bezeichnet.

- Dem CAO-Teil des administrativen Bereiches entsprechen in der DV-Produktion Funktionen der übergreifenden Planung, der Kontrolle und der Organisation der Informationsdienste. Dieser Funktionsbereich der DV-Produktion wird als "Controlling" (Steuerung) bezeichnet.

Ausgehend von den vorhandenen Produkten, die als Einzellösungen oder Basis-Werkzeuge für die Automatisierung von Teilbereichen der DV-Produktion verfügbar sind, kann durch zunehmende Vernetzung und Bildung von Verfahrensketten in einem evolutionären Prozeß ein integriertes DV-CAI-System entwickelt werden. Im Abgleich mit dem Struktur- und Verfahrensmodell können Produkt- und Funktionsdefizite ermittelt und Maßnahmen zur Schließung dieser Lücke abgeleitet werden.

6. Abschließende Bemerkungen

Die hier geschilderten Lösungsansätze lassen sich sowohl auf
kleinere als auch auf große DV-Produktionen übertragen.
Bei der Schwachstellenanalyse (1) nach den Methoden des Installation-Managements, sowie den Lösungsansätzen (2) handelt
es sich um Funktionen der DV-Produktion. Diese Funktionen
sind immer vorhanden, ob es sich nun um kleinere oder große
DV-Produktionen handelt. Dabei ist es gleichgültig, ob eine
solche Funktion nur von einem Mitarbeiter oder von einer
ganzen Gruppe ausgeübt wird. Es spielt auch keine Rolle, ob
z.B. die aktuellen Produktionsdaten bei großen Anwendern in
einer Datenbank oder bei kleineren Anwendern in einer Bibliothek gehalten werden, wichtig ist, daß beide aktuell und
vollständig sind. Durch die Konzentration auf die einzelnen
Funktionen wird eine weitgehende Organisationsneutralität
erreicht.

Konkrete Hinweise zu Maßnahmen wurden in 8 3-tägigen
Seminaren für den Mittleren Führungskreis, sowie in 2
1-tägigen Seminaren für das Management gegeben.

7. Literatur
----

(1)   I. Kachel
       Effizienzsteigerung im DV-Betrieb
       SIEMENS-Druckschrift U2925-J-Z52-1

(2)   H. Nettersheim (GERLING-KONZERN)
       I. Kachel (SIEMENS)
       Dr. H.P. Gürtler (SIEMENS)
       Der Automatische DV-Betrieb
       Projekt: GERLING-KONZERN
       SIEMENS Druckschriftenreihe "data praxis" U2863-J-Z53-1

Maßnahmen zur RZ-Automatisierung
und Rationalisierung bei DATEV

Volkmar Krafft

DATEV eG

1. Problemstellung

DATEV betreibt ein größeres kommerziell ausgerichtetes Rechenzentrum für den steuer-
beratenden Berufsstand. Die in einem lokalen Netz zusammengeschlossenen Rechenanlagen
werden neben der Softwareerstellung vor allem für Dialoganwendungen und Stapelverarbeitung eingesetzt. Die steigende Komplexität der Hardwarekonfiguration, verbunden
mit hohen Anforderungen an einen störungsfreien Betrieb der Online-Dienste, erfordert eine ständige Überprüfung der Arbeitstechniken des Operatings und eine Anpassung
der Methoden und Verfahren an neue Erkenntnisse. Besondere Beachtung finden hierbei
Bemühungen, die RZ-Steuerung möglichst unabhängig von manuellen Eingriffen zu machen
- oder aber zumindest das "vorprogrammierte" Personal-Wachstum in Grenzen zu halten.

Zur Verdeutlichung dieser Problematik sei eine Umfrage der IBM-Benutzervereinigungen
SHARE und GUIDE zum Thema "Speichermanagement" angeführt, aus welcher ersichtlich
ist, daß der Bedarf an Direkt-Zugriffsspeichern einer mittleren MVS-Installation
in den Jahren 1985 bis 1990 von 100 Gigabyte auf ca. 1000 Gigabyte ansteigen wird.
Der Aufwand für die personelle Betreuung, die derzeit bei ca. einer Person je
10 - 15 Gigabyte liegt, würde nach der Studie um das 5- bis 8fache ansteigen
- vorausgesetzt, es wird nicht gegengesteuert.

Das Beispiel könnte fortgeführt werden mit IBM-Prognosen zum CPU-Wachstum, wo
ähnliche Steigerungsraten erwartet werden und in Anbetracht der nicht schritthal-
tenden technologischen Rechnerentwicklung zwangsläufig komplizierte und personal-
intensive Mehrrechnerkonfigurationen entstehen können.

Trotz dieser Punkte resultiert der Zwang zur Rationalisierung nur vordergründig
aus den steigenden Personalkosten und aus einer eventuell schwierigen Beschaffbarkeit
dieser Spezialisten. Ausschlaggebende Gründe liegen vielmehr darin, daß es nicht möglich sein wird, ein bedarfsgerechtes Funktionieren großer Rechnerkomplexe vom 'Funktionieren' einer großen Anzahl von RZ-Experten abhängig zu machen und daß darüber
hinaus ein Ansteigen des Personalstandes die RZ-internen Sicherheitsvorkehrungen
deutlich erschweren würde.

Vor diesem Hintergrund werden nachfolgend einige Planungen und konkrete Maßnahmen
vorgestellt, die dazu dienen sollen, den DATEV-RZ-Betrieb sicherer und rationeller
zu gestalten.

2. Optimierungsmöglichkeiten für Ablaufplanung und -steuerung (AV)

Neben den ganztägig angebotenen Online-Systemen sind zur Charakterisierung der bei DATEV anstehenden AV-Aufgaben einige Kennzahlen von Bedeutung:

o Anzahl täglich zu verarbeitende Arbeitsgebiete	86
o Anzahl täglich zu verarbeitende Batch-Jobs	ca. 4 000
o Größe des Plattenspace	360 GB
o Anzahl Data Sets (Praxis)	14 000
o Anzahl Data Sets (Test)	24 000

Die Stapelverarbeitung, für die sehr enge Terminvorgaben bestehen, wird im 3-Schicht-Betrieb durchgeführt.

Für die AV-seitige Betreuung werden je Schicht 4 Mitarbeiter eingesetzt, wobei für die wichtigsten Tätigkeitsbereiche dialogorientierte Software-Tools zur Verfügung stehen. Nachfolgend einige Beispiele:

o **Ablaufsteuerungssystem**

Das System unterteilt sich - wie aus Abb. 1 ersichtlich - im wesentlichen in einen Planungs- und Steuerungsteil.

Abbildung 1:

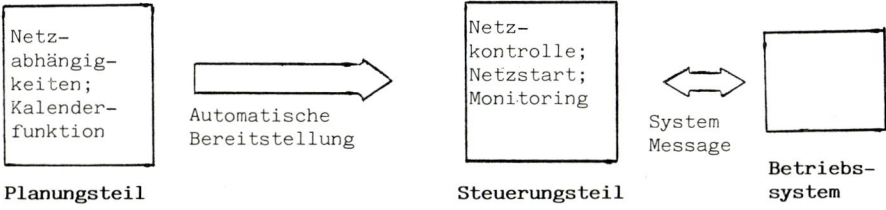

Im Planungsteil können mit großem Benutzerkomfort Termine und Abhängigkeiten sowohl absolut als auch relativ fixiert werden.

Im Steuerungsblock wird unter Berücksichtigung der Abhängigkeiten ein Jobnetz abgearbeitet und kontrolliert. Die Bereitstellung des Netzes erfolgt automatisch.

Ergänzt werden diese Funktionen durch zahlreiche Zusatzeinrichtungen wie Sicherheitsvorkehrungen, Reportgeneratoren und Routinen für menuegesteuerte Dokumentationen.

Der Sinn und Nutzen des Systems liegt letztlich darin, Projektabläufe vorzuprogrammieren und beim späteren Rechnerdurchlauf Sicherheit und personelle Effizienz zu gewinnen.

o **Output-Archivierungssystem**

Das System fängt den üblicherweise auf Drucker auszugebenden System-Output
ab und speichert ihn auf Magnetplatten. Über Bildschirm besteht die Möglichkeit,
aus diesem Datenbestand gezielt Informationen zu gewinnen.
Das System erleichtert somit das zeitaufwendige und fehleranfällige manuelle
Kontrollieren des System-Outputs und - sofern in den Fachabteilungen Bildschirme
installiert sind - die sofortige Verteilung der Informationen.
Nach Ablauf einer vordefinierten Zeit werden die Daten automatisch gelöscht oder
zur Verfilmung weitergegeben.

o **System zur Qualitätssicherung (QS)**

Programmabläufe - besonders aber Online-Anwendungen - sind in der Regel nur sehr
aufwendig und meist nicht zeitnah genug auf Richtigkeit zu kontrollieren.

Das in Abb. 2 aufgezeigte QS-Verfahren, das allerdings nur für kritische Projekte
eingesetzt wird, basiert auf einer sogenannten Pseudo-Verarbeitung.
Eine unter Kontrolle des RZ's stehende <u>fixe</u> Input-Datei wird täglich mit dem
jeweiligen Anwendungsprogramm (variabler Teil) verarbeitet und muß dementsprechend
eine Ausgabe erzeugen, die gleich einer ebenfalls <u>fixierten Output-Datei</u> ist (bei
Programmänderungen sind diese Dateien zuvor vom Programmierer anzupassen).
Treten Ungleichheiten auf, wird automatisch Alarm gegeben und die reguläre
Verarbeitung gestoppt.

Abbildung 2:

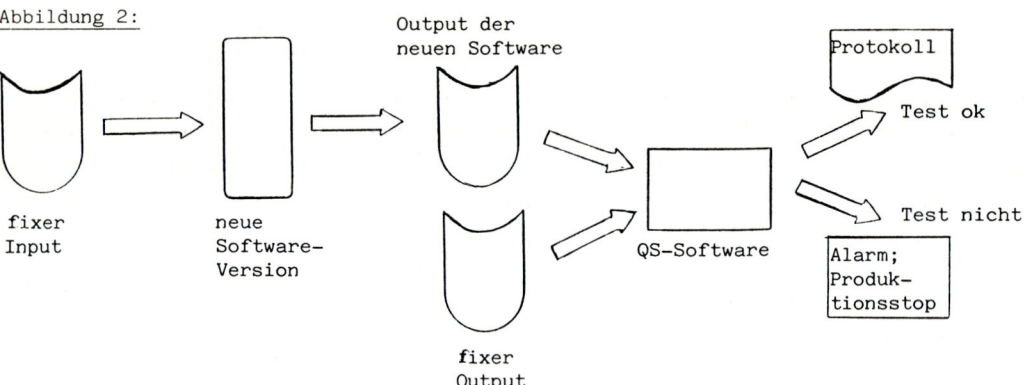

| fixer Input | neue Software-Version | Output der neuen Software | fixer Output | QS-Software | Protokoll — Test ok / Test nicht — Alarm; Produktionsstop |

Das System wird ergänzt durch Einfügen von Kontrollprogrammen in die Projekt-Netze.
Diese Hilfsprogramme prüfen Schwellwerte und informieren den AV-Mitarbeiter auf
einem speziellen QS-Bildschirm - je nach Eskalationsgrad - in entsprechender
Form (z. B. blinkende Anzeige, Farbwechsel etc.).

o **Space Management System**

Die Vielzahl der Dateien, die aktuelle Plattenbelegung und die Trends des Space-
Bedarfs sind ohne sachgerechte Hilfsmittel kaum überschaubar.
Besonders schwierig gestaltet sich die Situation im Bereich des endbenutzerge-
steuerten Computings, wo ohne unmittelbare Kontrolle des RZ's Dateien angelegt und
gelöscht werden.

Mit dem bei DATEV eingesetzten System werden jedem neuen Endbenutzer bestimmte
Space- und CPU-Kontingente zugeordnet und in der nachfolgenden Zeit automatisch
kontrolliert.

Veraltete Dateien werden über ein mehrstufiges Staging-Verfahren letztlich
auf Kassetten ausgelagert und im Bedarfsfall zurückgespeichert.

Im statistischen Teil, der u. a. auf SMF- und DMS-Daten zugreift, werden Benutzern
und Planungsstellen entsprechende Informationen bereitgestellt.

o **Konsol-Operating**

- Derzeitige Situation

  Wesentliche Tätigkeitsbereiche sind hier die Betreuung der Online-Dienste
  (User Help Desk) und die Rechnerkontrolle.

  Die Personalkapazität am User Help Desk wird in der Regel durch die Zeitspanne
  der Dialogbereitstellung, die Menge der Telefonate und den Umfang des angebotenen
  Services bestimmt.
  Die Kontrollerfordernisse an den 4 Rechenanlagen wurden bei DATEV durch Einsatz
  eines Ablaufsteuerungssystems, diverser Monitore und Rechnerverbundtechnik (CTC)
  soweit vereinfacht, daß 2 Mitarbeiter je Schicht ausreichend sind.
  Eine weitere personelle Reduzierung erscheint zur Zeit nicht sinnvoll, da
  auch personelle Ausfallzeiten abzudecken sind.

  In der RZ-Steuerzentrale sind derzeit 32 Bildschirme zusammengefasst - und
  dies macht deutlich, daß eine unmittelbare Reaktion auf technische Schwierigkeiten kaum möglich ist.
  Probleme wie schlechte Antwortzeiten, Teilausfälle oder "hang ups" werden
  oft zu spät festgestellt.

  Optimierungsüberlegungen sind somit hauptsächlich in den Anforderungen an
  schnellere Reaktionszeiten begründet.

– Künftige Vorhaben

Zur Verbesserung der Situation wurde vor kurzem ein Projekt aufgesetzt, das folgende Ziele verfolgt:

o Minimierung der Bildschirm-Nachrichten (z. B. MPF und User Exits oder Nutzung eines System Exits).

o Messages mit Replay-Erfordernissen werden grundsätzlich verboten.

o 'Routen' der verbleibenden Nachrichten auf zentrale Console (z. B. SCON).

o Bereitstellung von vorprogrammierten Verfahren (z. B. IPL, Restarts, Lastwechsel, On-/Offline).

o Programmierung von Kontrollroutinen, welche die visuelle Kontrolle des Operators ersetzen und – sofern möglich – automatische Maßnahmen durchführen. Ist letzteres nicht möglich, soll eine akustische Information des Operators erfolgen (PC-Schnittstelle).

o Verbesserung der Change- und Problem-Management-Techniken durch Einsatz dialogorientierter Systeme.

Die aufgeführten Maßnahmen ließen sich noch durch automatisches IPL (PC) und gegebenenfalls automatisches Anwählen eines unter Rufbereitschaft befindlichen Operators erweitern; für DATEV sind diese Möglichkeiten z. Z. jedoch nicht erforderlich.

3. Magnetbandoperating

o Bandverwaltungssystem

Die Bandmounts, die großteils während der Nacht anfallen, stehen in der Regel im
Zusammenhang mit Datensicherungsläufen.
Zur Verwaltung der Bänder wird ein Software-System eingesetzt, welches neben
einer anonymen Archivierung vor allem ausreichende Sicherheit gegen falsches
Überschreiben der Datenträger gewährleistet.

Die Tätigkeit der Operatoren wird durch den Einsatz eines weiteren Software-Tools
zur 'shared tape'-Verarbeitung erleichtert. Die Übersichtlichkeit der Mount-Nach-
richten wird durch eine zentrale Anzeige aller Band-Anforderungen auf einer
Video-Großleinwand verbessert.

o Kassettenlaufwerke

Eine zusätzliche Operating-Reduzierung wird durch den Übergang auf Magnetband-
Kassettenlaufwerke mit Zuführungsschächten erreicht. Durch diese Technik ist
es bei DATEV zur Zeit möglich, mit 3 Mitarbeitern je Schicht täglich ca. 2 000
Bandmounts - einschließlich Archivierungstätigkeiten - durchzuführen.
Zur Verteilung der nächtlichen Mountspitzen werden Datenbestände teilweise
auf Platte zwischengespeichert und erst später auf Band überspielt.
Bei Bereitstellung ausreichender Plattenkapazität würde die Möglichkeit bestehen,
während der Nachtschicht im Peripheriebereich 'operatorlos' zu fahren.

4. Zugriffsautomaten

Bei den neuen Kassettenformaten bietet es sich an, über automatische Zugriffstechniken nachzudenken. Viele dieser Überlegungen resultieren aus Sicherheits- und Kostengesichtspunkten – aber auch aus Befürchtungen, die Nachtarbeit könnte eines Tages vom Gesetzgeber erschwert werden.
Mangels fertiger Systeme wurden bei DATEV Planungen und Berechnungen zur eigenen Realisierbarkeit gemacht. Die Ergebnisse waren im Prinzip positiv.

Aus nachfolgender Abbildung ist ersichtlich, daß das Gesamtsystem aus den Komponenten

- Hochregallager
- Lineares Fördersystem
- Pufferspeicher und
- Mountroboter

bestehen könnte.

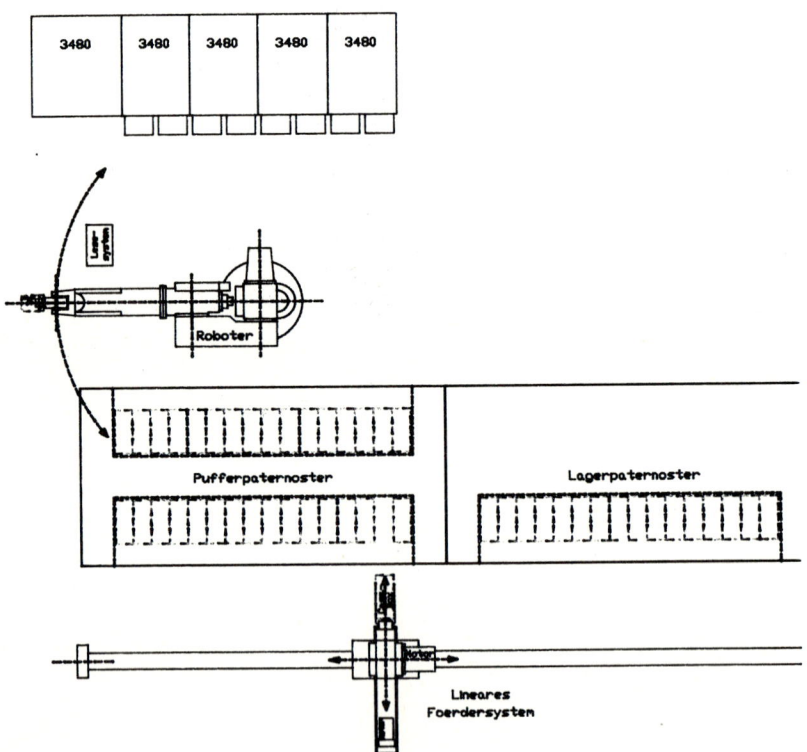

Das paternosterähnliche Hochregallager ist vor allem für eine platzsparende
Kassettenarchivierung sinnvoll, da bei großen Datenmengen Zugriffszeiten reduziert
werden müssen.
Während im Archivspeicher jeweils Kassetten-Boxen à 10 Kassetten gegriffen werden,
erfolgt vom Mount-Roboter im Pufferspeicher der gezielte Einzelzugriff unter
zusätzlicher Kontrolle der Volumenummer (Barcode).

Das gesamte System ist weitgehend losgelöst vom Zentralrechner und nur über PC-
Schnittstellen verbunden. Im Fehlerfall könnten die Archivzugriffe auch manuell
erfolgen.

o **Zeit- und Leistungsbetrachtung (Archivgröße: ca. 14 000 Kassetten)**

Komponente	Ø Transportzeit je Bewegung/Zugriff	Zugriffskapazität in 3 Schichten
Fördersystem	20 sec.	4 320
Paternoster (Puffer)	8 sec.	10 800
Roboter	16 sec.	5 400
max. Mountzeit	44 sec.	1 964

Die bei DATEV täglich anfallenden 2 000 Mounts würden mühelos bewältigt, da
3 Gesamtsysteme (40 000 Kassetten) installiert wären und 90 % der Kassettenzugriffe
aus dem Pufferspeicher erfolgen könnten (Scratch-Tapes).

o **Kostenbetrachtung**

Puffer- und Lager-Paternoster für ca. 40 000 Kassetten	ca. DM	450 000
Roboter und Fördersysteme		900 000
PC und Lesesysteme		300 000
Kassettenboxen		200 000
Softwareerstellung		150 000
Gesamtkosten	**ca. DM**	**2 000 000**

Bei einem Abschreibungszeitraum von 4 Jahren würden monatliche Kosten von ca. DM 40 000 anfallen; dies entspricht ca. 6 Mitarbeitern oder 2 Mitarbeitern je Schicht.

Die Aufstellung macht deutlich, daß aus kostenrechnerischer Sicht nicht in jedem Fall ein Gewinn sichtbar werden muß, zumal in den meisten Firmen in den kommenden Jahren noch ein gemischter Betrieb von Kassetten und Magnetbändern erfolgen wird, was keine 100 %ige Umstellung auf Automaten ermöglicht.

Für eine Entscheidungsfindung werden somit Sicherheitsaspekte wohl eher im Vordergrund stehen.

5. Konsequenzen für die Zukunft

Neue Arbeitstechniken und Rationalisierungsvorhaben werden in den nächsten Jahren das Arbeitsumfeld der Rechenzentren weit mehr verändern, als dies in der Vergangenheit der Fall war.

Automation und Einsatz spezieller Software-Tools werden Basis dafür sein, daß die Personalquantität in Grenzen gehalten werden kann - diese Techniken lösen jedoch nicht die neue Problemstellung der Personalqualität.

Das Beherrschen der neuen Methoden und Verfahren setzt nicht nur eine erheblich verbesserte Basis- und Fachausbildung der RZ-Mitarbeiter voraus, sondern auch neue Formen des Trainings für Problemsituationen.

Bereits jetzt zeichnet es sich ab, daß ernsthafte Schwierigkeiten relativ selten auftreten und daß die Mitarbeiter aber gerade deshalb umso mehr Mühe haben, in diesen Phasen sachgerecht zu reagieren.

Die Soft- und Hardwarewartung der Computerhersteller hat diesem Symptom durch die seit Jahren praktizierte zentralisierte 'remote'-Wartung Rechnung getragen - in den Rechenzentren heißt es nun, durch geeignete Maßnahmen vergleichbare Resultate zu erzielen.

RATIONALISIERUNG IM OUTPUTMANAGEMENT
EIN ERFAHRUNGSBERICHT

Heinz G. Hain

Anstalt für Kommunale Datenverarbeitung in Bayern (AKDB)

1. EINLEITUNG

Trotz zunehmender Dialogisierung, einem weiteren Vordringen der indi-
viduellen Datenverarbeitung und entgegen aller Veröffentlichungen und
Prognosen zum "papierlosen Büro" steigt das Outputvolumen ständig.
Nach wie vor ist die Erstellung, Verwaltung, Verteilung und der Versand von Output einer der arbeits- und kostenintensivsten Teilbereiche
des täglichen RZ-Betriebs. So ist es eine stete Herausforderung des
DV-Managements gerade diese aufwendigen Tätigkeitsfelder auf ihr Rationalisierungspotential hin zu untersuchen.
Der vorliegende Beitrag betrachtet das gestellte Thema von zwei Seiten, erstens – für welche Komponenten des Outputmanagements stellt der
Markt welche Hilfsmittel zur Verfügung, während zweitens – ein Erfahrungsbericht der Lösungsansätze, wie sie innerhalb der AKDB durchgeführt wurden bzw. noch geplant sind, gegeben wird.

2. PROBLEMSTELLUNG

Die Forderung nach einer wirkungsvollen und wirtschaftlichen Erle-
digung der Aufgaben des Rechenzentrums bedeutet für die RZ-Verantwort-
lichen auch im Outputmanagement nach neuen Wegen zu suchen, um
* die ständig steigenden Kosten, wie beispielsweise
  –Ausgabekosten pro Seite
  –Papier- und Formularkosten, (durch Großeinkauf)
  –Lager- und Transportkosten,
  –Kosten der Nachbearbeitung, des Transports, des Versands
   bzw. der Verteilung
  –Ablagekosten
  einzudämmen oder noch besser, sogar reduzieren zu können,
* die Beseitigung der Druckengpässe, die durch
  –verminderte Planbarkeit des Outputvolumens,
  –fehlerhafte Listenerstellungen,
  –Fehlversand und
  –Massendrucksachen
  entstehen, voranzutreiben und
* die Verbesserung der Druckqualität entsprechend den gestiegenen
  Anforderungen in Bezug auf
  –Formulargestaltung
  –Informationsgehalt
  –Ort des Ausdrucks
  –Art des Ausgabemediums
  –Flexibilität in den Versandanforderungen
  zu erreichen.

3. PROBLEMANALYSE

Um den angestrebten Zielen gerecht zu werden, bieten sich folgende
Strategien an:

* Reduzierung des Outputvolumens
* Diversifikation der Outputmedien
* Effiziente Steuerung der am Output beteiligten Komponenten
* Einsatz von Verteilsystemen und Poststraßen
* Flankierende organisatorische Maßnahmen

3.1. Reduzierung des Outputvolumens

Um den zentralen Output zu reduzieren werden am Markt die sog. Virtual
Writer Systeme angeboten. Für einen optimalen Einsatz sollen sie den
nachstehenden Funktionsumfang besitzen, nämlich
- die Ausgabeinformation zu archivieren und zu verwalten,
- den Zugriff zu den auf Platteneinheiten gespeicherten Ausgabeinformationen ohne jede Änderung der erstellenden Anwendungen über
  Datenstationen zu ermöglichen,
- eine beliebige Auswahl der zu druckenden Seiten zu erlauben, und
- die Bearbeitung der Reports durch Hilfsmittel, wie z.B. schnelles
  Suchen nach bestimmten Informationen, zu erleichtern.

Der Einsatz der Virtual Writer Systeme erfodert eine gezielte Analyse der zu bearbeitenden Informationen. In vielen Fällen beschränkt
er sich oft auf interne Anwendungen, die in etwa dem Einsatzgebiet der
Online-COM-Verfilmungen entsprechen.
Weiterhin ergeben sich noch durch gezielte Untersuchungen einzelner
Anwendungen und einer Analyse der Papierflut im internen und im Kun-
denbereich, sowie deren Transport- und Verteilwege, Rationalisierungs-
möglichkeiten. Beispielhaft sind hier Werkzeuge für den Softwareerstellungsprozeß oder Hilfsmittel zur Automatisation im RZ-Bereich zu
nennen, wobei die Verminderung des Outputs quasi als Nebeneffekt
abfällt. Sicherlich spielen auch die Möglichkeiten des Einsatzes der
Bürokommunikation eine immer größere Rolle, mit den Funktionen der
Ablage, der Verteilung und dem Drucken von Dokumenten, soweit diese
schon zentral erstellt wurden.

3.2. Diversifikation der Outputmedien

Für die Drucklasten, die nicht weiter zu reduzieren sind, bieten sich
alternative Outputmedien als Ersatz zum bisher zentral durchgeführten,
mechanischen Druck an. Es sind dies

* der Einsatz von Laserdrucksystemen
* die COM-Verfilmung von Ausgabeinformationen und
* die Verlagerung der Ausgabe auf dezentrale Drucker

Nachstehend sind die sich aus dem Einsatz von Laserdruckern ergebenden
Vorteile an Wirtschaftlichkeit und Service aufgeführt.
- Reduzierung des Personals im Druckoperating,
- Wegfall nahezu aller Arbeiten in der technischen Nachbearbeitung
  durch den Einsatz von Laserdruckern mit Einzelblattverarbeitung,

- Verlagerung der Massendrucksachen auf den Laserdrucker und damit
  weitgehender Abbau der Hausdruckerei,
- Verminderung der Formulararten und der damit verbundenen Senkung der
  Verwaltungs- und Lagerhaltungskosten,
- Reduzierung des Papierverbrauchs durch Duplexdruck und der Erhöhung
  des Zeilenzählers bei DIN-A4 Hoch von 68 auf bis zu 96 Zeilen und
  Quer von 48 auf bis zu 72 Zeilen (je nach Anwendung),
- Verbesserungen in der Gestaltung des Outputs,
  Ausdruck von sog. Logos (AKDB-Emblem, Dienstsiegel, Unterschrif-
  ten etc.),
- Anbringung maschinenlesbarer Zeilen auf Zahlungsbelegen durch
  OCRA-Schrift und der Verwendung von bis zu 15 unterschiedlichen
  Schriftarten je Druckseite,
- Formulareinblendungen und das Einsteuern von variablen Daten;
  so kann beispielsweise bei Rechtshilfebelehrungen das für den Em-
  pfänger zuständige Verwaltungsgericht variabel angegeben werden,
- Kurzfristige Änderungen der Formulare, wie sie beispielsweise durch
  Gesetzesänderungen notwendig sind, können sofort durchgeführt werden.
  (Durch die damit mögliche Bestellung größerer Papiermengen ist ein
  kostengünstigerer Papiereinkauf verbunden.)

Die Einsatzmöglichkeiten der COM-Verfilmung sind, aufgrund der bei den
Empfängern der Fiche notwendigen Lesegeräte, gegenüber den Laser-
drucksystemen deutlich eingeschränkt. Eine Nutzung der COM-Mikrofiche
erfolgt zum einen durch die Sachbearbeiter im Vertrieb und in den
Behörden, indem sie als Auskunftsmedium und Backup-Medium benutzt
werden, zum anderen dienen sie der Ausgabe von Listen für interne
Zwecke. So wird die Originalliste (z.B. ein Grundabgabenbescheid) dem
Empfänger direkt zugestellt, während ein Duplikat auf Mikrofiche bei
der zuständigen Behörde zu Auskunftszwecken verbleibt. Im internen
Bereich erfolgt ein Einsatz der COM-Verfilmung für die Anwendungsentwicklung (Umwandlungslisten, Änderungsprotokolle) und den eigentlichen
RZ-Betrieb (Syslog, Sysoutdaten). Vorteile der COM-Verfilmung sind
auch da zu sehen, wo eine papiermäßige Archivierung aufgrund gesetzlicher Vorschriften verlangt wird. Für diese Anwendungen lassen sich
die Wirtschaftlichkeitsberechnungen des Laserdruckers übertragen.
Zusätzlich ergeben sich noch folgende Vorteile
- geringe Transportkosten,
- Einsparung an Ablagekosten,
- unproblematische Vernichtung.

Die Verlagerung des Outputs direkt zum Empfänger ist ein Trend, der
durch die Schwemme von "Hardcopy-Druckern" eingeleitet wurde, und dem
das Rechenzentrum immer häufiger folgen muß. Zukünftig wird der Verteilung der Rechnerleistung im Unternehmen auf den Ebenen zentraler
Rechner, Abteilungsrechner und Arbeitsplatzrechner eine entsprechende
Hierarchie der Ausgabemedien gegenüber stehen müssen. Darüber hinaus
wird die Forderung erhoben, daß ein Dokument an jedem Arbeitsplatz
erstellt, und innerhalb des Rechnerverbunds an jedem angeschlossenen
Ausgabemedium ausgegeben werden kann. Anwendungen für die dies heute
bereits der Fall ist sind sowohl im internen als auch im externen
Bereich in verstärktem Maße zu erwarten. So werden Verfahrenshand-
bücher von einem oder mehreren Autoren, die an verschiedenen Orten
arbeiten, erstellt, wohingegen dann der Ausdruck des fertigen Do-
kuments als Massendrucksache im zentralen Rechenzentrum erfolgt. Ähnlich ist es bei der Erstellung von Haushaltsplänen, die zu Korrek-
turzwecken vor Ort nur als einzelne Exemplare, dafür aber schnell
gebraucht werden, bei den entsprechenden Sitzungen der Gremien dann
aber in vielfachen Kopien vorliegen müssen.

Für Listen, die zu den IBM-Zeilendruckern kompatibel sind, ist dies im
Unternehmen weitgehend gelöst. Hier ist vom Kunden wählbar, auf welchem Ausgabemedium, Laserdrucker oder Mikrofilm zentral bzw. durch DFÜ
vor Ort, er die gewünschte Liste erstellt haben möchte.
Dieser Service, der bis jetzt nur für die Zeilendrucker möglich ist,
wird auf die APA (all-points addressable) Drucker ausgedehnt werden
müssen. Es wird sich folgende Situation ergeben.

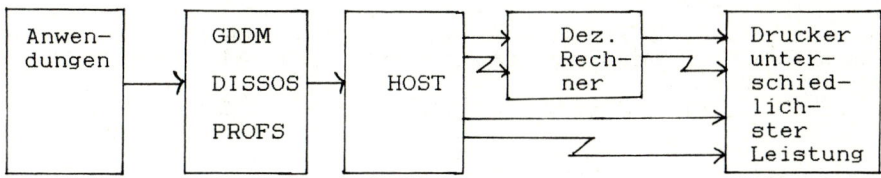

3.3. Effiziente Steuerung der am Output beteiligten Komponenten

Der Einsatz der verschiedenen Ausgabemedien allein schöpft das damit
verbundene Rationalisierungspotential nicht vollständig aus, wenn eine
Steuerung dieser Geräte fehlt. Notwendig sind dazu eine lokale und
eine globale Steuerung. Die lokale Steuerung unterstützt den Geräte-
einsatz, während die globale Steuerung den Erstellungsprozeß bei allen
Funktionseinheiten des RZ-Betriebs (Druckerstellung, Nachbearbeitung,
Versand) steuert und überwacht. Sowohl von den Herstellern der Out-
putgeräte als auch am Softwaremarkt sind nur sehr wenige Lösungen
verfügbar, so daß hier Eigenentwicklungen unvermeidbar werden. Wie
diese innerhalb der AKDB realisiert wurden, wird in den Abschnitten
4.1 und 4.2 näher beschrieben.

3.4. Einsatz von Verteilsystemen und Poststraßen

Höhere Ausgabegeschwindigkeiten und neue Drucktechniken wirken sich
auch auf die Nachbearbeitung und den Versand des Computer-Outputs aus.
Komplexe Systeme der Nachbearbeitung ermöglichen eine optimale Steuerung des Papierflusses und der Verteilung. Die Verwendung von OMR,
Barcode oder anderer Lesemethoden, sowie die Integration des PC für
Steuerungs- und Überwachungsfunktionen, verleihen den am Markt angebotenen Systemen mehr Intelligenz. Aber nicht nur für die Papierverar-
beitung, sondern auch für Verteilung und Versand von Mikrofichen
existieren COM-Produktionsstraßen. Ziel aller angebotenen Lösungen muß
sein, die in den Bereichen Nachbearbeitung und Versand notwendigen
Tätigkeiten, wie
- Schneiden, Separieren, Trennen,
- Falzen, Gruppieren, Heften, Kuvertieren
in einem Arbeitsgang, und zwar in der Geschwindigkeit der Laserdrucker, zu erledigen.
Aufgrund der getroffenen Entscheidung für Laserdruck-Einzelblattsy-
steme und der eingesetzten Steuerungsprogramme, konnten alle, für
einen Kunden auf einer Papierart erstellten Formulare, bereits am
Laserdrucker versandfertig ausgegeben werden. Ziel der bestehenden
Überlegungen ist nun, alle im Versandbereich durchgeführten manuellen
Sortiervorgänge zu automatisieren: ein Empfänger = eine komplette
Einzelsendung.

3.5. Flankierende organisatorische Maßnahmen

Ein Aspekt, der bei einer nur technischen Betrachtungsweise der gestellten Problematik oft vernachlässigt wird, sind die organisatorischen Komponenten. Bei den Steuerungsmöglichkeiten des Datenflusses, sowohl auf lokaler als auch auf globaler Ebene, sind flankierende Maßnahmen durchzuführen, die die Anwendungsentwicklung und den gesamten Rechenzentrumsbetrieb beeinflussen. Auf diese Punkte wird bei der nachfolgenden Beschreibung des AKDB-Konzepts näher eingegangen. Aber auch der Einsatz neuer Ausgabemedien kann bereits große organisatorische Änderungen bewirken, beispielsweise wenn die Ablage von Normalpapier auf Laserdruck DIN-A4 oder sogar auf Mikrofiche umgestellt werden muß.

4. VORGEHENSWEISE UND ERGEBNISSE

Die am Markt angebotenen Soft- und Hardwarelösungen sind aus einer Reihe von Gründen nicht ausreichend:
- nur Lösungen für Teilbereiche sind verfügbar,
- der Kauf der Hardware allein genügt nicht, wenn die Steuerungsmöglichkeiten fehlen,
- organisatorische Änderungen/Rahmenbedingungen sind schwer durchschaubar,
  eine Anpassung an die unternehmensspezifischen Randbedingungen fehlt,
- die Zukunftssicherheit der angebotenen Lösungen bezüglich neuer Anforderungen ist nicht geklärt.

Zuerst mußte daher eine Analyse der Gesamtsituation erfolgen, wobei aber vorab einige Grundüberlegungen anzustellen waren.
* Eine ganzheitliche Betrachtungsweise des kompletten Outputmanagements ist notwendig, d.h. die Wirkung einer Rationalisierungsmaßnahme ist auf alle, der mit dem Output befaßten Stellen innerhalb des Rechenzentrums zu überprüfen.
* Eine kritische Analyse des gesamten Outputs eines Unternehmens ist erforderlich.
  In die Untersuchung des Papierflusses auf dessen Notwendigkeit, sowie dessen Transport- und Verteilwege sollen nicht nur die zentral, sondern auch die außerhalb des Rechenzentrums, wie in der Hausdruckerei oder in den Büros, erstellten Listen einbezogen werden.
  Beispielsweise lassen sich die Vervielfältigungsarbeiten (Haushaltspläne, Kundeninformationen, Rundschreiben, Produktionsmitteilungen etc.) nicht nur im Rechenzentrum produzieren, sondern u.U. auch gleich im Druck beifügen.

Anschließend wurde ein Maßnahmenkatalog erstellt, in dem die diversen, aufeinander abgestimmten Einzelschritte beschrieben werden. Diese Einzelschritte bestanden aus dem Einsatz der diversen Outputmedien, aus der Realisierung der Softwaresysteme zur Steuerung des Outputs, und einer Reihe von begleitenden, organisatorischen Maßnahmen. Wichtig ist, daß die zu unterschiedlichen Zeitpunkten fertiggestellten Bausteine in die vorgesehene Gesamtkonzeption passen.

Der Projektverlauf wird durch folgende Meilensteine gekennzeichnet:

Einsatz von COM-Verfilmungsanlagen
Realisierung eines Service-Mikroverfilmungsverfahrens
Einsatz von Laserdrucksystemen

Steuerungsprogramme zum Laserdruckeinsatz
Realisierung einer "Variablen Output-Steuerung"
Automatische Portokostenberechnung
Automatisches Verteil- und Sortiersystem

Im folgenden sollen zwei Bausteine dieses Konzepts, nämlich die Steuerung der Laserdrucksysteme und die übergeordnete "variable Output-Steuerung", sowie die sich daraus ergebenden, notwendigen organisatorischen Begleitmaßnahmen, vorgestellt werden.

4.1. Steuerung Laserdrucksysteme

Verfahrensablauf
Der Einsatz von Laserdrucksystemen oder COM-Anlagen bedarf einer effizienten Steuerung, die in der Regel vom Hardwarehersteller nicht angeboten wird. So wurden zur Steuerung der Laserdrucksysteme zwei JES-Exits und ein Steuerungsprogramm entwickelt, die
- die Steueranweisungen für den Laserdrucker in die JCL einstellen,
- bei Jobende und innerhalb der Jobs bei Kundenwechsel die Listen nach Kundennummern versetzt ablegen,
- die vom Programm erstellten Trennblätter beschreiben,
- die Formularanforderungen erfüllen,
- die Ausgabe der gewünschten Kopien veranlassen,
- ein Aufsplitten des Drucks in die vom Benutzer vorgegebenen Druckteile durchführen,
- Wiederaufsetzroutinen zur Verfügung stellen, in denen, nach verschiedenen Merkmalen und Suchbegriffen, wie Behördennummer, Blatt, oder einer Kombination von beidem, vom Benutzer oder vom Operating die Aufsetzpunkte bestimmt werden können, und
- die Ausgabe von SMF-Sätzen sowie die Bereitstellung von Statistikreports, insbesondere zur Messung des Durchsatzes der einzelnen Formulare ermöglichen.

Organisatorische Begleitmaßnahmen
- Standardisierung der Formulare (Überweisungsträger, Etiketten)
- Vereinheitlichung der Listennummern
- Schaffung einer Zentralstelle für Formularwesen, die die Erstellung der Formulare vereinheitlicht und performancemäßig optimiert
- Einbindung der Formulare in die Verfahrensübernahme für Produktionen

4.2. Variable-Output-Steuerung (VOS)

Zielsetzung und Anforderungen
- Optimierung der Versandabwicklung und Verbesserung der Flexibilität dem Kunden gegenüber
  So ergaben sich aus verschiedenen Produktionen der Anwenderverfahren teils sehr unterschiedliche Versandanforderungen. Beispiel: ein Landratsamt möchte eine Auswertung der Patientenabrechnungen an das jeweilige Krankenhaus gesandt haben, während die Auswertungen der Finanzbuchhaltung an die zentrale Buchungsstelle im Landratsamt gehen sollen; zusätzlich soll eine Kopie dieser Auswertung der Finanzbuchhaltung auch noch

an das Krankenhaus versandt werden. Weiterhin wurden in der Vergangenheit immer wieder Wünsche geäußert, eine bestimmte Liste auf einem anderen Medium zu erstellen.
- Verfahrensunabhängigkeit
  Eine weitere Zielsetzung war, die Abhängigkeiten der Anwendungsprogramme von den verschiedenen Ausgabemedien aufzuheben. Die Steuerinformationen für die Mikroverfilmung,die Trennblätter für die mechanischen Drucker oder die Steueranweisungen für den Laserdruck sollten nicht die Vielzahl der Anwenderprogramme belasten, sondern an zentraler Stelle einmalig und einheitlich eingebracht werden. Damit würde auch eine Umstellung der Laserdrucksysteme auf die eines anderen Herstellers wenig Probleme bereiten.
- Absicherung der Versandkostenabrechnung
  Automatische Erstellung der Versandkosten
- Nachweiserstellung über den Leistungsumfang
  Erstellung von Listen, aus denen hervorgeht, welcher Kunde welche Auswertung in welchem Umfang und auf welchem Ausgabemedium erhalten hat und an welchen Empfänger der Versand getätigt wurde.
  Weiterhin erhält der Kunde bzw. der Empfänger einen Lieferschein.

Verfahrensablauf

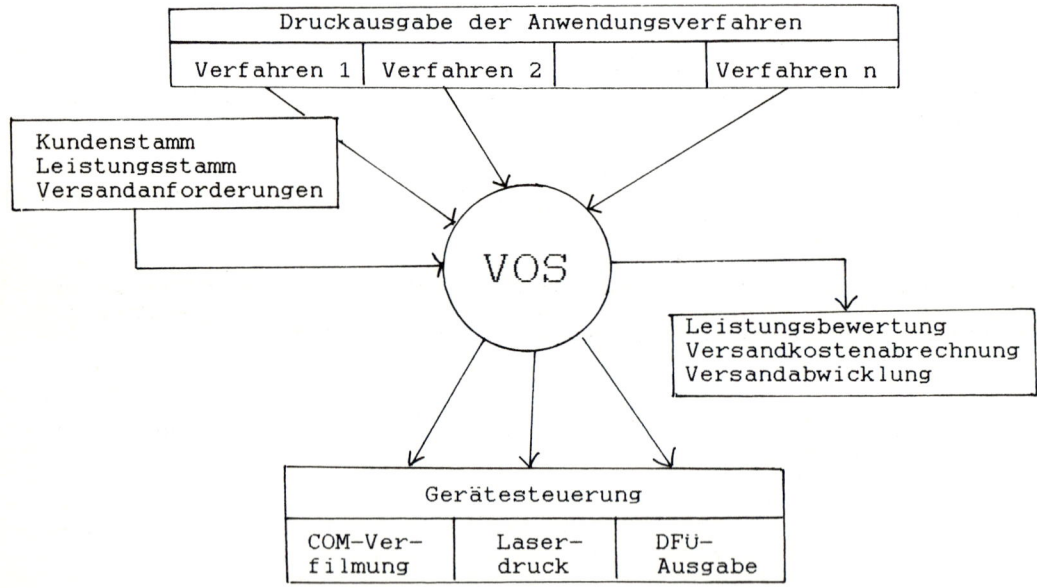

Organisatorische Begleitmaßnahmen

- Vereinheitlichung der in verschiedenen Verfahren existierenden Kundenstammangaben

- Einrichten einer zentralen Datei in der unter einer Leistungsnummer die Listenbezeichnung und die zur Erstellung und Nachbearbeitung erforderlichen Angaben gespeichert sind.
  Die Leistungsnummer ist eine Art Artikelnummer, die in einem
  Leistungs- und Preisverzeichnis dem Kunden gegenüber ausge-
  wiesen wird. Sie begleitet die Produktionen von der Jobvorbe-
  reitung bis zum Empfänger.
- In einer Versandanforderungsdatei werden alle kunden- und
  verfahrensspezifischen Versand- und Erstellanforderungen
  hinterlegt. In einer späteren Version von VOS wird angestrebt,
  die Pflege dieser Angaben dem Kunden durchführen zu lassen.

Die hier beschriebene Vorgehensweise erfoderte auch eine Überprüfung
der Arbeitsabläufe im Rechenzentrum.
- Feststellung der erforderlichen Mitarbeiterqualifikationen
- Neubestimmung der Aufgabenzuordnung und Aufgabenabgrenzung
mit dem Ergebnis, daß eine Zusammenfassung
- der Mitarbeiter des Druckoperating, der Nachbearbeitung, der
  der Hausdruckerei und der Versandstelle zu einem Druckzentrum
  auf der einen und
- der Mitarbeiter im Konsoloperating und der Netzwerksteuerung zu
  einer System- und Netzwerksteuerzentrale auf der anderen Seite
erfolgte.

5. RESÜMEE

Sind die gesetzten Ziele erreicht worden?

Es kann, da die Umstellungen noch im Gange sind, nur eine Zwischenbi-
lanz gezogen werden.

Die Umstellungen wurden zum Anlaß genommen von den zahlreichen, be-
nutzereigenen Druckprogrammen abzugehen und Standardprogramme für
Aufkleber, Gutschriften, Lastschriften, Zahlscheine etc. zu entwickeln.

Die im Jahre 1984 installierten 17 mechanischen Drucker und die in der
Hausdruckerei benötigten 4 Druckmaschinen wurden durch 6 Laserdrucker,
4 mechanische Drucker und 2 Schnellkopierer ersetzt.

Die zu diesem Zeitpunkt existierenden 91 Vordrucke unterschiedlichster
Art, sowie 11 Tabellierpapierarten und ein Papierkarton konnten auf
z.Zt. noch 30 Vordrucke und 6 verschiedene Papierarten für den Laserdrucker reduziert werden.

In der Versandstelle wurden die zu bearbeitenden 20 Papierstöße auf 2-
3 Stöße vermindert. Damit und mit der Erstellung der erforderlichen
Begleitpapiere ist ein Fehlversand nahezu ausgeschlossen.

IM-Erfahrung bei der Hypobank AG

Stand und Planung

Günter Werner

Hypobank AG

1.0 Allgemeines zum Installation Management

Die Abhängigkeit der Unternehmen von der Datenverarbeitung, sowohl für die Abwicklung der täglichen Geschäftsvorfälle als auch der Bereitstellung aller für Unternehmensentscheidungen erforderlichen Informationen, sowie die zunehmende Komplexität von Systemen und Anwendungen erfordern ein zielgerichtetes Managen des DV-Betriebs.

Besonders der Einsatz von Online-Anwendungen stellt entsprechend hohe Anforderungen an den Servicegrad, die Anwendungsverfügbarkeit für die Endbenutzer.

Ziele des System Managements müssen daher die

- Bereitstellung des mit den Benutzern vereinbarten Services
    - hohe Verfügbarkeit
    - erforderliche Antwortzeiten

- unter Berücksichtigung einer wirtschaftlichen Aus-legung der DV-Konfiguration

sein.

2.0 Stand und Planung

2.1 Betriebsablauf-Management

Aufgabenstellung:

Organisation der Planung und Verarbeitung von Jobs, Transaktionen und Daten im täglichen Ablauf. Konzentration auf Serviceziele und optimale Nutzung der Resourcen.

Stand:

Die Job Control ist nach vorgegebenen Standards (Namen, Katalog- und Dateiorganisation, usw.) aufgebaut und in zentralen Bibliotheken abgespeichert. Abhängig vom vorgegebenen Verarbeitungsdatum wird die "Tages"-Job Control aus dem Stammsatz selektiert und mit "KEY"-Informationen ergänzt zur Ausführung bereitgestellt.

Mit einem Dokumentationssystem lassen sich alle erforderlichen Informationen aus der Job Control-Stammdatei batch und online abrufen.

Die Datenverwaltung und -sicherung wird durch Tools (Automatisches Archiv, Daten Management System) unterstützt.

Durch Meßtools wird die Performance im Bereich der Dateiverteilung laufend überprüft.

Planung:

Übernahme aller Jobnetze in ein Planungs- und Steuerungssystem.

Einsatz von DBRC für Recovery von Datenbanken bei Restart von IMS-Anwendungen.

2.2   Netzwerk-Management

Aufgabenstellung:

Steuerung und Überwachung des Netzwerks. Erkennen von Störungen und Einleiten von Maßnahmen zur Behebung. Unterstützung und Information der Benutzer.

Stand:

Ein "User Help Desk" für die Überwachung der Online-Anwendungen und der Netzwerk-Komponenten ist installiert. Mit Hilfe von Tools wird die Einhaltung der Serviceziele überwacht.

Der Einsatz symmetrisch ausgestatteter Zentraleinheiten mit voller Schaltmöglichkeit für die peripheren Geräte und die Installation einer zusätzlichen DFÜ-Steuereinheit, die bei Totalausfall einer der Produktionseinheiten das jeweilige Teilnetz voll übernehmen kann ermöglichen den schnellen Restart bei Ausfall von Hardwarekomponenten.

Vor Einführung komplexer neuer Anwendungen bzw. umfangreicher Änderungen werden mit Hilfe von Simulationsprogrammen Funktions- und Massentests durchgeführt.

Planung:

Neukonzeption des Netzwerkmanagements mit folgenden Zielen

- Online-Diagnose von Fehlern in System- und Anwendungs-
  programmen ohne Beeinträchtigung der laufenden Funktionen,
  Bereinigung im Rahmen der Programmversorgung.

- Zentrale Helpfunktion, die es erlaubt, die vom Endbenutzer durchgeführten Eingaben an einem Monitor beim "User Help Desk" anzuzeigen und ggfs. berichtigen zu können.

- Zentrale Versorgung der denzentralen Steuereinheiten mit aktuellen Programmversionen.

2.3 Betriebsablaufsicherung

Aufgabenstellung:

Vorkehrungen, um DV-Resourcen vor Verlust oder Zerstörung zu schützen und um nach Unterbrechungen oder Katastrophen in vereinbartern Fristen wieder betriebsbereit zu sein.

Stand:

Zu den baulichen Maßnahmen zählen die Einrichtung einer netzunabhängigen Stromversorgung, der modulare Aufbau der Klimaversorgung, Branderkennungs- und Löscheinrichtungen.

In einem Handbuch sind Maßnahmen, die bei Betriebsunterbrechungen zu ergreifen sind, dokumentiert, die Mitarbeiter werden in regelmäßigen Abständen geschult.

Alle für einen Wiederanlauf erforderlichen Daten, Dokumente, Handbücher usw. werden außer Haus ausgelagert. Regelmäßige Kontrollen stellen die Vollständigkeit der internen und externen Archive sicher.

Planung:

Einrichtung eines weiteren Rechnerraums, um durch Teilung der Hardware die Risiken zu minimieren.

Die Konfiguration im zweiten Rechenzentrum wird sicherstellen, daß nach Restore der Sicherungsbestände auf die Magnetplatten-Peripherie der gesamte Produktionsbetrieb übernommen werden kann.

2.4 Problem - Management

Aufgabenstellung:

Verminderung der Unterbrechungsdauer bei Betriebsstörungen durch prioritätengesteuerte Bearbeitung der Probleme. Ereignisorientierte Dokumentation zur zukünftigen Ausschaltung von Betriebsstörungen durch vorbeugende Maßnahmen, aber auch zur rascheren Reaktion bei Störungen gleicher Art.

Stand:

Einrichtung einer zentralen Stelle zur Koordination aller Probleme. Es gilt der Grundsatz: **Es gibt keine Probleme außerhalb des Problem Managements.** Der Problemkoordinator ordnet die Verantwortung zur Problembehandlung eindeutig einer Person oder Funktion zu, leitet die Problemdokumentation an die beauftragte Stelle, gibt Termine zur Problemlösung vor und überwacht Stati offener Probleme.

Jede Problemlösung wird dokumentiert, um bei Auftreten des gleichen oder eines gleichgelagerten Fehlers unnötige Aktivitäten zu vermeiden.

In IM-Meetings werden alle offenen Probleme besprochen, erforderliche Aktivitäten festgelegt, evtl. Prioritäten geändert oder die Problemzuordnung neu festgesetzt.

Planung:

Meldung an den Problemkoordinator durch Online-Erfassung durch den Report direkt in das Informationssystem.

Online-Abfrage über Stati der zugeordneten Probleme durch die Sachbearbeiter.

2.5 Änderungs-Management

Aufgabenstellung:

Sicherstellung, daß die Installation oder Veränderung einzelner oder komplexer Komponenten fehlerfrei und reibungslos in den laufenden Betrieb vollzogen wird. Vollständige Dokumentation aller Änderungen, damit die Änderungsvorgänge lückenlos nachvollziehbar sind.

Stand:

Analog zum Problem-Management besteht eine zentrale Stelle als Anlauf- und Koordinationsstelle für **alle** Changes. **Probleme erfordern Änderungen und Änderungen können zu Problemen führen.** Auch hier gilt: Alle Änderungen von Hard- und Softwareänderungen bis hin zu Wartungsmaßnahmen an den Versorgungseinrichtungen und baulichen Maßnahmen müssen bei der zentralen Koordinationsstelle angemeldet werden und werden nur in Abstimmung und in Einvernehmen mit dieser Stelle durchgeführt.

In IM-Meetings werden auch alle Änderungen im Hard- und Softwarebereich behandelt und auf mögliche Risiken hin betrachtet. Auch für Änderungen werden hier Termine, Zuständigkeiten und Prioritäten festgelegt und alle Beteiligten informiert.

Planung:

Erfassung aller Komponenten und Abhängigkeiten (Konfigurations-Management) für eine wirkungsvolle Risiko- und permanente Schwachstellenanalyse.

2.6 Service-Management

Aufgabenstellung:

Sicherstellen eines von den Benutzern und der EDV akzeptierten DV-Services.

Stand:

Mit den Online-Benutzern werden Service-Level-Agreement abgeschlossen.

Für neue Anwendungen sind die Entwickler verpflichtet, in den Konzeptionsphasen Mengengerüste, Peakzeiten, gewünschte Verfügbarkeit und Antwortzeiten zu ermitteln und mit dem Rechenzentrum auf Durchführbarkeit abzustimmen.

Das Berichtswesen wurde neu konzipiert. Basis sind Werte aus EREP, RMF, SMF, IMS-Log und diverse User-Sätze, die in die Datenbanken des Service Level Reporters (SLR) abgespeichert werden. Berichte werden in verschiedenen Abstufungen zur Verfügung gestellt.

Planung:

Konsequente Schwachstellen- und Performanceanalyse.

Nach Einsatz von IMS Rel. 2.2 (und der Verfügbarkeit von XRF) erwarten wir eine weitere Minimierung der Ausfallzeiten.

Weitere Verbesserung des Services bringen die Aufteilung der Online-Anwendungen auf mehrere Rechner und die im Kapitel "Kapazitätsmanagement" aufgeführten geplanten Punkte mit sich.

2.7 Kapazitäts-Management

Aufgabenstellung:

Bestimmung der benötigten Systemkapazität, um den geplanten Service zu erbringen.

Stand:

In den jährlichen Planungen für das EDV-Budget werden der künftig erforderliche Kapazitäts- und damit Resourcenbedarf unter Berücksichtigung der mit den Benutzern vereinbarten Serviceziele ermittelt.

Die Systembelastung wird laufend ermittelt und ausgewertet. Aus den Trendreports ist die Wachstumskurve erkennbar, eine frühzeitige Reaktion bei starken Abweichungen von den Kapazitätsvorhersagen ist damit möglich.

Vor umfangreichen Neueinführungen im Onlinebereich werden das Antwortzeitverhalten und der Durchsatz mit Hilfe von Simulationsprogrammen ermittelt.

Planung:

Bildung einer Arbeitsgruppe die alle erforderlichen Daten

- aus in der Entwicklung befindlichen Projekten
- aus von der Planung abweichendem Mengenwachstum und
- aus Anforderungen aufgrund technischem Update

und Ergebnisse aus dem laufenden Soll/Ist-Vergleich als Basis für die Kapazitätsplanung sammelt und zu verarbeitet.

2.8   Datensicherheit/Revision

Aufgabenstellung:

Planung, Entwicklung und Kontrolle von Methoden und Verfahren zur Benutzung und Speicherung von Daten nach bestimmten Kriterien.

Stand:

Mittels eines Zugriffskontrollsystems werden alle Zugriffe auf Dateien kontrolliert und protokolliert. Unberichtigte Zugriffe werden vom Datensicherheitsadministrator verfolgt.

Die Funktion des Datenschutzbeauftragten nach dem BDSG wird von einer beauftragten Firma wahrgenommen.

Die EDV-Revision des Hauses prüft in unregelmäßigen Abständen die EDV-Anwendungen im Hinblick auf die Einhaltung gesetzlicher Vorschriften und bankinterner Weisungen, erstellt Prüfsoftware bzw. setzt am Markt befindliche Pakete ein und führt Sicherheits- und Systemprüfungen im Rechenzentrum und im Bereich der MDT-Anlagen und PC' s durch.

Planung:

Während die Revision derzeit im wesentlichen die Prüfungen an abgeschlossenen Programmsystemen vornimmt, ist für die Zukunft die Projektbegleitung (ex ante - Revision) geplant, wobei die Revision den Umfang des Tätigwerdens selbst bestimmen wird.

3.0 Zusammenfassung

Was haben wir mit der Implementierung des Installation-Managements, vor allem im Bereich der Netzwerkkontrolle und -überwachung, erreicht?

Der Nutzen liegt in der qualitativen Verbesserung bei der Problemverfolgung und -diagnose und damit der Erhöhung sowie Stabilisierung des Servicegrades.

Die permanente Kontrolle des Netzes ermöglicht Präventivmaßnahmen, die eine schnelle Erkennung von Ursachen und eine rasche Behebung von Störungen ermöglichen.

Installation-Management besonders im Bereich der Netzwerkkontrolle und -überwachung ist ein permanenter Prozeß zur Sicherstellung des vom Benutzer akzeptierten Services in der Informationsverarbeitung.

IBIS

Intelligente Betriebsüberwachung mit integrierter Systemsteuerung

Detlev Kraft

Siemens AG, Bereich Datentechnik

8 München 83

IBIS ist ein auf SINIX-PC's ablauffähiges Programmsystem, das als Performance-Überwachungsplatz für den BS2000-Teilnehmer-/Teilhaberbetrieb eingesetzt wird. Dazu werden Meßwerte des Softwaremonitors SM2 von bis zu 12 BS2000-Systemen zu dem PC transferiert.

IBIS verdichtet die SM2-Meßdaten zu aussagekräftigen Grafiken und Steuerdaten. Dadurch sind die Meßwerte leicht zu interpretieren und Leistungsengpäße schnell festzustellen. Die Bedienung erfolgt mittels Menü-Technik, so daß keine speziellen SINIX- und SM2-Kenntnisse erforderlich sind. IBIS wird zur Zeit für interne Anwendungsfälle eingesetzt.

1. Einleitung

1.1 Problemstellung

In der industriellen Fertigung helfen Meßeinrichtungen die Produktion zu überwachen, Produktionsabläufe zu steuern, zu optimieren und die Qualität der Erzeugnisse zu überprüfen. Diese Aufgaben sind den Bereichen Processing und Controlling zugeordnet.

Analog findet man beim Einsatz von DV-Anlagen die Aufgaben Systemsteuerung und Optimierung, sowie die Überwachung der Servicevereinbarungen wie Responsezeiten und Durchsatz. Die zur Wahrnehmung der Aufgaben notwendigen Meßeinrichtungen in DV-Systemen sind die Softwaremonitore, z.B. der SM2 für das Betriebssystem BS2000.

Bei den heutigen Anforderungen an die DV-Produktion darf nicht viel Zeit zwischen dem Auftreten einer Leistungsminderung und deren Analyse vergehen. Zur unmittelbaren Auflösung von Engpässen müssen kontinuierlich Informationen über den Systemzustand ermittelt und bewertet werden. Die mit dieser Forderung verbundene Informationsflut und deren Komplexität kann bei dem Bedienpersonal zu Problemen führen, die sich u. a. in zu spätem Eingreifen äußern.

Zur Bewältigung derart komplexer Aufgabenstellungen sind deshalb weitgehend maschinelle Verfahren zur Unterstützung und Automatisierung einzusetzen.

1.2 Zielsetzung einer maschinellen Unterstützung

Eine Entlastung des Menschen bei seinen Beobachtungs- und Kontrollfunktionen läßt sich nur erreichen, wenn permanent eine Maschinen- und Auftragszustandsüberwachung erfolgt. Die wichtigsten Kriterien sind hierbei:

- Kontinuierliche Leistungsüberwachung: die wichtigsten Kenngrössen wie CPU-Auslastung, Ein-/Ausgabeaktivitäten, Speicherbelegung etc. müssen online verfügbar sein;

- Ausnahmealarm: wenn definierte Schwellwerte für wichtige Leistungsmerkmale unter- oder überschritten werden, soll eine Alarm ausgelöst werden;

- Informationsdarstellung mit Hilfe aussagekräftiger Grafiken: statt einer Vielzahl einzelner Meßgrößen sollen die wesentlichen Informationen zusammengefaßt und grafisch aufbereitet ausgegeben werden;

- Komfortable Bedienoberfläche: die Grundprinzipien einer benutzerfreundlichen Mensch-Maschine-Kommunikation sind durch Bildschirmmasken und Menüs mit festem Eingabemodus zu realisieren;

- Adaptive Steuerung: wenn möglich, sollen im laufenden Betrieb automatisch Prozeßparameter oder andere Kenngrößen identifiziert und daraus Regelparameter für die HOST-Resourcen berechnet werden;

- Simultane Vermessung mehrerer Systeme: die Leistungskenngrößen von mehreren Anlagen müssen simultan, kontinuierlich über beliebige Entfernungen erfaßt und nebeneinander verarbeitet werden können;

- Unabhängigkeit von der Version des Betriebssystems: das installierte Meßwerkzeug soll unabhängig von der Betriebssystemversion arbeiten können.

Ein klarer und übersichtlicher Aufbau der Bedien- und Beobachtungselemente hilft dem Bedienpersonal, sich auf das eigentliche Prozeßgeschehen zu konzentrieren und die richtigen Entscheidungen für einen Eingriff zu treffen.

2. Technische Realisierung

Kennzeichnend für eine neue Generation der industriellen Meßtechnik ist die Nutzung von Personal Computern (PC) für die Automatisierung durch komfortable Bedienung und Anzeige von Messungen. IBIS überträgt diese Entwicklung auf die Bereiche der Systemüberwachung und Systemsteuerung in der DV-Produktion.
Dem Softwaremonitor SM2 wird ein SINIX-PC zur online-Auswertung der Meßdaten nachgeschaltet. Die Ankopplung des PC's an den Verarbeitungsrechner erfolgt über ein TRANSDATA-Netz (Abb.1). In der Kombination mit dem PC präsentiert sich der Softwaremonitor als geschlossenes System mit verdichteter Ergebnisdarstellung, einheitlicher Bedienung, sowie mit der Möglichkeit, ein maschinell unterstütztes und automatisiertes Leistungsmanagement nach den vorgegebenen Kriterien zu realisieren.

Zu überwachende Verabeitungs-
rechner(HOST) unter BS2000.

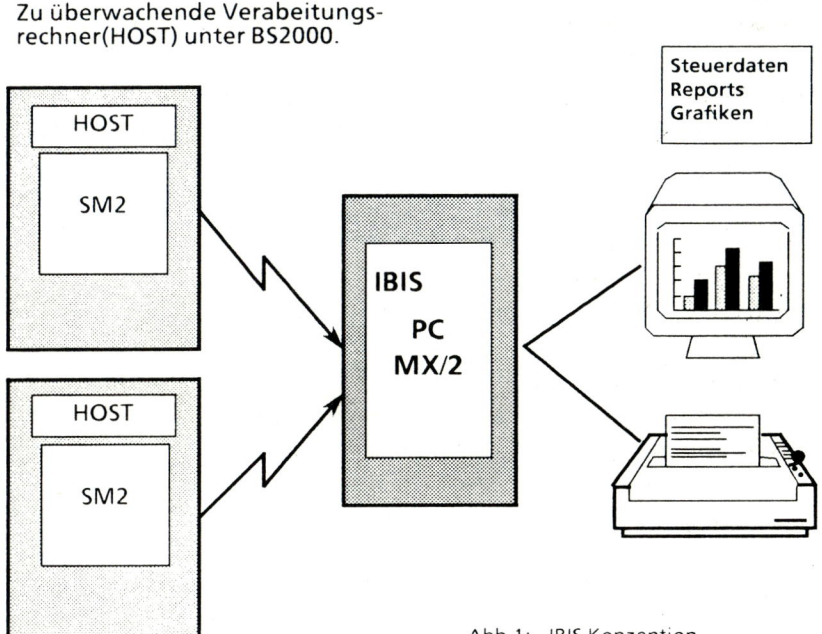

Abb.1:   IBIS Konzeption

3.   Funktionen

3.1   Kontinuierliche Leistungsüberwachung,Alarmierung

SM2 ist ein Monitor, der sehr vorteilhaft für kontinuierliche Messungen
von DV-Systemen eingesetzt werden kann. Der Monitor erfaßt Meßwerte und
gibt sie entweder an eine Datenstation oder satzweise in eine Datei aus.
Bei der Ausgabe der Meßwerte in eine Datei können Benutzerprogramme die
Daten zeitversetzt online auswerten. Der Zeitunterschied wird durch das
Schreibintervall der Monitorausgabe bestimmt. Dieser Wert ist als Parameter beim Monitorstart einstellbar [1].
IBIS nutzt die online-Zugriffsmöglickeit auf die Meßdatei (Abb.2). Über
ein Bedienermenü wird der zu überwachende Verarbeitungsrechner ausgewählt.
Anschließend baut ein Steuerprogramm mittels Filetransfer(FT) FT-SINIX
eine logische Verbindung über TRANSDATA zum BS2000-Zielrechner auf und
startet einen Collector-Task der die Aufgabe hat, die Werte des letzten
Meßintervalls aus der SM2-Meßwertedatei zu lesen.

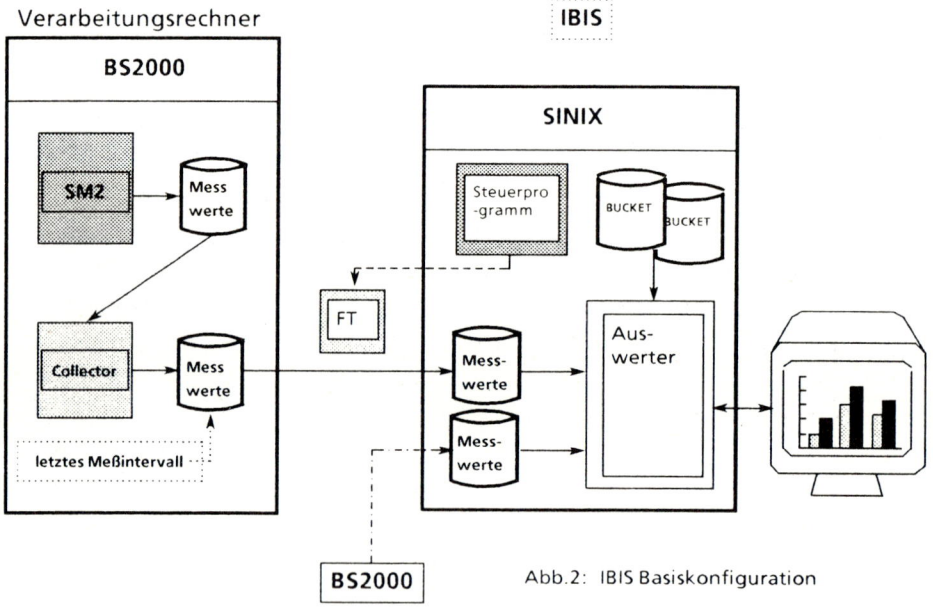

Abb.2: IBIS Basiskonfiguration

Dazu synchronisiert sich IBIS auf den Schreibzyklus des Softwaremonitors
ein. Nach jedem Abspeichern der Meßwerte des letzten Meßintervalls im HOST
wird eine Übertragung zum PC mit FT durchgeführt.

Im PC werden die Meßwerte Satz für Satz in einer Datei abgelegt, so daß ein 1:1-Abbild der Monitordatei entsteht. Es können Daten für bis zu 12 Verarbeitungsrechner simultan gesammelt werden.

IBIS bietet die Möglichkeit, Schwellwerte für alle Meßgrössen zu setzen. Die Schwellwerte sind in der BUCKET-Datei abgelegt, die wiederum beliebig oft mit verschiedenen Werten für diverse Lastfälle bzw. Verarbeitungsrechner angelegt werden kann (Abb.2).
Die eigentliche Überwachung der Verabeitungsrechner und die Alarmierung des Bedienpersonals erfolgt durch einen Hintergrundprozeß im PC, der die einlaufenden Meßwerte über ein einstellbares Intervall mittelt und die Ergebnisse gegen die Schwellwerte prüft.
Tritt eine Überschreitung der Schwellwerte auf, so werden die betroffenen Meßgrößen in einer Hitliste protokolliert und/oder ein akustischer Alarm ausgelöst. Die Funktion "Alarmierung und Überwachung" ist über ein Menü einschaltbar.
Die Prozesse arbeiten nach dem Start im Hintergrund, so daß der Bildschirm für eine andere Nutzung frei wird. Die Beendigung der Datenübertragung erfolgt automatisch nach Ablauf des im Startmenü vorgegebenen Überwachungszeitraumes oder selektiv über ein Stopmenü.

3.2 Informationsdarstellung mit Hilfe aussagekräftiger Grafiken

IBIS nutzt die grafischen Möglichkeiten des PC's, des Duckers PT88 (Bit-Image-Printing) und der Plotter C1601, C1603.
Über eine Menüführung werden die Auswertprogramme aufgerufen. Sie sind unterteilt in **Basisauswert-, Druck-, Plot- und Expertenprogramme**, die nachfolgend kurz vorgestellt werden.

Die **Basisauswerter** bieten im Dialog:

- eine numerische Anzeige auswählbarer Meßgrößen (Abb.3) und die grafische Darstellung der Verteilung der Meßwerte über einen beliebig zurückliegenden Zeitraum (Abb.4); dabei kann eine Schwellwertüberprüfung eingeschaltet werden, so daß nur grenzwertüberschreitende Meßgrößen ausgegeben werden. In Abbildung 3 zeigt der Stern hinter dem Wert der Meßgröße " MEAN TRANSACTION TIME " eine Überschreitung des gesetzten Schwellwertes an. Der Pfeil in der Bildschirmausgabe der Verteilungsgrafik (Abb.4) deutet auf den zugehörigen Schwellwert, hier $\geq 1{,}5$ Sekunden.

IBIS: Basisauswerter
Bildschirmanzeigen

```
SM2PC    (V705)           7.570-703           Messbeginn:  86-07-14  08:35
                                              Messende  :  86-07-14  15:25


P1 TIME                            all processors   (%)    :     21.275
P2 TIME                            all processors   (%)    :     18.383
P3 TIME                            all processors   (%)    :     30.432
IDLE TIME                          all processors   (%)    :     29.910
MEAN RESPONSE TIME(II) <= LIMIT                     (sec)  :      0.671
RESPONSE TIME(II) LIMIT                             (sec)  :     10.000
MEAN TRANSACTION TIME                               (sec)  :      2.012*
TRANSACTION TIME LIMIT                              (sec)  :     30.000
# OF ACTIVE TASKS                  SUM             (#TASK) :     31.663
# OF INACTIVE NOT READY TASKS      SUM             (#TASK) :     51.227
# OF ACTIVE TASKS                  SYS             (#TASK) :     13.328
# OF INACTIVE NOT READY TASKS      SYS             (#TASK) :     13.963
# OF ACTIVE TASKS                  DIALOG          (#TASK) :      9.178
# OF INACTIVE NOT READY TASKS      DIALOG          (#TASK) :     23.639
# OF ACTIVE TASKS                  BATCH           (#TASK) :      2.836
# OF INACTIVE NOT READY TASKS      BATCH           (#TASK) :     11.724
# OF ACTIVE TASKS                  TP              (#TASK) :      6.322
# OF INACTIVE NOT READY TASKS      TP              (#TASK) :      1.901


Report-#  oder  >e<
```

Abb.3: Numerische Anzeige der Meßgrößen mit Hinweis auf Schwellwertüberschreitung (*).

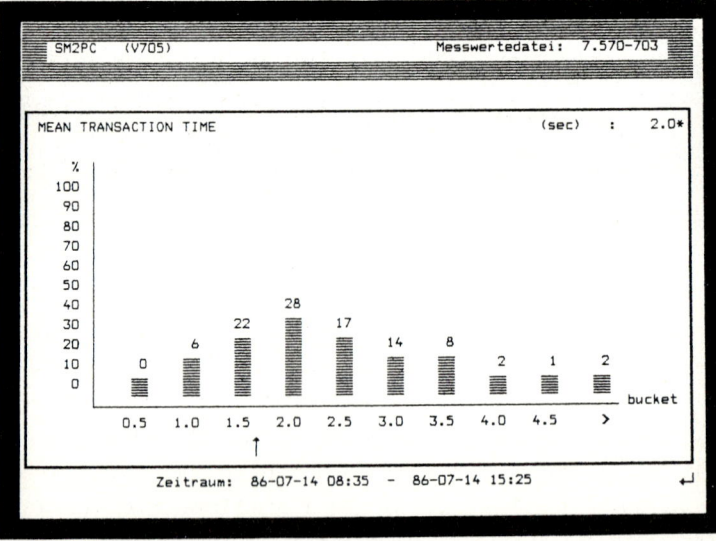

Abb.4: Verteilung der Meßwerte einer Meßgröße mit Anzeige des Schwellwertes (↑).

- eine grafische Darstellung der Auslastung/Belegung der wesentlichen Betriebsmittel CPU, ASP, Kanäle und Platten über das jeweils aktuelle Meßintervall oder einen beliebig zurückliegenden Zeitraum (Abb.5);

- Anzeige von Histogrammen zur Darstellung der Response- und Transaktionszeiten über maximal einen Tag (Abb.6);

Alle Bildschirmanzeigen der Basisauswerter sind über **Druckprogramme** als Papierausgaben reproduzierbar. Für Plotterausgaben von Histogrammen beliebiger Meßgrößen ist **ein Programm für** die **Plotter** C1601 und C1603 implementiert, es sind bis zu 5 Meßgrößen auf einem Chart kombinierbar.

Mit der Unterstützung durch die **Expertenprogramme** können:

- Kiviatgraphen [2] mit fester oder freier Zuordnung der Meßgrößen auf dem Drucker erstellt werden (Abb.7);

- Häufigkeitsdiagramme von beliebig ausgewählten Meßgrößen in einem rechtwinkligen Koordinatensystem auf dem PC-Bildschirm angezeigt und ein Näherungspolynom für den eventuellen funktionalen Zusammenhang eingeblendet werden. Zusätzlich sind die Korrelationskoeffizienten für die Meßwerte in der Anzeige mit enthalten (Abb.8). Eine Druckfunktion erlaubt die im Dialog erstellten Grafiken auf dem Papier abzubilden.

Die Auswertprogramme sind parallel zur laufenden Datenübertragung anwendbar, das kleinste Auswerteintervall ist gleich einem Meßintervall (≥ 10 Sek.) des SM2. Mit den unmittelbar verfügbaren Auswerteergebnissen wird das Bedienpersonal in die Lage versetzt, Engpäße frühzeitig zu entdecken und die richtigen Entscheidungen für einen Eingriff zu treffen. Die Benennung der Meßgrößen entspricht dem Standardauswerter SM2R1 des Softwaremonitors.

IBIS: Basisauswerter
Bildschirmanzeigen

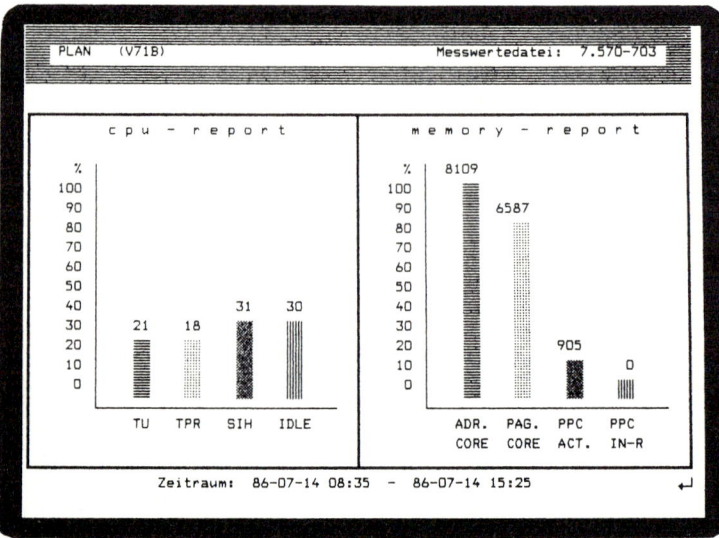

Abb.5: Darstellung der Auslastung/Belegung wesentlicher Betriebsmittel

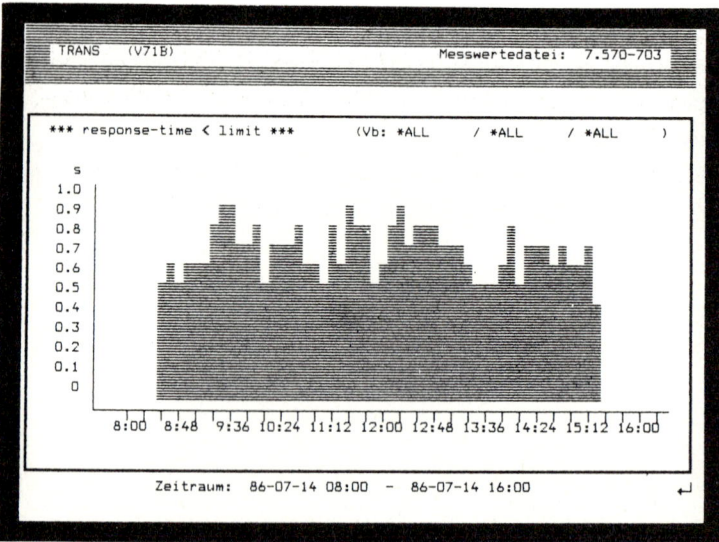

Abb.6: Histogramm der Responsezeiten

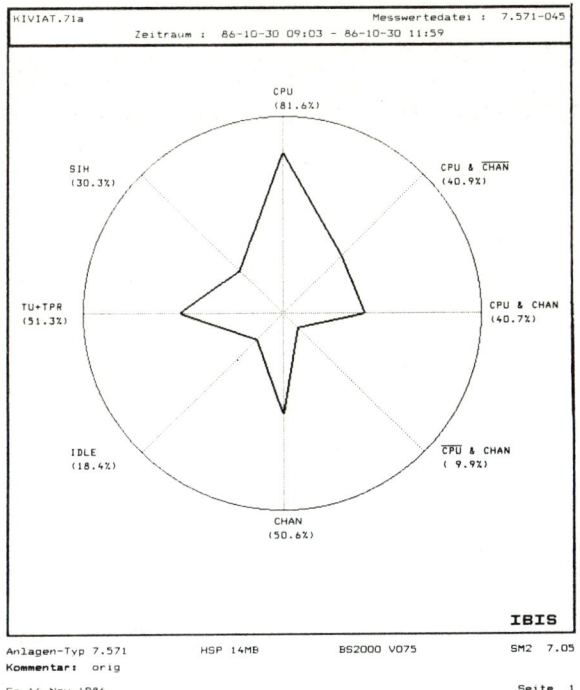

Abb.7: Kiviatgraph

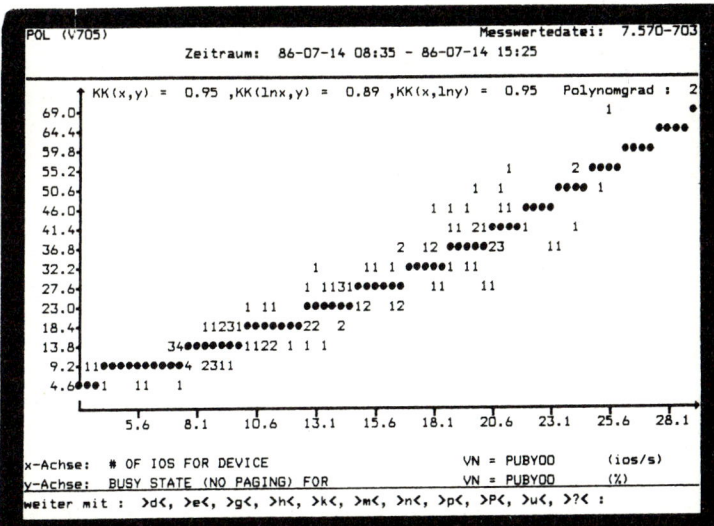

Abb.8: Häufigkeitsdiagramm
Bildschirmanzeige

Die Menüführung (Abb.9) ist so gestaltet, daß für die IBIS-Anwendung keine
speziellen SINIX-, SM2- und Filetransfer-Kenntnisse erforderlich sind.
HELP-Menüs bieten zu jeder Anwendung ausführliche Informationen.

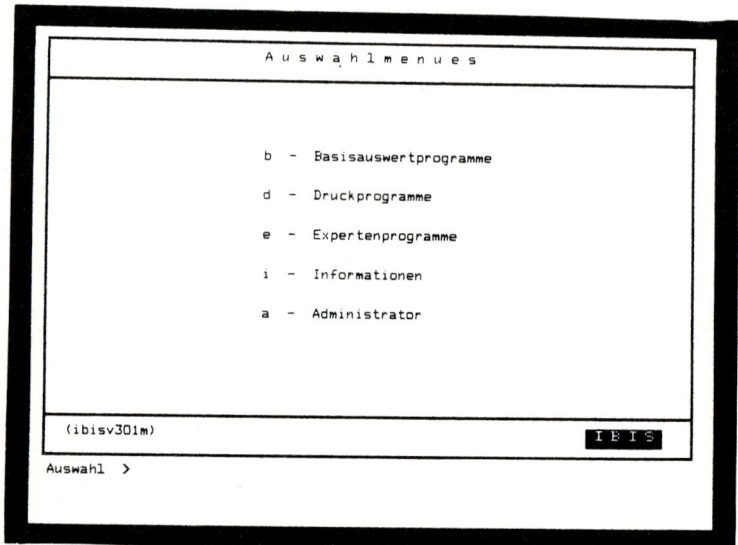

Abb.9: Beispiel Menübildschirm

3.3 Adaptive Steuerung

Häufig treten in den zu überwachenden Anlagen kurzfristig Leistungsminde-
rungen auf, denen durch Veränderung von Systemparametern entgegengewirkt
werden kann. IBIS versucht, durch die Anwendung von vorgegebenen Strategien und laufender Bewertung des IST-Zustandes die Systemleistung zu optimieren. Voraussetzung ist jedoch, daß die Systemparameter dynamisch änder-
bar sind und die Auswirkungen der Änderung feststellbar werden (Wesen der
adaptiven Steuerung). Als Beispiel steht hier die Unterstützung des Ein-
/Ausgabesystems (Abb.10) durch den Plattenzugriffspuffer (Disk Access
Buffer = DAB):

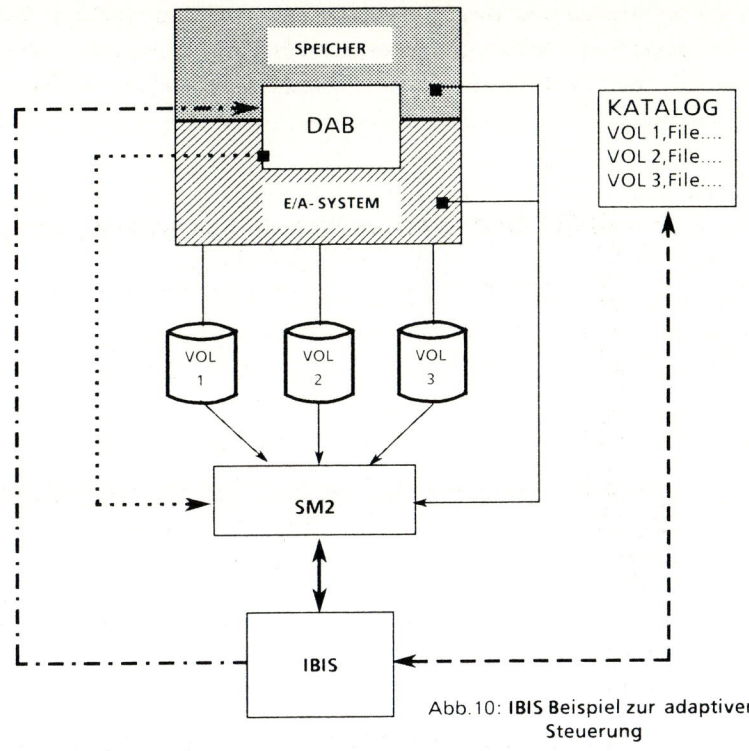

Abb.10: **IBIS** Beispiel zur adaptiven
Steuerung

Durch eine laufende Schwellwertüberprüfung der Meßwerte wird z.B. eine
sehr hohe E/A-Rate auf einem Plattenspeicher festgestellt. Aufgrund der
implementierten Strategie überprüft IBIS die zugehörigen Meßgrößen, wie
Gerätewarteschlange, schaltet die detaillierte Plattenstatistik des SM2
ein und holt sich mittels der Meßdaten Informationen über Dateinamen und
Benutzer aus dem Dateikatalog. Sind Lesezugriffe die Ursache der Platten-
auslastung, wird geprüft, ob von der Speicherbelegung und der Prozessor-
auslastung her eine Übernahme der Datei in den Disk Buffer durchgeführt
werden kann. Im Falle der Übernahmeentscheidung schickt IBIS direkt an das
HOST-System die entsprechenden Anweisungen in Form von Kommandos und Parametern für den DAB.

3.4 Simultane Vermessung mehrerer Systeme unabhängig von der
Betriebssystemversion

Der Anschluß des PC's an ein TRANSDATA-Netz ermöglicht den Zugriff auf
alle im Netz erreichbaren Verarbeitungsrechner. Die Meßwerteübertragung

kann für bis zu 12 Verarbeitungsrechner simultan erfolgen, begrenzt durch die maximal mögliche Anzahl gleichzeitiger Prozesse unter einer Benutzerkennung in SINIX. Im PC werden die Meßdaten der überwachten Anlagen in anlagenspezifischen Dateien angereichert. Die Alarm- und Überwachungsfunktion ist für jeden HOST mit einer eigenen Schwellwertvorgabe verfügbar. Ein spezielles Auswertprogramm ermöglicht den numerischen Meßwertevergleich von bis zu 4 Verarbeitungsanlagen über das aktuelle Meßintervall oder einen beliebigen zurückliegenden Zeitraum (Abb.11).

Die Übertragungsfunktion des FT ist unabhängig von der Betriebssystemversion (ab BS2000 V7.5). Die zur jeweiligen SM2-Version gehörigen Auswertprogramme werden automatisch im PC gestartet.

VGL (71B) Report ** CPU **		7.571-001	7.570-002	7.570-003	7.590G-00
TU	(%)	34.52	1.28	4.86	22.84
TPR	(%)	23.08	7.90	15.94	37.40
SIH	(%)	28.50	6.41	11.87	23.16
IDLE	(%)	13.90	84.41	67.33	16.60
# TASKS IN CPU-Q (SUM)	(#TASK)	2.89	1.07	1.31	4.59
# TASKS IN CPU-Q (SYS)	(#TASK)	0.01	0.97	1.01	1.01
# TASKS IN CPU-Q (DIALOG)	(#TASK)	1.81	0.10	0.09	2.02
# TASKS IN CPU-Q (BATCH)	(#TASK)	1.05	0.00	0.20	1.46
# TASKS IN CPU-Q (TP)	(#TASK)	0.02	0.00	0.01	0.09
CPU OVERLAP STATE ANY CHA	(%)	42.23	0.00	7.76	42.36
BUSY STATE ANY CHA	(%)	50.64	0.00	20.12	51.89
CPU OVERLAP STATE ANY DEV	(%)	70.98	8.08	16.43	82.04
BUSY STATE ANY DEV	(%)	83.26	28.00	43.85	98.98
LOW UTILIZATION (CPU)	(%)	19.45	92.74	85.16	25.08
MEDIUM UTILIZATION (CPU)	(%)	68.53	3.81	8.96	71.07
HIGH UTILIZATION (CPU)	(%)	4.87	0.00	0.00	3.85
# ACF LONG INVOCATIONS	(1/SEC)	0.53	0.58	0.63	0.60
# SYSTEM SERVICE RUNOUTS	(1/SEC)	1.13	0.16	0.25	1.82
# ACF SHORT INVOCATIONS	(1/SEC)	5.01	3.58	3.77	6.58
# ACTIVATIONS	(1/SEC)	5.02	3.65	3.81	6.58
# TIME SLICE INTERRUPTS	(1/SEC)	34.08	4.83	9.96	18.47
Zeitraum: 86-07-14 08:00 - 86-07-14 12:00				weiter:	s,c,m,i,r,e

Abb.11: Bildschirmausgabe mit den Meßwerten für bis zu 4 HOST's.

4. Erfahrungen

IBIS ist seit zwei Jahren u.a. im System-Testzentrum erfolgreich im Einsatz. In diesem Zeitraum konnte der Aufwand für Leistungsanalysen um 70% gesenkt werden.

Bereits mit den ersten Versionen, die im wesentlichen die grafischen Meßwertedarstellungen ermöglichten, wurde eine hohe Akzeptanz erzielt. Als besondere Hilfen erwiesen sich die reduzierte Datenausgabe aufgrund der Schwellwerteüberwachung und die Kiviatgraphen.

Seit ca. 1/2 Jahr befindet sich der Teil adaptive Steuerung in der Erprobung. Die erfolgversprechenden Ergebnisse mit der DAB-Steuerung auf sehr großen Teilnehmeranlagen ermutigen zum Einsatz weiterer Steuerroutinen wie z.B. für das Job/Taskmanagement.

Es ist geplant die Fülle neuer Ideen und Anregungen aus den praktischen Einsätzen in weitere IBIS-Versionen einzubringen; Schwerpunkt wird der Bereich Steuerung und Berichtswesen.

Literatur

[1] SIEMENS
    SM2 (BS2000) V7.1/V7.2 Beschreibung

[2] Ferrari D.,Serazzi G.,Zeigner A.
    Measurement and Tuning of Computer Systems
    ISBN 0-13-568519-2

Anwenderorientierte Messungen in verteilten Datenverarbeitungssystemen

Wolfgang Stahl

(Fachbereich Informatik Universität Hamburg)

Zusammenfassung:

Für den Endbenutzer eines verteilten Datenverarbeitungssystems ist neben der gesicherten Funktionalität und einer hohen Verfügbarkeit insbesondere wichtig, daß das System hohen Durchsatz und/oder kurze Antwortzeiten ermöglicht. Um derartige Benutzeranforderungen zufrieden zu stellen, muß der Netzbetreiber über Möglichkeiten verfügen, Engpässe in dem von ihm betriebenen Rechnernetz zu erkennen.

Abhängig von der Art der Benutzeranforderungen, der Struktur des zugrundeliegenden Kommunikationssystems, sowie der verwendeten Hardware sind Engpässe an unterschiedlichen Stellen zu erwarten. So sind lokale Rechnernetze häufig auf der Basis einer breitbandigen Leitungsschicht realisiert, die im allgemeinen keinen Engpaß darstellt, da sie meist mit einer relativ niedrigen Auslastung betrieben wird. Daher wird die Leistungsfähigkeit lokaler Rechnernetze häufig durch die angeschlossenen Stationen limitiert. Bei der Benutzung des öffentlichen DATEX-P Netzes im Falle von (über)regionalen Rechnernetzen bildet die Anschlußleitung an den lokalen Paketvermittlungsrechner einen potentiellen Engpaß, während bei gekoppelten Rechnernetzen z.B. der Gateway-Rechner eine kritische Stelle ist.

Durch den Einsatz von Software/Monitoren [4], also Meß-Programmen zur Erfassung von Zuständen in Objektrechnern und -programmen, wobei das Meßprogramm (quasi-)simultan im Objektrechner abläuft, können viele interessierende Charakteristika eines Kommunikationssystemes erfaßt werden. (vgl. [1], [3], [5]) Die Meßresultate gestatten einerseits eine direkte Engpaßanalyse für das vermessene System; andererseits können die gemessenen Werte zur Kalibrierung bzw. späteren Validierung detaillierter Simulationsmodelle des Kommunikationssystems benutzt werden.

Es sollen prinzipielle Möglichkeiten und Grenzen von Messungen in verteilten Datenverarbeitungssystemen erläutert werden. Exemplarisch werden dann einige Meßexperimentserien (sowohl für den Bereich des Kommunikationssystems als auch der daran angeschlossenen Arbeits- rechner) vorgestellt.

So wurden im Rahmen einer entwurfsbegleitenden Leistungs- untersuchung für die Integration von lokalen Rechnernetzen mit XNS-Architektur in das Deutsche Forschungsnetz (DFN) DATEX-P Teilstrecken bezüglich der Paketlaufzeiten vermessen. Hierbei wurde z.B. eine deutlich verringerte Paketlaufzeit gegenüber den posteigenen Messungen [2] von 1984 ermittelt. Weitere Messungen bezogen sich auf den Betriebsmittelbedarf der Kommunikationssoftware in den Arbeitsrechnern der betrachteten Rechnernetzkonfiguration. Diese Meßdaten dienten anschließend zur Kalibrierung von Simulationsmodellen der untersuchten Rechnerkopplung.

Literatur:

[1]   Ferrari, D.; Serazzi, G.; Zeigner, A.
        Measurement and Tuning of Computer Systems
        Englewood Cliffs, Prentice-Hall, 1983

[2]   Fernmeldetechnisches Zentralamt
        Dienstgüteuntersuchungen im DATEX-L Netz und im DATEX-P Netz
        Bericht Nr. FTZ 44 TBr 97, Darmstadt, Februar 1985

[3]   Heidelberger, P.; Lavenberg, S.
        Computer Performance Evaluation Methodology
        IEEE Transactions on Computers, Vol. 12, No. 12, (1984)

[4]   Klar, R.
        Hardware/Software Monitoring
        Informatik-Spektrum, Band 8, Heft 1, (1985)

[5]   Pawlita, P.
        Traffic Measurements in Data Networks,
        Recent Measurement Results, and Some Implications
        IEEE Transactions on Communications, Vol. 29, No. 4, (1981)

Auf dem Weg zum ISDN?
Erfahrungsbericht von der Inbetriebnahme/dem Betrieb einer PABX (Nixdorf DVS 8818) an der TU-Berlin

Thomas Luckenbach

Technische Universität Berlin

Kurzfassung

Der folgende Bericht beschreibt die Einsatzmöglichkeiten einer digitalen Untervermittlungsanlage (engl.: Private Automatic Branch EXchange, **PABX**) als Datenvermittlungsknoten in einem Umfeld, das geprägt ist von einer relativ großen Vielfalt an verschiedenartigen Endgeräten. Hierfür wird zunächst das Umfeld, in dem die PABX eingesetzt wird, näher beschrieben um dann die sich ergebenden Aufgaben zu erläutern. Die Funktionsweise der eingesetzten PABX, einem "Digitalen Vermittlungs-System **DVS 8818**" der Firma Nixdorf, wird beschrieben und die einzelnen Schritte bei der Inbetriebnahme dieser 8818 werden skizziert. Hierbei wird insbesondere auf die Terminal Adapter (TA's), die für den Anschluß digitaler Endgeräte notwendig sind, eingegangen. Abschließend wird der derzeitige Ausbau der 8818 beschrieben und auf die Frage eingegangen, inwiefern der Einsatz eines DVS 8818 einen Schritt in Richtung ISDN darstellt.

1. Wer oder was ist KBS?

Die Gruppe Kommunikations- und Betriebssysteme (**KBS**) an der TU-Berlin beschäftigt sich in Lehre und Forschung schwerpunktmäßig mit der Entwicklung von Betriebssystemen – als jüngstes Ergebnis ist hier ein für den PC-Bereich geeignetes Multi-User und UNIX-look-alike Betriebssystem zu nennen – und der Realisierung von Kommunikationssystemen im Bereich X.25, Teletex, Bildschirmtext, ISDN und MHS. Neben den projektorientierten Arbeiten in den oben genannten Gebieten werden Grundlagen-Lehrveranstaltungen in den Bereichen PC-Technologie, Text-Technologie, nebenläufige Prozesse und UNIX angeboten. Insgesamt betreut die Gruppe KBS mit einem Personalstamm von einem Hochschullehrer, einer Hochschulassistentin, einer Sekretärin, einer Programmiererin, 12 wissenschaftlichen Mitarbeitern und ca. 10 Tutoren pro Jahr ca. 600-800 Studenten in den Lehrveranstaltungen und ca. 80-100 Studien- und Diplomarbeiten. Hierfür stehen 5 UNIX-Systeme (M68000 und M68020) mit verschiedenen UNIX-Versionen (System V, Version 7, MUNIX V7, 4.2BSD), ca. 6 PC's (IBM-XT, AT, Sperry und Olivetti) und insgesamt ca. 35 Bildschirmarbeitsplätze (überwiegend KDE820, MDL110, QUME sowie 2 VT100 kompatible Terminals) zur Verfügung.

Für den Anschluß der Terminals an die zentral aufgestellten UNIX-Rechner sind die einzelnen Büroräume jeweils mit einer und die Terminal- und Projekträume mit mehreren 8-adrig geführten Kupferleitungen an einen (von vier pro Hausetage) "Verteilerstern" angeschlossen, von dem aus mehrere hundert Kupferadern in den "Rechnerraum" führen. In diesem Rechnerraum widerum gibt es mehrere "Steckbretter" mit insgesamt ca. 100 8-poligen Anschlußdosen (ADO-8), von denen schließlich Verbindungen zu den einzelnen, asynchronen Terminal-Schnittstellen der versch. Rechner führen. Die Entfernung zwischen Terminal und Rechner beträgt hierbei im ungünstigsten Fall ca. 50 Meter, wobei durch die Kabelführung über den Verteilerstern ca. 15 Meter hinzukommen, so daß die Länge der "V.24-Leitung" im ungünstigsten Fall bei ca. 65 Meter lag. Diese Leitungslänge (und die Qualität der Leitungen und Verbindungen) führt beim asynchronen Betrieb mit einer Übertragungsrate von 9.600 bit/s zu gelegentlichen Übertragungsfehlern. Wesentlich schwerwiegender als diese gelegentlichen Übertragungsfehler war jedoch das Problem, daß die einzelnen Rechner schwerpunktmäßig einer Aufgabe zugeteilt sind – z.B.

- A-Maschine für den Übungsbetrieb
- B-Maschine für Projektarbeit
- C-Maschine für Textverarbeitung
- D-Maschine für Teleconferencing, ...

– insbesondere das wissenschaftliche Personal jedoch auf allen Maschinen arbeiten mußte. Dies führte nicht nur zu einem regen Verkehr zwischen den einzelnen Büros ("... *ist Dein Terminal an der*

C-Maschine? Meines hängt an der B-Maschine, ich muß aber heute noch unbedingt einen Bericht schreiben!"), sondern zeitweise auch zu dem Versuch, Flexibilität durch "umstecken" im Rechnerraum zu erreichen. Angesichts der Vielzahl von Anschlußdosen, des völligen "Kabelsalats" und z.T. auch durch menschliches Fehlverhalten, endete dieser Versuch einer "Handvermittlungs-Anlage" sehr schnell.

2. Aufgaben einer PABX

Die Erhöhung der Flexibilität der einzelnen Bildschirmarbeitsplätze hinsichtlich der Nutzung der verschiedenen Rechner war somit eine der Aufgaben, die duch den Einsatz einer digitalen Untervermittlungsanlage zu erfüllen war. Mit dem Erreichen dieser Flexibilität war gleichzeitig die Hoffnung verknüpft, daß die bis dato übliche redundante Datenhaltung durch die einzelnen Benutzer auf den versch. Rechnern beendet und damit das Problem der völlig überlasteten Hintergrundspeicher ansatzweise gelöst werden könnte. Die redundante Datenhaltung ist durch den Einsatz einer PABX tatsächlich weitgehend abgestellt worden – unsere Platten sind jedoch längst wieder voll!

Ein weiteres Ziel beim Einsatz einer PABX in der Gruppe KBS war es, Forschungsergebnisse, die in Form von Software auf bestimmten Rechnern vorlagen, der "Allgemeinheit" zugänglich zu machen. Diese Forschungsergebnisse waren im einfachsten Fall hilfreiche UNIX-Utilities und reichten bis zu komplexen X.25 und TELETEX-Implementen auf PC's oder einem Teleconferencing-System unter UNIX. Der Anschluß der jeweiligen Rechner an eine PABX sollte jedem Benutzer, der ebenfalls mit "seinem" Terminal an diese PABX angeschlossen war, die Nutzung dieser Systeme/Utilities ermöglichen. Schließlich gab es auch noch das "akademische" Interesse am Aufbau, der Funktionsweise und der Leistungsfähigkeit moderner digitaler Untervermittlungsanlagen, das die TU-Berlin zum Kauf einer solchen veranlaßte. Diese Entscheidung schien auch richtig hinsichtlich der besonderen Rolle digitaler Untervermittlungsanlagen bei der Realisierung eines Integrated Services Digital Network (ISDN), dessen Bedeutung im Bereich der Informatik und insbesondere im Bereich der Kommunikationstechnik seinerzeit schon klar war.

Die Entscheidung für den Kauf des Nixdorf Systems DVS 8818 kann auf viele Arten gerechtfertigt werden – letztendlich ausschlaggebend war die Lieferfähigkeit, die nicht nur zum damaligen Zeitpunkt den meisten anderen Anbietern Probleme bereitete!

3. Was ist die 8818?

Das DVS 8818 ist eine digitale Untervermittlungsanlage, die in erster Linie für den Einsatz im Telefonie-Bereich konzipiert wurde, jedoch aufgrund einer Vielzahl von Schnittstellen-Typen auch den Anschluß von Rechnern und Terminals gestattet. Das DVS 8818 besteht aus einem Zentralschrank mit verschiedenen Einschüben, einem Systemterminal zur Konfiguration und Wartung und den Terminal-Adaptern mit den jeweiligen Teilnehmer-Schnittstellen (siehe Abb. 1).

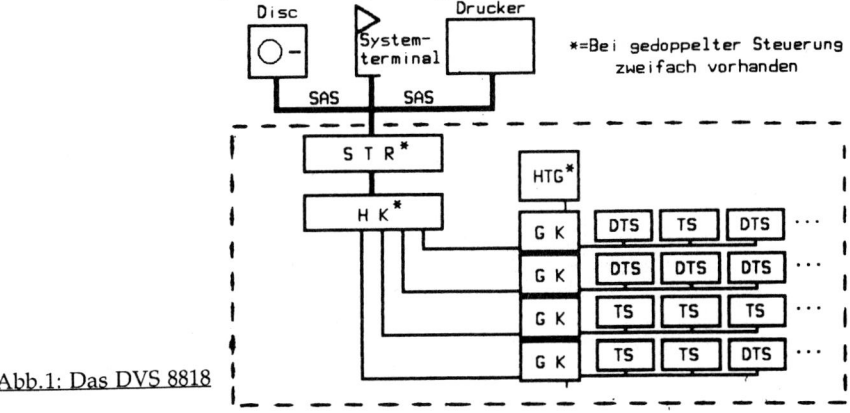

Abb. 1: Das DVS 8818

Die Grundlage für den Hardware-Aufbau der 8818 bildet das im Zeitmultiplex-Verfahren (engl.: Time Division Multiplex, **TDM**) über den 8 bit breiten Informations-Bus der 8818 realisierte Koppelfeld. Aufgabe dieses Koppelfeldes ist es, zwischen den einzelnen Einschüben innerhalb des Systemschrankes 64 kbit/s Duplex-Verbindungen herzustellen, die gemäß dem "A-Gesetz" von Shannon mit einer Frequenz von 8 KHz betrieben werden müssen, d.h. für eine Verbindung von A nach B muß 8000 mal pro Sekunde ein Informations-Byte von A nach B und ein Byte von B nach A transferiert werden. Man spricht hier von **zwei** Zeitschlitzen innerhalb eines Zeitrahmens von 125μs (1/8KHz), die notwendig sind, um **eine** 64Kbit Duplex-Verbindung über den 8 Bit breiten Bus zu realisieren. Um nun mehr als eine Verbindung realisieren zu können, wird das Koppelfeld der 8818 mit einer Frequenz von 2.048MHz betrieben, so daß innerhalb eines Zeitrahmens 256 Zeitschlitze (a 488 nanosec) zur Verfügung stehen, von denen 10 Zeitschlitze für interne Zwecke verwendet werden und die verbleibenden 246 für die mögliche Maximalzahl von 123 gleichzeitigen Verbindungen zur Verfügung stehen (siehe Abb. 2). Diese Kapazität einer PABX bezeichnet man auch als Verkehrswert, der in der Einheit "*ERLANG*" ausgedrückt wird. Die 8818 der TU-Berlin hat somit einen Verkehrswert von 123 ERLANG.

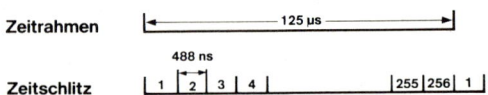

Abb. 2: Zusammenhang zwischen Zeitrahmen und Zeitschlitz

Um das Koppelfeld herum befinden sich die einzelnen Einschübe, die sogenannten Anschlußorgane, für den Anschluß digitaler Endeinrichtungen (die **Digitalen Teilnehmer Schaltungen, DTS**), die jeweils vier Duplex-Kanäle a 64Kbit/s zur Verfügung stellen sowie die **Teilnehmer Schaltungen (TS)**, die den Anschluß von bis zu acht analogen Endeinrichtungen/Telefonen ermöglichen. Neben diesen Anschlußorganen enthält der Zentralschrank den Steuerrechner (**STR**) mit einem Z80-Prozessor und 512KByte RAM, den Hauptkoppler (**HK**), mehrere Gruppenkoppler (**GK**), einen Hörtongenerator (**HTG**) sowie evtl. weiterer Einschübe wie z.B. einen Konferenzeinschub. Die gesamte Hardware, einschließlich der TA's, ist in Z80-Technologie aufgebaut.

Auf dem STR läuft die gesamte Vermittlungssoftware der 8818 sowie in einem speziellen Overlay-Bereich die Utility-Software, die an der Systemkonsole, bestehend aus einem Bildschirm mit Tastatur, einem Drucker sowie zwei Floppy-Laufwerken, zur Verfügung steht. Die Kommunikation zwischen dieser Systemkonsole und dem STR erfolgt über eine Nixdorf-spezifische Schnittstelle, die **serielle Arbeitsplatz-Schnittstelle, SAS**. Der HK tastet über einen seriellen Befehls-Bus alle Anschlußorgane zyklisch ab und leitet Statusänderungen, die er nicht selbst interpretieren und behandeln kann, an den STR weiter. Aufgabe der GK ist es im wesentlichen, ein evtl. Fehlverhalten eines der Anschlußorgane einer Gruppe festzustellen und diese Gruppe daraufhin abzumelden, so daß sich eine Störung nicht auf das gesamte System auswirkt. Der HTG hat neben der Aufgabe der Generierung der verschiedenen Töne für Fernsprecheinrichtungen (Frei-Zeichen, Besetzt-Zeichen,…) – die in den erwähnten 10 Zeitschlitzen für interne Zwecke kontinuierlich auf dem Info-Bus liegen – auch die Aufgabe der Taktgenerierung (8KHz und 2,048MHz) für die Realisierung des TDM-Koppelfeldes.

Die verschiedenen TA's der Firma Nixdorf, die letztendlich die für den Anschluß digitaler Endeinrichtungen notwendigen Schnittstellen zur Verfügung stellen, lassen sich wie auf der folgenden Seite dargestellt klassifizieren.

	Synchron X.21	Asynchron V.24	Erklärung
1 Datenkanal & 1 Sprachkanal	DSX	DSVA IDSV	D = Daten S = Schnittstelle
2 Datenkanäle	GSXI GSXE	GSVA	V = V-Serie A = Asynchron G = Geräte X = X-Serie I = Intern E = Extern

Auf die TA's mit synchroner X.21 Schnittstelle soll hier nur kurz eingegangen werden, da diese TA's im TU Betrieb derzeit nicht eingesetzt werden. Es handelt sich hierbei um TA's, die mit oder ohne das Nixdorf-Komfort-Telefon (**Digifon**) mit einer maximalen Datenrate von 48Kbit/s an der Teilnehmer-Schnittstelle betrieben werden können und sich jeweils in der Behandlung der Wahlinformation, der Schnittstellenleitungen sowie in dem internen Abtast-Verfahren unterscheiden. Das **GSXI** ist für den Anschluß von TELETEX-Endgeräten an die 8818 entwickelt worden, während das **GSXE** den Anschluß der 8818 an das TELETEX-Netz unterstützt. Da es nicht möglich ist, über die 8818 eine Verbindung zwischen einer synchron angeschlossenen und einer asynchron angeschlossenen Endeinrichtung herzustellen und die Bildung von "geschlossenen" Benutzergruppen an der 8818 vermieden werden sollte, wurden an der TU ausschließlich TA's eingesetzt, die asynchrone "V.24"-Schnittstellen anbieten.

Der **DSVA** Terminal Adapter ist für den Anschluß eines Digifons und einer zusätzlichen Endeinrichtung (Terminal oder Rechner) konzipiert, wobei der Auf-/Abbau des Datenkanals von der entsprechenden Endeinrichtung selbst durchgeführt wird. Der **IDSV**-TA ist ebenso nur in Verbindung mit dem Digifon einzusetzen, der Auf-/Abbau der Datenverbindung erfolgt hier jedoch über eine Sondertaste am Digifon selbst. Der **GSVA**-TA stellt zwei V.24-Schnittstellen zur Verfügung und kann unabhängig vom Digifon betrieben werden. Die Übertragungsgeschwindigkeit der asynchronen TA's liegt bei 9.6Kbit/s an der Teilnehmer-Schnittstelle – höhere Übertragungsraten führen aufgrund des im TA verwendeten Abtastverfahrens zu Übertragungsfehlern.

Jeder dieser TA's kann, abhängig von der EPROM-Software als *Rechner-TA* oder als *Terminal-TA* fungieren. Ein Rechner-TA unterstützt den Anschluß von Rechnern an die 8818 und weist hierfür Merkmale auf wie:

- kein Eingabe-Echo
- kein Benutzer Menue
- Aufbau-Sequenz ist "SOH STX +"

Ein Terminal-TA ist hier wesentlich komfortabler und begrüßt den Benutzer mit einem freundlichen Nixdorf-Logo, das Datum, Uhrzeit und eine Wahlaufforderung enthält. Voraussetzung hierbei ist allerdings, daß der Benutzer mit einem VT100 oder kompatiblen Terminal an den TA angeschlossen ist – andernfalls sieht die Ausgabe des TA eher verwirrend aus!

Die Übertragung der Information zwischen TA und DTS (an jede DTS können zwei TA's angeschlossen werden) erfolgt im Zeit-Getrennt-Lage Verfahren (engl.: Time Compression Multiplexing, TCM) – auch als *"Ping-Pong Verfahren"* bezeichnet – über eine Kupfer-Doppel-Ader, d.h. über eine normale Telefonleitung, die bis zu 700m lang sein darf. Die Kanalstruktur auf dieser TCM-Strecke sieht zwei Kanäle a 64Kbit/s für die Benutzer-Information vor und zwei Steuerkanäle a 8Kbit/s. Die Notwendigkeit der 64Kbit/s-Kanäle ergibt sich aus der eigentlichen Aufgabe der 8818, dem Vermitteln von Sprachverbindungen. Gemäß dem A-Gesetz von Shannon muß für die Übertragung digitalisierter Analogsignale (d.h. hier PCM-codierter Sprache) mit einer Abtastfrequenz gearbeitet werden, die mindestens doppelt so hoch ist wie die maximale Frequenz im Analogsignal. Diese Frequenz liegt im herkömmlichen Fernsprech-Netz bei 3.400 Hz, so daß man sich international auf eine Abtastfrequenz von 8 KHz geeinigt hat, was bei einem 8-bit PCM-Code zu einem 64Kbit/s Kanal führt. D.h. alle 125μs muß pro Verbindung die über einen TA geschaltet ist 1 Byte vom TA zur DTS gesendet werden und 1 Byte von der DTS empfangen werden. Zusätzlich muß Steuer- und Synchronisations-Information übertragen werden, was zu der in Abb.3 dargestellten "Burst-Struktur" zwischen TA und DTS führt.

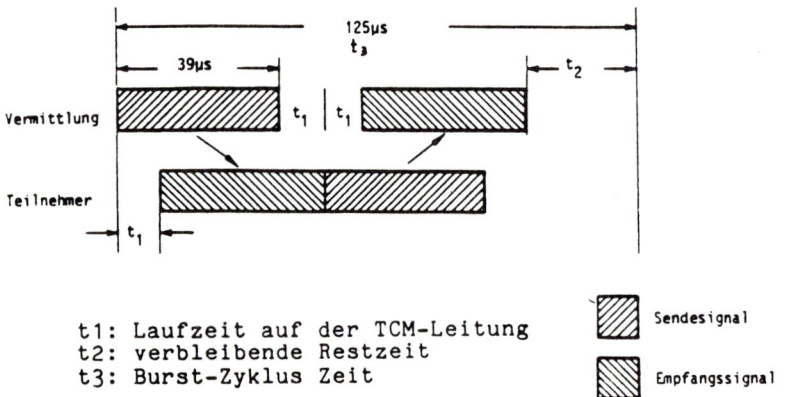

t1: Laufzeit auf der TCM-Leitung
t2: verbleibende Restzeit
t3: Burst-Zyklus Zeit

Sendesignal

Empfangssignal

Ein einzelner Burst umfaßt 20 Bit, die sich wie folgt zusammensetzen:

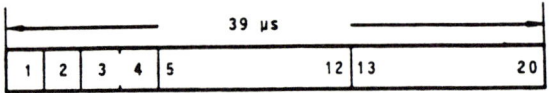

Bit 1   : Start-Bit (immer "high")
Bit 2   : Synchronisations-Bit (jeden 8. Burst auf "high")
Bit 3   : D1-Kanal   8 kbit/s
Bit 4   : D2-Kanal   8 kbit/s
Bit 5-12 : B1-Kanal   64 kbit/s
Bit 13-20 : B2-Kanal   64 kbit/s

Abb.3: Burst-Struktur auf der TCM Strecke

4. Installation der 8818

Größtes Problem bei der Installation der 8818 war die sogenannte Konfiguration, die von der Systemkonsole aus durchzuführen ist und im Anlegen einer Datei (DVSDAT) resultiert, die den gesamten teilnehmerspezifischen Ausbau beinhaltet. Im Zuge dieser Konfigurationsarbeiten mußte u.a. die Anzahl der "QVL" – unterschieden nach Haus- und Amtsverkehr sowie kommend und gehend – festgelegt werden, die Frage der "Amtsanlassung mit Erdtaste" geklärt werden, die Rufnummern der drei verschiedenen "Wartekreise" sowie die "Anzahl der Hunderterblöcke auf dem Besetzmonitor" festgelegt werden sowie die verschiedenen Berechtigungsklassen, Leistungsmerkmale und Sperrbereiche konfiguriert werden. Diese kleine Auswahl aus den mehreren hundert Parametern, die bei der Konfiguration festgelegt werden müssen, soll die Probleme andeuten, die gelernte Informatiker, die in der Regel nicht aus dem Telefoniebereich kommen, bei der Inbetriebnahme einer PABX haben.

Erschwerend kam hinzu, daß die Fehlermeldungen bei unkorrekten Eingaben oder bei Eingaben, die zu einer Inkonsistenz der Datei führen würden, oftmals nicht sehr aussagekräftig sind (die Fehlermeldung "Keine EG-Zuweisung vorhanden" ist noch immer ungeklärt), und drohende "Inkonsistenzen" oftmals auch nur behoben werden können, indem mit der gesamten Konfiguration neu begonnen wird.

Da der Ausbau der 8818 an der TU-Berlin, der ausschließlich DTS'en, GSVA, DSVA, IDSV und Digifone, sowie für Testzwecke einige GSXI, beinhaltete, seinerzeit einmalig war, wurden nicht nur die betroffenen Mitarbeiter der Gruppe KBS vor völlig neuartige Probleme gestellt. Schließlich gelang es jedoch, die Funktionsweise des Konfigurationsprogramms sowie den größten Teil der Konfigurationsparameter zu verstehen und eine korrekte Datei "DVSDAT" zu erstellen.

Die folgende Inbetriebnahme gelang relativ reibungslos. In ca. 12 Büroräumen und 3 Terminalräumen wurden die vorhandenen Kupferdoppeladern genutzt, um einen oder mehrere TA's aufzustellen und über jeweils eine Kupferdoppelader mit einer DTS innerhalb des Zentralschrankes zu verbinden. Die Verbindung der TA's mit den asynchronen Terminals erfolgte über V.24-Kabel, die speziell für diese Verbindungen von Nixdorf gefertigt werden. Ebenso wurden im "Rechnerraum" div. GSVA's für den Anschluß der Rechner aufgestellt, wobei abhängig von der Anzahl der potentiellen Nutzer einer Maschine unterschiedlich viele Terminal-Schnittstellen mit GSVA's versehen wurden. Hierbei konnte das Leistungsmerkmal *"Sammelrufnummer"* sinnvoll eingesetzt werden, so daß jeder Rechner, unabhängig von der Anzahl der Schnittstellen die mit der '18 verbunden sind, nur eine Rufnummer hat.

Vor der endgültigen Inbetriebnahme mußte nun noch das Problem der VT100 spezifischen Terminal-Ausgabe gelöst werden. Dies geschah im ersten Ansatz durch Auslesen der EPROM-Software im GSVA und durch eine Modifikation der Binärprogramme dergestalt, daß alle VT100 spezifischen Steuersequenzen durch Terminalunabhängige Sequenzen ersetzt wurden. Das Ergebnis war nicht mehr so schön wie die VT100 Bildschirm-Maske, jedoch wesentlich zweckmäßiger, da nunmehr alle in der Gruppe KBS vorhandenen Terminal-Typen an der 8818 betrieben werden konnten.

5. Betrieb der 8818

Die ersten Tage des Betriebs der 8818 waren geprägt von einer verhaltenen Freude über die neuen Möglichkeiten, die sich jedem an die 8818 angeschlossenen Teilnehmer boten. Verhalten war die Freude in erster Linie deswegen, weil auch Informatiker bei unfreiwilliger Konfrontation mit neuen Gegebenheiten zunächst skeptisch sind. Hinzu kam das Problem, daß man zwar nunmehr jeden Rechner der Gruppe KBS und einige andere anwählen konnte – hierfür mußte man jedoch die Rufnummer wissen. Da die 8818 selbst keine Möglichkeit bietet, diese Rufnummern zu erfahren und es auch nicht unbedingt sinnvoll war, eine solche Rufnummernliste auf einem der angeschlossenen Rechner zu halten (dessen Rufnummer man wiederum wissen muß), wurden die (Sammel-)Rufnummern der Rechner schlicht und einfach an einem institutsöffentlichen "Schwarzen Brett" ausgehängt.

Ein weiteres Problem ergab sich durch ein völlig anderes Verhalten einer Telefonverbindung gegenüber eine Datenverbindung, resp. der jeweiligen Benutzer. Während die Dauer einer Telefonverbindung im Minutenbereich liegt, bestehen Datenverbindungen häufig mehrere Stunden. Im Extremfall, der leider relativ häufig auftritt, baut ein Benutzer die Verbindung zu "seinem" Rechner morgens auf und baut sie auch bei nur sporadischem Gebrauch und trotz längerer Kaffeepausen erst abends wieder ab (evt. vergißt er sogar das noch). Dieses Scenario führt direkt zu einem Schwachpunkt der 8818 in der jetzigen Form. Es gibt an der Systemkonsole keinerlei Möglichkeit zu überprüfen, welche Schnittstellen miteinander verbunden sind. Ist also eine Rufnummer besetzt, so hat man keine Möglichkeit herauszufinden, wer die entsprechende Verbindung (bei Sammelruf: die Verbindungen) belegt hat. Dadurch ist es erst recht nicht möglich, eine Verbindung gezielt zu trennen oder durch einen "Inactivity-Timer" überwachen zu lassen, so daß nach Ablauf eines solchen Timers eine zu lange Zeit nicht genutzte Verbindung automatisch getrennt werden könnte.

Neben dieser Art von Utilities wurden an der Systemkonsole weitere Utilities vermißt, die den Einsatz der 8818 als DV-Knoten unterstützen könnten. Hierzu zählt z.B. eine Funktion zum Versenden von sogenannten *"Broadcast Messages"*, d.h. von Nachrichten, die allen aktuell angeschalteten Terminals zugestellt werden (*"Achtung: in 10 Minuten wird die 8818 runtergefahren"*), oder auch eine Funktion, die ein Fernkonfigurieren der Schnittstellen-Parameter der TA's ermöglicht.

Das Problem der Unflexibilität der TA's und die pragmatische Teillösung durch "patchen" der

Binärprogramme ist schon im Zusammenhang mit dem Anschluß verschiedener Terminal-Typen angesprochen worden. Die TA's generieren nun in der ursprünglichen Form nicht nur VT100 spezifische Steuersequenzen, sondern sind auch bzgl. des Zeichenformats (7 oder 8 bit), der Parität (even, odd, no) und der Anzahl der Start/Stop-bits sowie in der Behandlung der V.24-Schnittstellenleitungen statisch durch die EPROM-Software festgelegt. Die, angesichts dieser Unflexibilität, entstehende Vorstellung in der Gruppe KBS war es nun, die TA's dynamisch ladbar zu machen, d.h. einen Teil der TA-Betriebssoftware durch ein Utility-Programm von der Systemkonsole aus in die TA's zu transferieren. Dieses Vorhaben wurde angesichts der Komplexität und der Struktur der STR-Software, die hierfür hätte modifiziert und erweitert werden müssen, schnell wieder aufgegeben.

Um schnell zu einer Lösung zu kommen mußten wir uns auf Modifikationen innerhalb der TA-Software beschränken. Hierfür stellte Nixdorf die Z80-Assembler Quellen der TA-Software zur Verfügung, die zunächst hinsichtlich der Objekt-Code-Größe optimiert werden mußten um funktionale Erweiterungen vornehmen zu können. Diese funktionalen Erweiterungen beinhalten die Realisierung eines sogenannten "Set-Up Menüs", in dem der Terminal-Typ, das Zeichenformat sowie die Behandlung der Schnittstellenleitungen festgelegt werden kann. Zusätzlich kann von dem, an den TA angeschlossenen, Endgerät aus bestimmt werden, ob sich der TA an dieser Schnittstelle als Rechner- oder als Terminal-Port verhalten soll sowie, ob der Abbau einer Verbindung nur über Modemkontroll-Leitungen möglich sein soll oder auch über spezielle ESC-Sequenzen, was zu einer nicht transparenten Verbindung führt (z.B. bei File-Transfer ungeeignet). Desweiteren wurden im EPROM die Rufnummern und Bezeichnungen der angeschlossenen Rechner untergebracht sowie – für den Fall, daß der angewählte Rechner besetzt ist – ein Spiel, daß lokal im TA auf dem Z80 läuft.

Insgesamt führten diese Modifikationen/Erweiterungen der TA-Software zu einer Lösung, die nicht nur den komfortablen Anschluß versch. Terminals und Rechner erlaubt, sondern auch eine Kopplung der 8818 mit einem LAN (dem Nixdorf Breitband Netz, NBN) und dem Datex-P Netz der DBP unterstützt.

6. Derzeitiger Ausbau der 8818

Der derzeitige Ausbau der 8818 umfaßt 18 DTS'en, 8 Digifone mit DSVA-Schnittstellen, 2 Digifone mit IDSV-Schnittstellen, 23 GSVA-Schnittstellen sowie 2 GSXI. An die DSVA und IDSV-Schnittstellen sind ausschließlich Terminals angeschlossen, so daß hier 10 Arbeitsplätze entstanden sind, die den Slogan *"Telefonieren und Daten übertragen gleichzeitig über eine Leitung"* Wirklichkeit werden lassen. Die GSVA's werden überwiegend für den Anschluß von Rechnern an die '18 verwendet – hier sind insgesamt 9 Rechner über ca. 25 Terminal-Schnittstellen angeschlossen; 2 GSVA's werden als Gateways zum NBN eingesetzt; 1 GSVA dient dem Anschluß der 8818 an das Datex-P Netz.

Besonderes Merkmals des NBN-Gateways ist es, daß die 2-Phasen-Wahl bei einem Anruf von einer 8818-Endeinrichtung zu einer NBN-Endeinrichtung (Phase 1: Verbindungsaufbau zum Gateway --> Phase 2: Verbindung zur NBN-Endeinrichtung herstellen) zugunsten der Angabe längerer Wahlinformation entfallen konnte. Das hierfür notwendige "Durchreichen" der Nachwahl-Information von einem GSVA zu einem anderen war in der ursprünglichen STR-Software nicht enthalten, wurde jedoch auf Anfrage bei den Entwicklern der 8818 in Paderborn schnell realisiert. Die Änderungen in der GSVA-Software – insbesondere mußte im Gateway-GSVA eine Umsetzung der empfangenen Wahlinformation in ein gültiges NBN-Aufbau-Kommando erfolgen – wurden von uns durchgeführt. Weitere Punkte die hier zu berücksichtigen waren:

- Abbauen des zweiten Teils einer Verbindung, wenn der erste Teil abgebaut wurde
- besondere Behandlung der Modemkontroll-Leitungen.

Die Realisierung des Datex-P Gateways erforderte den Einsatz eines PC's. Dieser PC – in unserem Fall derzeit ein IBM-PC kompatibler mit 512KByte Hauptspeicher und zwei Floppy-Laufwerken – ist mit einer Kommunikationskarte (*TELES X&T Karte 2*) ausgestattet, die insgesamt vier X.21bis-Schnittstellen zur Verfügung stellt. Auf dem PC läuft eine X.25 Implementierung sowie ein PAD (in

Anlehnung an die X.3/X.28/X.29 Empfehlungen der CCITT), der asynchronen Terminals auf sehr komfortable Art und Weise die Möglichkeit bietet, Verbindungen im Datex-P Netz herzustellen. Von den vier X.21bis-Schnittstellen wird eine für den Anschluß an das Datex-P Netz verwendet, eine Schnittstelle dient der internen Kopplung des PC mit weiteren PC's und zwei Schnittstellen werden mit dem GSVA verbunden. Hierdurch ist nicht nur die Möglichkeit gegeben, daß jede 8818-Endeinrichtung über den PAD an das Datex-P Netz kann, sondern auch umgekehrt, daß jede Datex-P DTE durch Angabe geeigneter "X.25 Benutzer-Daten" jeden, an die 8818 angeschlossenen, Rechner erreichen kann. Dies erfordert natürlich auf dem PC geeignete Software, die nicht nur einen ankommenden Aufbauwunsch annimmt und die Benutzerdaten in ein Aufbau-Kommando an das GSVA umsetzt, sondern die auch dafür sorgt, daß die Datex-P Verbindung wieder abgebaut wird, wenn die "8818-Verbindung" nicht hergestellt werden konnte (z.B. Rufnummer besetzt).

Neben diesen Netzkopplungen und der damit realisierten Vielzahl von erreichbaren Rechnern sind es insbesondere zwei Applikations-Systeme, die einem Teilnehmer den Anschluß an die 8818 derzeit attraktiv erscheinen lassen. Dies ist zum einen ein Dokumenten-Handhabungs-System für die elektronische Erstellung, Bearbeitung und Versendung von Dokumenten (**Paperless Office and Electronic Mailing, POEM**) und zum anderen ein Teleconferencing System (**QOM**).

Das POEM-System ist realisiert auf der Grundlage internationaler Standards (MHS und X.400-Serie), läuft auf allen IBM-PC kompatiblen Rechnern und versucht an der Benutzer-Schnittstelle eine Nachbildung der in einem Büro üblichen Arbeitsorganisation (Posteingangs-Korb, Postausgang, Schreibtisch-Bearbeitung, Verteilerlisten, Aktenschrank,…) zu erreichen. Das Versenden und Holen von Dokumenten kann über WAN's wie das Datex-P oder TELETEX-Netz oder auch lokal zu/von einem Benutzer auf dem gleichen System erfolgen. Zum Erstellen steht ein "T.73-Editor" zur Verfügung, der einen über den TELETEX-Zeichenvorrat hinausgehenden Zeichensatz (T.61 + T.6) bearbeiten kann und insbesondere auch in der Lage ist, von einem Telefax-Gerät eingelesenen Dokumente weiter zu verarbeiten.

Das QOM-System ist eine Entwicklung, die derzeit auf verschiedenen UNIX-Systemen läuft und in Anlehnung an eine Entwicklung des "Swedish National Defense Research Institutes" – des *COM-Systems* – entstanden ist. QOM unterstützt sowohl den einfachen Austausch von "persönliche Briefen" zwischen den Benutzern des Systems – wobei die Benutzter auch in verschiedenen Systemen lokalisiert sein können – wie auch die Organisation von "Konferenzen" zu beliebigen Themengebieten. Weiterhin unterstützt QOM über sogenannte *"mail gateways"* auf der Grundlage von RFC 822 Nachrichten den Informationsaustausch mit Netzen wie ARPANET, BITNET/EARN oder UUCPnet/EUnet.

Beide Systeme, sowohl POEM als auch QOM, sind entworfen worden, um eine Kommunikation zwischen möglichst vielen Benutzern zu unterstützen. Erst durch die Vielzahl von Benutzern und die daraus resultierende Fülle von Informationen können diese Systeme interessant werden. Der Anschluß beider Systeme an die 8818 hat also nicht nur einen positiven Einfluß auf die Akzeptanz der 8818, sondern macht auch die Systeme selbst interessanter.

7. ISDN und 8818

Bevor nun auf die Frage der "ISDN-Fähigkeit" der 8818 näher eingegangen werden kann, sollen kurz die wesentlichen Merkmale des ISDN dargestellt werden.
Das wesentliche Merkmale des ISDN – geplanter flächendeckender Einführungstermin durch die DBP 1988/89 – aus Teilnehmersicht ist der *"Teilnehmer-Basis Anschluß"* über die S_0-Schnittstelle. Diese S_0-Schnittstelle ist Netzseitig als passiver Bus ausgelegt und ermöglicht den Anschluß von max. 8 Endeinrichtungen. Die Netto-Übertragungskapazität an der S_0 beträgt 144Kbit/s und ist aufgeteilt in zwei 64Kbit/s Kanäle für die Übertragung von Benutzer-Informationen (**B-Kanäle**) und einen 16Kbit/s Kanal für die Übertragung von Steuer-Informationen (**D-Kanal**). Während die B-Kanäle dem Benutzer transparent zur Verfügung stehen, sind die Signalisierungs-Protokolle auf dem D-Kanal über die CCITT-Empfehlungen I.430, I.440/41 und I.450/51 festgelegt. Diese "D-Kanal-Protokolle" regeln nicht nur den Auf-/Abbau der B-Kanäle sondern beinhalten auch Protokollelemente für die Auswahl der auf den B-Kanal-Verbindungen zur Verfügung stehenden Dienste. Ziel ist es also im

ISDN, alle bisher voneinander isolierten (Fernsprech- und Daten-) Dienste und Netze in einem digitalisierten Fernsprech-Netz zu integrieren und dem Benutzer über eine einheitliche (S_0-) Schnittstelle und somit über eine "ISDN-Adresse" alle derzeitigen und zukünftigen Dienste zur Verfügung zu stellen.

Ein Vergleich der 8818 bzgl. der Schnittstellen, der Kanalstruktur, der Adressierung und der D-Kanal Protokolle mit diesem kurzen Scenario führt zu der einfachen Aussage, daß die 8818 in der derzeitigen Form den Anforderungen, die zumindest der Autor an eine ISDN-fähige PABX stellen würde, nicht genügt. Dies ist nicht weiter verwunderlich, wenn man den Zeitpunkt der Markteinführung der 8818, der bei 1982 lag, betrachtet, mit 5 Jahren Entwicklungszeit rechnet und somit auf einen Entwicklungsbeginn in 1977 kommt und diesen Termin mit der Veröffentlichung der "Red Books" des CCITT, das die Standards zum ISDN-Bereich enthält, im Jahre 1984 vergleicht! Ein Vergleich aller anderen digitalen Nebenstellenanlagen die derzeit auf dem Markt sind würde mit Sicherheit zu dem gleichen Ergebnis führen. Dennoch kann man die 8818 als eine, im weiteren Sinne *Diensteintegrierende PABX* bezeichnen, die nicht nur die Möglichkeit bietet, gleichzeitig über eine Leitung zu telefonieren und Daten zu übertragen, sondern die auch den Anschluß verschiedener digitaler Endeinrichtungen und somit die Integration verschiedener Dienste unterstützt.

Insgesamt ist zu sagen, daß durch die sehr frühzeitige Einführung der 8818 als digitaler PABX – hier war die Firma Nixdorf einer der ersten Anbieter – und die Möglichkeit des Anschlusses verschiedenartiger Endgeräte an die 8818 (analoge Telefone, digitale Telefone, synchrone und asynchrone digitale Endgeräte) diese Anlage zu einem ganz wesentlichen Bestandteil der Kommunikations-Infrastruktur an der TU-B geworden ist und eine Vielzahl von Erfahrungen gesammelt werden konnten, die beim späteren Einsatz oder der Entwicklung einer ISDN-PABX verwertet werden können. Eine solche PABX könnte z.B. das, derzeit in der Entwicklung befindliche, Nachfolge-Modell der 8818 – die 8818/10K – sein. Die Möglichkeit, die 8818 geeignet in Richtung ISDN zu erweitern/modifizieren ist zwar aufgrund der Eigenschaft der 8818, im internen Koppelfeld 64Kbit/s Verbindungen zu schalten, theoretisch gegeben, scheint jedoch aufgrund der übrigen Gegebenheiten praktisch kaum realisierbar.

8. Zusammenfassung

Nach einem 18-monatigen Betrieb der 8818 als Datenvermittlungsknoten an der TU-Berlin kann gesagt werden, daß die '18 zusammen mit den Erweiterungen durch die TU – die z.T. schon von Nixdorf übernommen wurden –, der dadurch erzielten Flexibilität beim Endgeräte-Anschluß und den realisierten Netz-Übergängen zu einer ganz wesentlichen Verbesserung der Kommunikations-Infrastruktur, nicht nur in der Gruppe KBS sondern auch in anderen Teilen des Fachbereichs Informatik, geführt hat. Nach den anfänglichen Schwierigkeiten, eine für den Telefonie-Bereich entwickelte Untervermittlungs-Anlage in Betrieb zu nehmen, ist man mittlerweile sowohl mit dem Konfigurations-Programm und den -Parametern als auch mit dem Anschluß weiterer TA's über die 2-adrig geführten Teilnehmer-Anschluß-Leitungen so weit vertraut, daß die relativ häufig notwendigen Erweiterungen/Änderungen der Konfiguration problemlos sind.

Die Zuverlässigkeit des Systems ist hoch – gelegentliche Probleme beschränkten sich auf Fehlfunktionen einzelner DTS'en, die mittlerweile nicht mehr auftreten. Die angesprochenen Probleme bzgl. fehlender Utilities für den Einsatz als DV-Knoten wurden mittlerweile, zumindest teilweise, ohne Eingriffe in die STR-Software durch Implementierung geeigneter Programme auf den angeschlossenen Rechnern gelöst.

Anhang: Konfiguration des DVS 8818 mit NBN-LAN (Stand 8/86)

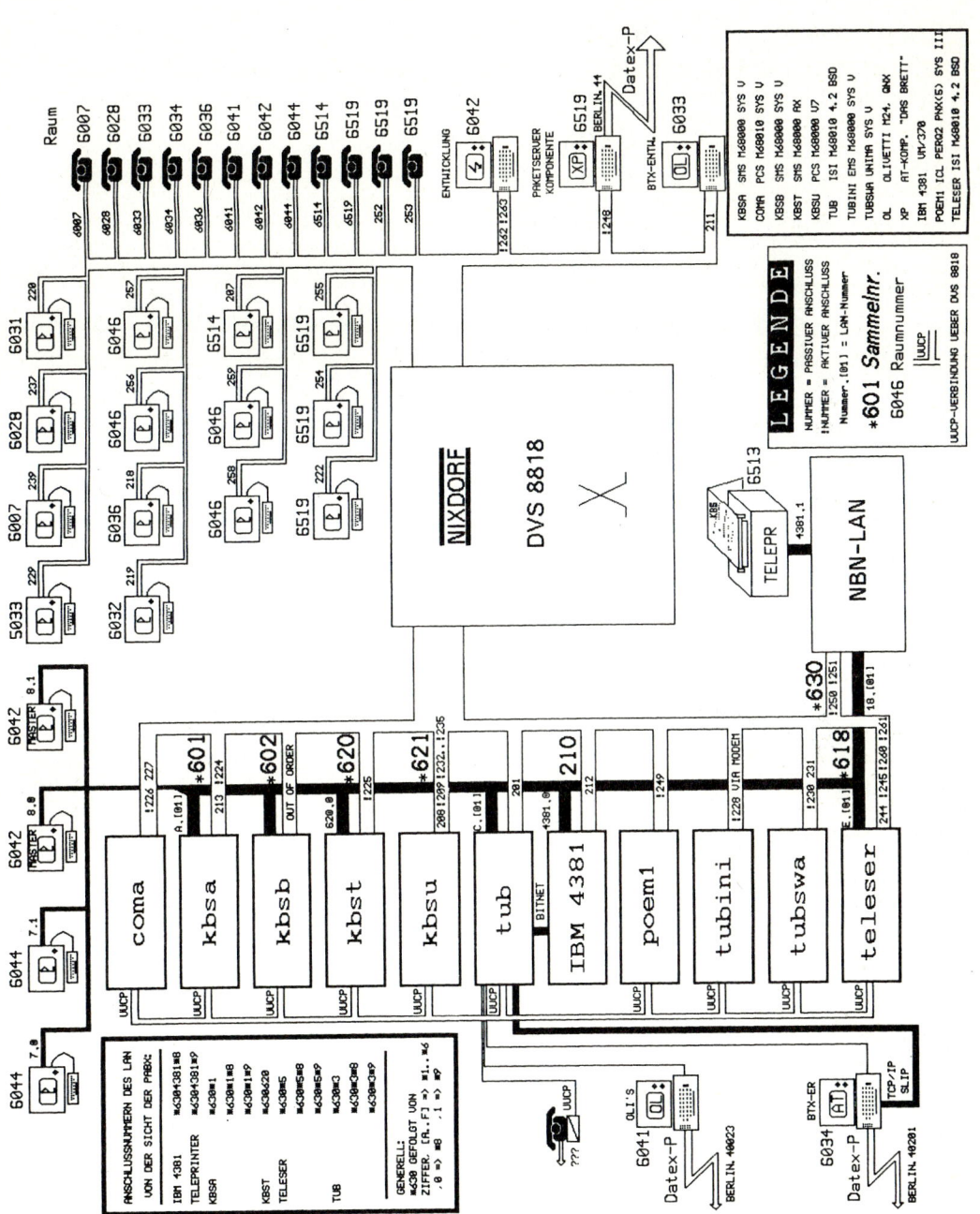

Einsatz von VAX-Systemen als Server in lokalen PC-Netzwerken
Erfahrungen bei Aufbau und Betrieb von IBM PC- und IBM Token-Ring-
Netzwerken im Verbund mit VAX-Rechnersystemen.

Hartmut Koke
Gesellschaft für wissenschaftliche Datenverarbeitung mbH Göttingen

1. Einleitung und Übersicht

Der Einsatz von lokalen Netzwerken auf der Basis kostengünstiger
PC-LAN-Komponenten ist erheblich angestiegen. Wesentlicher Teil
eines derartigen Netzwerks ist eine Server-Einrichtung, die den
angeschlossenen Arbeitsplätzen Platten und Drucker als virtuelle
Ressourcen bereitstellt. Üblicherweise werden für diesen Zweck
dedizierte oder als Arbeitsplatz eingeschränkt nutzbare Server-
PC's eingesetzt.
Die Server Funktion in PC-LAN kann aber auch, unter Einsatz
marktgängiger Hardware und Software-Komponenten, durch Rechner der
VAX Klasse ausgeübt werden. Übliche Realisierungen dieses Konzeptes sehen einen direkten Anschluß der PC-Systeme an ein lokales
Ethernet-Netzwerk vor, an das ein oder mehrere VAX-Systeme
angeschlossen sind. Neben Protokollen wie TCP/IP oder XNS/ITP, die
häufig dann eingesetzt werden, wenn eine inhomogene Rechner-
struktur vorliegt (z.B. zusätzlich angeschlossene UNIX-Systeme
unterschiedlicher Hersteller), bieten sich in einer PC-/VAX-Umge-
bung aufgrund ihres hohen Funktionsumfanges DECnet-Protokolle an.
DECnet DOS ermöglicht es hier, IBM PC- oder AT-Kompatible als
DECnet-Endknoten mit entsprechender Funktionalität im Ethernet-
Verbund einzusetzen. Eine erweiterte Software-Unterstützung unter
VMS bietet, insbesondere in Verbindung mit DEC`s AT-kompatiblen
VAXmate-Systemen, weitgehende Integrationsmöglichkeiten für ver-
teilte Anwendungen.

In vielen Fällen ist jedoch eine volle Funktionalität dieses Um-
fangs nicht erforderlich. Es genügt, aus einem lokalen Netzwerk
auf der Basis üblicher PC-LAN-Systeme VAX-Platten und VAX-Druck-
Kapazität als Server-Komponenten ansprechen und nutzen zu können.

Die im folgenden beschriebene Konfiguration ermöglicht es, die letztgenannten Funktionen in einem entsprechenden Umfeld mit geringen Zusatzkosten zu verwirklichen. Die desweiteren dargestellten Leistungsmessungen im PC-LAN und die Belastungsmessungen auf der VAX-Seite gestatten eine Abschätzung der Einsatzmöglichkeiten auch unter Berücksichtigung des Ressourcen-Verbrauchs, der auf der VAX zu verzeichnen ist.

2. Konfigurationsbeschreibung

Die GWDG betreibt für die Göttinger Max-Planck-Institute und für die Institute der Universität zwei miteinander gekoppelte Systeme Sperry 1100/82 und 1100/83. Eine VAX 8600 wird für Spezialanwendungen, insbesondere für interaktive Grafik, eingesetzt (Bild 1).

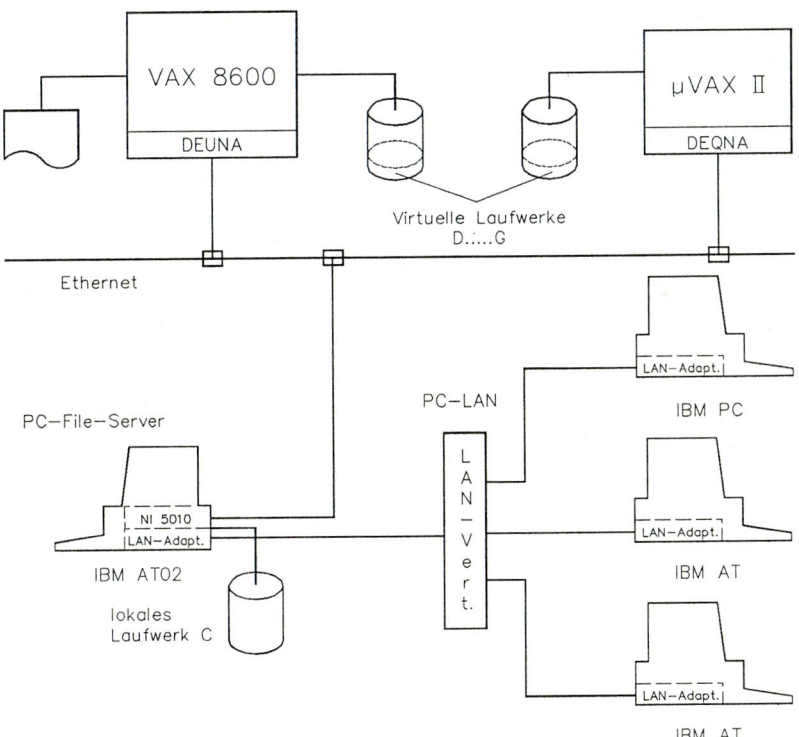

Bild 1 Kopplung der VAX mit PC-LAN Systemen

Ein Micro-VAX II System im Ethernet/DECnet-Verbund unterstützt X-25- und DECnet-Anschlüsse der über DFÜ-Leitungen angeschlossenen

Institute. Einzelne Funktionsbereiche der Verwaltung und die Ar-
beitsgruppe "Dezentrale Systeme" arbeiten mit IBM PC- und AT-
Systemen, die über ein IBM PC LAN Zugriff auf einen AT als
gemeinsamen File-Server haben. Der File Server verfügt neben dem
IBM-PC-Netzwerk- oder Token Ring-Adapter über einen Ethernet-
Adapter (Interlan NI 5010), der an das Ethernet-System der VAX-
Anlagen gekoppelt ist.

Durch Einsatz der DECnet DOS Software zusätzlich zum PC Netzwerk-
Programm auf dem AT-File Server wird erreicht, daß die Nutzung des
VAX-Massenspeichers als virtuelle Festplatte des AT-Servers und
der Zugriff auf VAX-Drucker für alle im PC-LAN betriebenen Rechner
ohne weitere Gateway-Einrichtungen möglich ist.

3. Software-Funktionen

Die einzelnen PC-Systeme des PC-LAN haben die Möglichkeit auf lo-

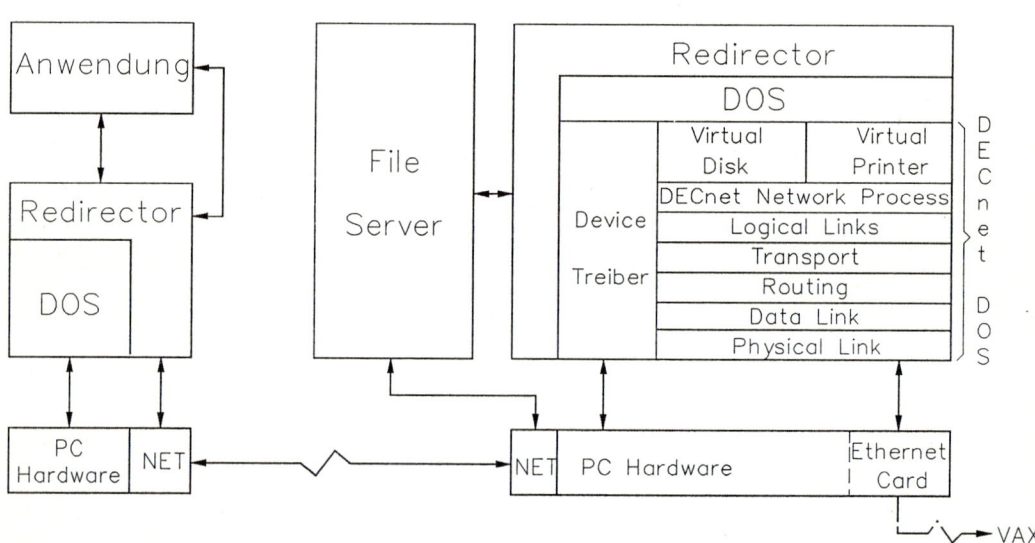

Bild 2   DECnet Dos und PC Netzwerk Software Komponenten

kale eigene sowie auf reale und virtuelle Ressourcen des AT-File-
Servers zuzugreifen. Diese Funktionen werden durch die "Redirec-
tor" und "File Server" Komponenten (vgl. Bild 2) gesteuert.

Die DECnet DOS Software erlaubt es nun, durch Einbeziehen entsprechender Kommandos in die File-Server System-Datei "CONFIG.SYS",
Device-Treiber für virtuelle Platten und Drucker, die physikalisch
auf der VAX residieren und über Ethernet angesprochen werden, in
das System einzubinden. Bild 2 zeigt, wie die Treiber "Virtual
Disk" und "Virtual Printer" analog wie normale DOS Device Treiber
in das Betriebssystem einbezogen werden. Ein DECnet-Prozeß sorgt
über entsprechende Protokoll-Schichten für die physikalische Verbindung via Ethernet zu VAX-Massenspeicher und -Drucker.

Da "CONFIG.SYS" beim Einschalten des AT File-Servers ausgeführt
wird, stehen beim anschließenden Start des PC Netzwerk-Programms
die in Bild 1 angedeuteten virtuellen Festplatten D....G und ein
virtueller Drucker neben der realen Peripherie des AT-File-Servers
als normale, aus dem PC-LAN nutzbare Ressourcen zur Verfügung.

4. Leistungsmessungen und Betriebserfahrungen

Die beschriebene Konfiguration erlaubt die PC-Lan-weite Nutzung
von 4 virtuellen Platten bei einer maximalen Größe von 32 MB pro
virtuellem Laufwerk und den transparenten Zugriff auf einen an die
VAX angeschlossenen Laserdrucker. Die im folgenden angegebenen
Meßwerte zeigen die Übertragungsraten, die im PC-LAN für den Anwender sichtbar sind und die Belastung, die auf der VAX zu verzeichnen ist .

4.1 Übertragungsraten für virtuelle Laufwerke

Die gemessenen Werte gelten für eine Konfiguration, in der eine
AT- und eine PC-Arbeitsstation über ein IBM PC-Netzwerk oder über
einen Token-Ring-Netzwerk mit einem AT-File-Server und dessen

virtueller Plattenperipherie intensiven File-Transfer durchführen.
Die angegebenen Transferraten sind Mittelwerte aus einer Folge von
Übertragungen, die durch eine Batch-Datei automatisch gestartet
werden.

Quell-\ Zielsystem	AT-Server-Disk	VAX-Disk
AT-Workstation	23,9 kbyte/s	10,5 kbyte/s
PC-Workstation	23,7 "	10,0 "
AT + PC	17,8 "	5,6 "
AT-Server	n.a. "	11,3 "

Tabelle 1   PC-Netzwerk Übertragungsraten zu File-Server- Platten

Die Übertragungsgeschwindigkeit von den Arbeitsstationen auf die
realen Platten des AT-Servers ist doppelt so hoch wie die auf die
virtuellen (VAX-) Platten. Begrenzender Faktor ist, wie die letzte
Messung zeigt, die Leistungsfähigkeit der Ethernet-Verbindung unter DECnet-DOS. Eine Verlangsamung der Übertragung durch das PC-
Netzwerk, dessen Übertragungsrate nur 1/5 (2 Mbps) der nominellen
Ethernet-Rate beträgt, erweist sich als unwesentlich.

Die in der folgenden Tabelle angegebenen Meßwerte zeigen das
Zeitverhalten der Arbeitsstationen, wenn die IBM PC-Netzwerk-
Adapter durch IBM PC Token-Ring-Adapter   unter sonst gleichen
Bedingungen ersetzt werden.

Quell-\ Zielsystem	AT-Server-Disk	VAX-Disk
AT-Workstation	30,5 kbyte/s	11,8 kbyte/s
PC-Workstation	24,5 "	10,9 "
AT + PC	21,8 "	6,6 "
AT-Server	n.a. "	11,3 "

Tabelle 2 PC-Token Ring Übertragungsraten zu File-Server- Platten

Die höhere Übertragungsgeschwindigkeit des Token Ring LAN (4Mbps)
wird nur bei der Übertragung auf die realen AT-Server-Platten
deutlicher sichtbar. Eine Steigerung der Übertragungsgeschwindig-

keit zu den virtuellen Platten ist auch hier nur durch Verbesserung der Ethernet-Verbindung möglich.

4.2 Belastung des VAX-Systems

DECnet-DOS ermöglicht die Definition von vier unterschiedlichen
Festplattengrößen (1, 10, 20 oder 32 MByte). Der Einsatz der VAX
als Server in der beschriebenen Weise kann deshalb zu einer Belegung von Massenspeicher in Höhe von max. 4 x 32 MByte führen. Beim
Erzeugen einer virtuellen Platte wird zunächst eine bestimmte Min-
destgröße belegt. Die Nutzung durch die Arbeitsstationen führt zu
einer dynamischen Erweiterung auf das vorgegebene Maximum. Das
Löschen von Dateien durch die LAN-Arbeitsstationen bringt keine
entsprechende Freigabe von Massenspeicher auf der VAX mit sich.
Dies kann nur durch Eingabe eines Kommandos in einer Dialog-
Sitzung an der VAX erreicht werden. Die Erfahrung zeigt, daß in
der Regel nach einigen Wochen Betriebszeit die vorgegebene maximale Belegung auf der VAX erreicht wird.

Das Eröffnen einer virtuellen Festplatte auf der VAX erzeugt unter
dem Betriebssystem VMS einen Prozeß der in Abhängigkeit von der
Intensität der Benutzung CPU-Zeit verbraucht und das I/O-System
belastet.
Die folgende Log-File Auswertung der VAX zeigt die Belastung, die
als Folge der oben angeführten Meßreihe zu verzeichnen ist.

Aktion\ VAX-Belastung	CPU-Zeit	I/O Buffered	Direct
File Transfer(2,5 MB)	11,4 sec	9.682	402
OPEN Virtual Disk	0,05 sec	14	4
Bereit halten Virtual Disk (2 h)	0,01 sec	0	0

Tabelle 3 CPU-Zeit und I/O Belastung der VAX

5. Schlußfolgerungen

Der Einsatz einer VAX für die Bereitstellung von Server-Funktionen in PC-Netzwerken ist, insbesondere in einer bereits vorhandenen VAX/DECnet/Ethernet-Umgebung, mit geringem Hardware- und Software-Aufwand durchführbar.

Die Belegung von VAX-Ressourcen ist, wie am Beispiel des CPU-Zeit-Verbrauchs sichtbar wird, von der Benutzungsintensität der virtuellen LAN-Betriebsmittel abhängig und kann zudem durch eine Mischung von PC- und VAX-Server Funktionalität beeinflußt werden. So können z.B. aktuelle Dateien, die häufig im Zugriff sind, auf dem AT-Server gehalten werden und selten angesprochene Dateien und Back-Up-Kopien auf der VAX residieren.

Weitere Funktionen, wie die Inanspruchnahme des VAX-Druckers als PC-LAN-weite virtuelle Druckstation und ein durch READ-ONLY Markierung erzielter, von dem Betriebssystem VMS unterstützter Datei-Zugriffsschutz, ergeben zusätzliche Einsatzmöglichkeiten.

Erfahrungen bei der Glasfaserverkabelung
im Universitätsbereich

Werner Stehle

Rechenzentrum, Universität Karlsruhe

1. ZIELVORSTELLUNGEN ZUR VERNETZUNG

Die bestehenden Rechnerkommunikationsnetze der Universität Karlsruhe erfüllen den Zweck, die Rechnerleistung der zentralen Großrechenanlagen an dezentralen Endgeräten (Bildschirmterminals, Drucker, Kleinrechner) verfügbar zu machen. Als Übertragungsmedium benutzen sie für niedrige Datenraten (bis 19,2 kbit/s) Telefonleitungen und für höhere Datenraten (bis 10 Mbit/s) Koaxialkabel. Während über Telefonleitungen mit einem Modempaar alle Entfernungen innerhalb des Campus (maximal 3 km) überbrückt werden können, sind Koaxialkabel ohne Zwischenverstärker nur für kurze Entfernungen (bis etwa 500 m) einsetzbar.

Der Bedarf an schneller Datenübertragung ist in den letzten Jahren sprunghaft gestiegen: Übertragung großer Meßdatenmengen in kurzer Zeit, Bilddatenübertragung, Anschluß interaktiver CAD-Arbeitsplätze an Großrechner, Rechner-Rechner-Kopplung, Verknüpfung Lokaler Netze und ähnliches mehr. Durch einzelne schnelle Verbindungen könnte dieser Bedarf kurzfristig gedeckt werden, mittel- und längerfristig ist es jedoch unausweichlich, die bisherigen langsamen Datennetze zu einem gemeinsamen Hochgeschwindigkeitsdatennetz weiterzuentwickeln.

Zwei Realisierungsmöglichkeiten sind derzeit bekannt: Frequenzmultiplextechnik (auch Breitbandtechnik genannt) auf Koaxialkabeln und Zeitmultiplextechnik auf Glasfaserkabeln. Mit der konventionellen und insbesondere bei Kabelfernsehanlagen bewährten Koaxialkabeltechnik können sehr leistungsfähige Netze aufgebaut werden, die sich neben der Datenübertragung auch zur Fernsehbildübertragung (beispielsweise aus Hörsälen) eignen. Nachteilig ist, daß sie als maßgeschneiderte Gesamtanlage in Baumstruktur mit vorgeschriebenen Verstärkerabständen schwierig im Entwurf und unflexibel für Veränderungen sind.

Netze in Glasfasertechnik lassen sich ebenfalls vielfältig nutzen, bieten darüber hinaus jedoch den deutlichen Vorteil, daß bei einer noch nicht ausschöpfbar hohen Datenrate (über 1 Gbit/s) jede innerhalb des Universitätsgeländes vorkommende Verbindung ohne Zwischenverstärker geschaltet werden kann. Dadurch ist eine freizügige Netzgestaltung und eine flexible Anpassung an die jeweiligen, heute noch nicht absehbaren Bedürfnisse möglich. Weitere Vorteile der Glasfaser liegen darin, daß wegen ihrer Unempfindlichkeit gegenüber elektromagnetischen Einstreuungen praktisch keine Übertragungsfehler auftreten und daß sie durch galvanische Trennung die Endgeräte gegen elektrische Aufladung oder Blitzschäden schützt. Nachteilig ist, daß sich die Glasfasertechnik noch in der Entwicklungsphase befindet, so daß die Produkte nicht genügend standardisiert sind und nur geringe Betriebserfahrungen vorliegen. Dies sollte jedoch für eine technische Universität eher eine Herausforderung als ein Hinderungsgrund sein.

Das umfassende und langfristige Ziel eines Universitätsnetzes ist, daß jede Universitätseinrichtung daran angeschlossen ist und die angebotenen Dienste nutzen kann, oder genauer gesagt, daß die Endgeräte in den Universitätseinrichtungen (Bildschirmgeräte, Drucker, Rechner) Zugang zum Netz haben. Innerhalb eines Gebäudes wird man zweckmäßigerweise die Endgeräte in einem Lokalen Netz (LAN) zusammenfassen, um den internen Kommunikationsbedarf abzudecken. Für die hierbei vorkommenden Entfernungen und Datenraten genügen Kupferkabel. Den Glasfaserkabeln fällt somit die Aufgabe zu, die Gebäude untereinander zu verbinden.

Nach dem heute vorhandenen Bedarf und den erkennbaren Weiterentwicklungen zeigen sich folgende Einsatzfelder für Glasfaserkabel:

* Sternförmige Netze (z.B. Kanalverlängerungen an Großrechenanlagen, Anschluß entfernter Grafik-Arbeitsplätze)
* Verbindungen zwischen Ethernet-Segmenten (Inter Repeater Links [1], Strecken zwischen Sternkopplern [2])
* Verbindungen in Token-Ring-Sektoren (z.B. IBM 8219 Lichtleiterumsetzer)
* Hochgeschwindigkeits-Backbone-Ring zur Verbindung von Großrechnern und Lokalen Netzen (Bild 1, z.B. ESPRIT Projekt 73 [3], Fiber Distributed Data Interface - FDDI [4])
* Einzelne Punkt-zu-Punkt-Verbindungen nach Bedarf (z.B. Datenübertragung in stark gestörter Laborumgebung, Vorführungen anläßlich einer Tagung).

Diese Vielfalt zeigt, daß die Verlegung von Glasfaserkabeln nicht auf ein einheitliches Netzkonzept mit klar definierten Anforderungen zugeschnitten werden kann. Vielmehr handelt es sich um eine komplexe und langfristige Infrastrukturmaßnahme, vergleichbar mit der Bereithaltung von Telefonkabeln für den Fernsprechverkehr. Während beim Fernsprechen jedoch jahrzehntelange Praxiserfahrung der Planung zugrundegelegt werden kann, muß bei der Glasfaserverkabelung in vieler Hinsicht totales Neuland betreten werden. Darauf soll im nächsten Abschnitt eingegangen werden.

2. ERFAHRUNGEN BEI DER KABELVERLEGUNG

Auf dem Gelände der Universität Karlsruhe wurden in den letzten beiden Jahren etwa 3,5 km Glasfaserkabel verlegt und zehn Einzelverbindungen in Betrieb genommen. Da fast alle Einrichtungen der Universität auf einem zusammenhängenden Campus untergebracht sind, mußten keinerlei einschränkende Bedingungen von Seiten der Post berücksichtigt werden. Den Verlauf der Kabeltrassen zeigt Bild 2.

In der Planungsphase zur Verlegung von Glasfaserkabeln stellten sich eine Fülle von Fragen, für die Lösungen gefunden werden mußten:

* Auswahl des Fasertyps
* Anzahl der Fasern pro Kabel
* Topologische Struktur der zu installierenden Netze
* Trassenführung (Leerrohrplan und Gebäudeanschlußtechnik)
* Kabelverzweigungstechnik für feste und veränderliche Struktur
* Installation und Wartung der Endgeräte
* Aufbau einer Netzdatenbank zur Dokumentation.

Hier sollen die wesentlichen Gesichtspunkte dieser Fragen dargestellt und die für unser Kabelsystem getroffenen Entscheidungen beschrieben werden. Eine zusammenfassende Darstellung aller bei der Glasfaserverkabelung gemachten Erfahrungen ist in einem internen Bericht [5] niedergelegt, der bei Bedarf angefordert werden kann. Über den Aufbau einer Netzdatenbank wurde bereits an anderer Stelle berichtet [6].

2.1 Auswahl des Fasertyps

Für den Nahverkehrsbereich stehen Gradientenindexfasern mit Innendurchmessern von 50-200 μm zum Betrieb bei Wellenlängen von 850 nm und 1300 nm zur Verfügung. Je größer der Innendurchmesser ist, desto mehr Licht kann in die Faser eingekoppelt werden, umso größer sind jedoch die Lichtverluste pro Längeneinheit und umso geringer ist die Bandbreite. Einen größeren Einfluß als diese technischen Gesichtspunkte hat jedoch der Preis, der von der Produktionsmenge eines Fasertyps abhängt. Da sich weltweit die Postverwaltungen schon 1979 auf eine Faser mit 50 μm Innendurchmesser geeinigt haben (und dies ist bis heute der einzige genormte Fasertyp mit Gradientenindex), ist diese Faser am günstigsten bezüglich Preis und Lieferzeit. Einige Hersteller von Geräten für Lokale Netze haben sich zwar für einen Fasertyp mit 100 μm Innendurchmesser entschieden, um den Aufwand bei den Sende- und Empfangsmodulen der Endgeräte gering zu halten. Es hat sich jedoch gezeigt, daß bei kurzen Entfernungen auch diese Geräte mit der 50 μm-Faser betrieben werden können.

Für das Kabelnetz der Universität Karlsruhe wurde eine hochwertige 50 μm-Gradientenfaser ausgewählt, die im Wellenlängenbereich von 850 nm eine Dämpfung von weniger als 2,7 dB/km und ein Bandbreiten-Längenprodukt von mehr als 600 MHz·km aufweist. Wie aus physikalischen Gründen zu erwarten ist, werden diese Eigenschaften im Wellenlängenbereich von 1300 nm noch übertroffen. Dadurch ist ein zukünftiger Betrieb im langwelligen Bereich oder ein Wellenlängen-Multiplexbetrieb gesichert.

Aus den gegenwärtig laufenden Diskussionen in Normierungsgremien (z.B. zum Fiber Optic Inter Repeater Link im IEEE 802.3-Standard [1] oder zum FDDI-Standard [4]) ist zu erkennen, daß künftig in Lokalen Netzen eher die beiden Gradientenfasertypen 62,5/85 μm oder 85/125 μm zum Einsatz kommen werden. Andererseits wird die Deutsche Bundespost bereits 1987 beim Aufbau von Overlay-Netzen im Ortsbereich die Monomode-Faser verwenden. Hier bleibt dem Netzbetreiber nur übrig, die Entwicklungen auf dem Gerätemarkt aufmerksam zu beobachten.

2.2 Anzahl der Fasern pro Kabel und topologische Struktur

Die Anzahl der Fasern pro Kabel ist eng mit der topologischen Struktur der zu installierenden Netze verknüpft. Man unterscheidet im wesentlichen zwischen Stern- und Ringstruktur. Bei einem Sternnetz können in einem zentralen Verteilerfeld beliebige Verbindungen zwischen den Teilnehmern oder zu zentralen Einrichtungen geschaltet werden. Nachteilig sind die langen Leitungen, die hohe Kabelkosten verursachen. Die Ringstruktur ist bei der Glasfasertechnik die kostengünstigere Lösung: wegen der unidirektionalen Ausbreitung des Lichts genügt eine einzige Faser, um alle Teilnehmer ringförmig miteinander zu verbinden. Aus Sicherheitsgründen wird der Ring meist mit einer zweiten Faser als Reserve ausgelegt.

Zu Beginn der Verkabelung waren für Glasfasernetze nur elektro-optische Wandlerpaare für Punkt-zu-Punkt-Verbindungen auf dem Markt. Der Sternkoppler als optisches Äquivalent zum elektrischen Ethernet-Bus und der aus Kupfer- und Glasfaserstrecken zusammengesetzte "Hybride Token-Ring" befanden sich noch im Versuchsstadium. Noch viel weniger war zu erkennen, wie die verschiedenartigen Bedürfnisse und Anwendungen der Institute durch ein einheitliches Campusnetz befriedigt werden sollten.

Eine Entscheidung für eine bestimmte Netzstruktur konnte nicht gefällt werden. Vielmehr war abzusehen, daß während einer Einführungszeit mehrere Netztypen nebeneinander betrieben werden mußten. Die sinnvollste Lösung war somit die Überlagerung von Stern- und Ringstruktur. Das bedeutete, daß in den vom Rechenzentrum aus sternförmig verlegten Kabeln für die Sternstruktur je zwei Fasern für jedes anzuschließende Gebäude und für die Ringstruktur zusätzlich vier Fasern (Doppelring hin und zurück) vorzusehen waren. Zum Anschluß von n Gebäuden an einem Kabelstrang wurden also mindestens 2n+4 Fasern benötigt.

2.3 Trassenführung

Grundlage für die Trassenführung der Glasfaserkabel ist ebenfalls die Topologie der auf den einzelnen Fasern betriebenen Netze, also die Überlagerung von Stern- und Ringstruktur. Für die Verlegung der Kabel wäre ein eigenes Leerrohrsystem wünschenswert gewesen, um die besonderen Gesichtspunkte von Datennetzen berücksichtigen zu können (Betriebssicherheit, Wartungsfreundlichkeit, Erweiterbarkeit). Dem standen jedoch Kostengründe entgegen, sodaß weitgehend auf vorhandene Rohre und Kanäle zurückgegriffen werden mußte.

Ein besonders günstiger Umstand ergab sich für die Universität dadurch, daß das Universitätsbauamt gegenwärtig auf dem Campus ein neues Kaltwasserrohrnetz verlegen läßt. Bei diesen Arbeiten, die sich über mehrere Jahre erstrecken, werden Rohrtrassen zu allen Gebäuden aufgegraben. Hierbei können ohne zusätzliche Tiefbaukosten Leerrohre für Datenleitungen (Telefon- und Glasfaserkabel) mitverlegt werden. Durch gegenseitige Abstimmung zwischen Rechenzentrum, Universitätsverwaltung und Universitätsbauamt wird sichergestellt, daß bereits in der Planungsphase die Anforderungen an die Datenleitungen (Trassenführung,

Anzahl der Leerrohre) mit den Arbeiten am Kaltwasserrrohrnetz koordiniert werden.

Für die Kabelführung hat sich folgender Trassenaufbau bewährt, wie er ähnlich auch bei Telefonkabeln anzutreffen ist (Bild 3): Die Verbindungen zwischen den Gebäuden werden durch vieladrige Außenkabel hergestellt. Diese enden in speziellen Verteilerräumen, die meist in den Kellergeschossen liegen, um die Länge der teuren Außenkabel kurz zu halten. Von dort führt ein einfacheres Innenkabel in einen zentralen Anwenderraum, in dem die optisch-elektrischen Wandler stehen. Die Weiterführung in andere Räume desselben Gebäudes kann von hier aus mit Kupferkabeln erfolgen. Die Verkabelung innerhalb eines Gebäudes wird übersichtlicher und die Wartung der aktiven Geräte einfacher, wenn alle Glasfaseranschlüsse des Gebäudes in einem einzigen Übergaberaum zusammengefaßt werden, was natürlich bei großen Gebäuden nicht ausschließt, daß es mehrere Räume dieser Art geben kann.

Das Verlegen der Außenkabel in Leerrohren (PVC-Rohre mit 100 mm Innendurchmesser) und auf Kabelpritschen bereitet gegenüber der üblichen Kabelverlegung keinerlei zusätzliche Schwierigkeiten, da Glasfaseraußenkabel dieselben mechanischen Eigenschaften haben wie andere Aussenkabel. Bei den Kabelschächten und Kabelkanälen für Innenraumkabel müssen allerdings großzügigere Krümmungsradien vorgesehen werden, um Knicke an scharfkantigen Übergängen zu vermeiden.

2.4   Kabelverzweigungstechnik

Für Verzweigungen von Glasfaserkabeln, d.h. für die Verbindung von Fasern eines Kabels mit den Fasern eines anderen Kabels, stehen im wesentlichen Spleiße und Stecker zur Verfügung [7].

Spleiße (stumpfes Verschweißen zweier glatter Faserenden) werden immer dann verwendet, wenn längs einer Kabeltrasse Übergänge zwischen Kabeln auf Dauer benötigt werden (z.B. Aufteilung eines Kabels auf mehrere Teilkabel, Übergang von Außen- auf Innenkabel). Mit automatischen Spleißgeräten (Preis: 25.000 - 50.000 DM) lassen sich Verbindungen mit geringer Durchgangsdämpfung (0,1 -0,5 dB) herstellen. Nach dem Verschweißen der Faserenden wird die Spleißstelle mit einem Spleißschutz versehen und in einer Spleißkassette mechanisch fixiert. Mehrere Spleißkassetten (je nach Anzahl der Faserbündel eines Kabels) werden in einer staub- und feuchtigkeitsdichten Muffe untergebracht, in der auch die eingeführten Kabelenden zur Zugentlastung befestigt werden.

Stecker werden, neben ihrem Einsatz zum Anschluß von Endgeräten an die Glasfasern, dann verwendet, wenn veränderliche Verbindungen in einem Kabelnetz benötigt werden. Hochwertige Verbindungsstecker (Durchgangsdämpfungen kleiner 1 dB) müssen im Werk an kurze einadrige Kabelstücke (Pigtails) vorkonfektioniert und diese an die Kabel in Aufteilmuffen angespleißt werden. Nimmt man höhere Dämpfungen in Kauf, können die Stecker auch vor Ort montiert werden. Durch das Zusammenstecken von zwei Fasern über eine Kupplung kann jede Verbindung schnell und reproduzierbar geschaltet werden. Eine solche Steckeranlage muß in einer staub- und feuchtigkeitsgeschützten Umgebung untergebracht werden und leicht zugänglich sein.

Um in der Gesamtkonfiguration des Netzes für Veränderungen aller Art offen zu sein, wurde wenigstens im Sternmittelpunkt (Rechenzentrumsgebäude) eine Steckeranlage installiert. Alle ankommenden Kabel wurden in 3 m lange Pigtails aufgeteilt und diese mit Steckern abgeschlossen. Als Steckertyp wurde ein 2,5 mm-Stecker nach DIN 47255 gewählt, den auch die Deutsche Bundespost in ihren Glasfaseranlagen verwendet. Die Steckeranlage ist in einem verschließbaren Stahlschrank untergebracht, in dem an zwei senkrechten Leisten insgesamt 52 Kupplungen montiert sind und außerdem genügend Stauraum für die Pigtails vorhanden ist. Alle Verbindungen sind übersichtlich angeordnet und in einer Beschaltungsliste dokumentiert.

An allen anderen Verzeigungsstellen wurden aus Kostengründen Spleiße verwendet. Für jede Veränderung an diesen Stellen muß eine Montagefirma mit einem Spleißgerät bestellt werden. Unsere konkrete Erfahrung hat gezeigt, daß selbst geschultes Personal Mühe hat, eine staub- und feuchtigkeitsdichte Muffe wieder zu öffnen und die darin untergebrachten Spleißverbindungen zu ändern. Bei einem Campusnetz kommen nicht nur häufig Veränderungen vor (z.B. durch Umzüge, Neuinstallationen, Umwidmungen u.ä.), sondern es muß auch aus Gründen der Betriebssicherheit möglich sein, beim Ausfall einer Teilstrecke das Netz in kurzer Zeit neu zu konfigurieren. Dies kann nur dadurch erfolgen, daß an weiteren ausgewählten Stellen im Campus Möglichkeiten für veränderliche Verbindungen vorgesehen werden.

2.5 Installation und Wartung der Endgeräte

Die Endgeräte für die bestehenden Punkt-zu-Punkt-Verbindungen wurden nach Möglichkeit mit vorhandenen Modems oder anderen Geräten zusammengefaßt, um die Überwachung und Wartung zu erleichtern. Während der zurückliegenden Betriebszeit von zwei Jahren ist kein einziger Defekt aufgetreten. Um bei Ausfall eines Endgeräts die Ausfallzeit des Netzes möglichst kurz zu halten, müssen Ersatzgeräte vorhanden sein. Dies läßt sich am leichtesten durchführen bei Geräten, die in Modulbauweise ausgeführt sind, da hier nur die Einschubkarten vorrätig gehalten werden müssen.

3. ZUKÜNFTIGE ENTWICKLUNGEN

Da die Verlegung von Kabeln eine langfristige Investition bedeutet, ist es angebracht, bei den aktuellen Entscheidungen auch einen Blick auf die zukünftigen Entwicklungen zu werfen. Hier sind einige wünschenswerte oder erkennbare Entwicklungen aufgeführt, ohne daß eine Aussage gemacht werden soll, ob und wann mit ihrer Realisierung zu rechnen ist.

Hardware:

* Flexiblere Anschlußtechnik, z.B. durch lösbare Spleiße [8], durch optische Schalter oder Koppelfelder [9]
* Wellenlängen-Multiplex-Technik zur mehrfachen Ausnutzung einer Faser. Für die Gradientenfaser würden wellenlängenabhängige Weichen (optische Filter) für die beiden Wellenlängenbereiche bei 850 nm und 1300 nm genügen. Echte Mehrfach-Übertragungen durch Modulation und Demodulation nach dem Superhet-Prinzip sind erst bei Monomode-Fasern zu erwarten [10].
* Höhere Datenraten über 1 Gbit/s, z.B. für Metropolitain Area Networks (MAN) [11]

Software:

* OSI-Gateways zwischen LANs mit Standard-Protokollen, z.B. Ethernet/Token-Ring-Gateway
* Netzwerk-Management-Programme auf der Basis des OSI-Modells (schichtenorientierte Steuerung [12])
* LAN-orientierte Protokolle in öffentlichen Netzen für höhere Datenraten als Datex-P.

LITERATUR

[1] Moustakas S., Goerne J.; IEEE 802.3 Draft Standard for the Fibre Optic Interrepeater Link: A Technical Description and Its Application in Fibre Optic CSMA/CD Active Star LANs; Proc. EFOC/LAN '86, Amsterdam, S. 136-139 (1986)

[2] Ludolf W. S., Schenkyr R.; Neue Möglichkeiten bei lokalen Netzen durch die Kombination von optischen und elektrischen Netzwerksegmenten; Datacom 4/86, S. 75-83 (1986)

[3] Danthine A.; A Backbone Wideband Network for LAN Interconnection; Proc. EFOC/LAN '86, Amsterdam, S. 266-273 (1986)

[4] Flatman A. V.; Progress With FDDI; Proc. EFOC/LAN '86, Amsterdam, S. 298-303 (1986)

[5] Stehle W.; Erfahrungen beim Aufbau des Glasfasernetzes der Universität Karlsruhe; Rechenzentrum, Universität Karlsruhe, Interner Bericht N4/86 (April 1986)

[6] Waudig D.; Rechnerunterstützte Verwaltung lokaler Datennetze; cak Comp. Anw. Univ. Karlsruhe 2, S. 46-50 (Juli 1986)

[7] Hillerich B. u.a.; Passive Komponenten für faseroptische Systeme; ntz Nachr.-techn. Z. 39, S. 472-483 (1986)

[8] Finzel L., Steinmann P.; Lösbare Mehrfach-Spleißverbinder für Lichtwellenleiter; telcom report 9, S. 289-292 (1986)

[9]   Böttle D.,   Klein M.;   Ein Koppelfeldbaustein für 140 Mbit/s in
      CMOS-Technologie; ntz Nachr.-techn. Z. 39, S. 312-316 (1986)

[10] Braun R.-P., Ludwig R., Molt R.;   Kohärente optische Zehnkanal-
      Übertragung mit optischen Wanderwellenverstärkern; ntz Nachr.-
      techn. Z. 39, S. 804-808 (1986)

[11] Lange P.;   BERKOM - Berlin erprobt die Breitband-Kommunikation;
      Elektronik 5, S.129-133 (7.3.1986)

[12] Danthine A., Hauzeur B.; Management of a Backbone Wideband Net-
      work for LAN Interconnection; in: Cabanel J. P., Pujolle G.,
      Danthine A. (eds.); Local Communication Systems: LAN and PBX;
      Amsterdam, Elsevier Science Publ. (North Holland), 1987

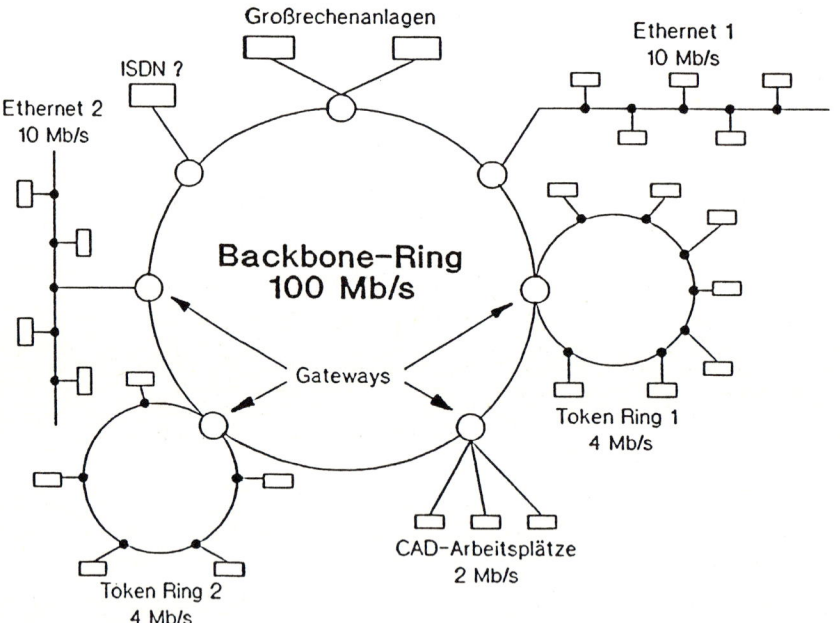

<u>Bild 1:</u>   Backbone-Struktur eines Universitätsnetzes

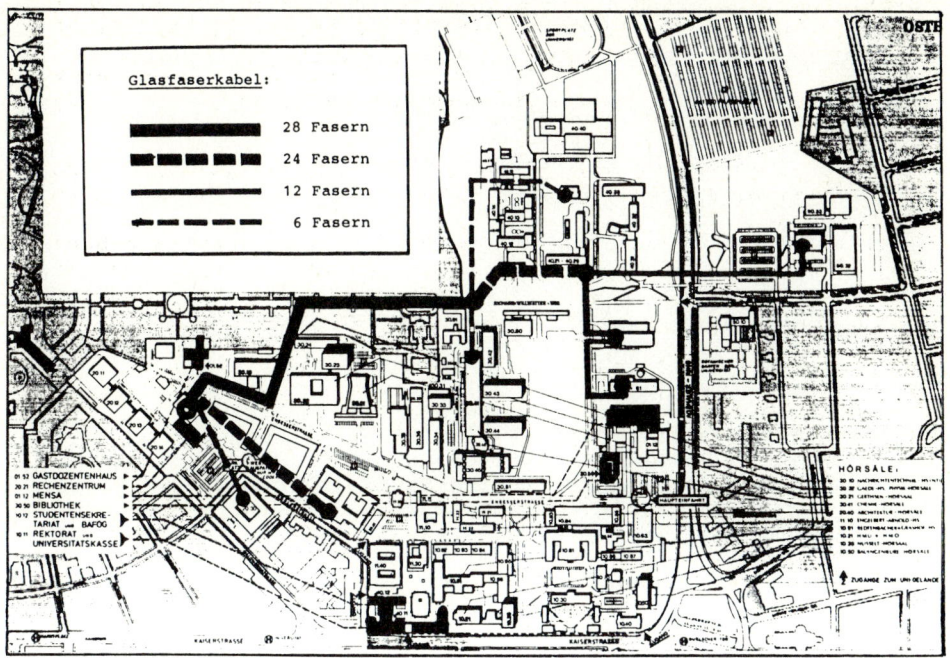

Bild 2: Trassenführung des Glasfasernetzes (Stand 1986)

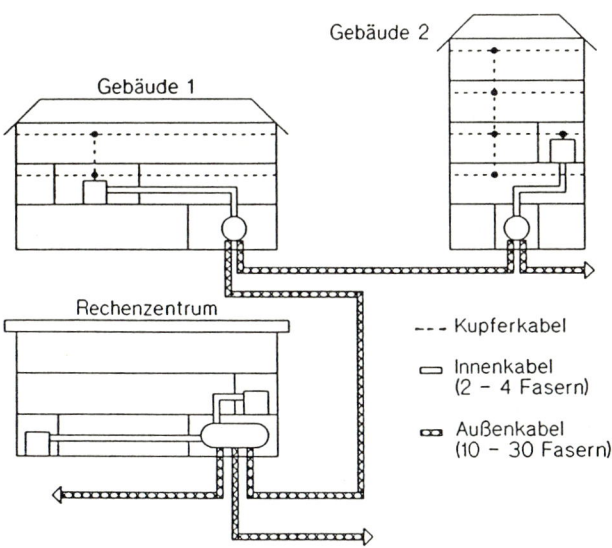

Bild 3: Trassenaufbau bei Glasfaserkabeln

Das Deutsche Forschungsnetz
Konzepte zur Integration schneller Kommunikationsdienste

Johannes Heigert
Deutsches Forschungsnetz
Zentrale Projektleitung

Zusammenfassung:

Das Deutsche Forschungsnetz (DFN) setzt in seiner Kommunikationsstruktur zur Zeit auf dem etablierten X.25 Protokoll auf und verwendet u.a. den Datex-P Dienst der Deutschen Bundespost und private X.25-Untervermittlungen. Mit der Einführung von ISDN und Hochgeschwindigkeits-Direktrufleitungen werden Möglichkeiten der schnelleren Datenkommunikation eröffnet. Damit ergibt sich für das DFN die Notwendigkeit, die bisherige Infrastruktur geeignet zu ergänzen. Dabei sind sehr komplexe Probleme sowohl technischer als auch organisatorischer Art zu lösen.

1. Das Deutsche Forschungsnetz

Das Projekt Deutsches Forschungsnetz (DFN) hat zum Ziel, Nutzern aus dem Bereich der deutschen Wissenschaft eine geeignete Infrastruktur für die rechnergestützte Kommunikation bereitzustellen. Basis aller DFN-Entwicklungen sind die internationalen Standards und Vereinbarungen von ISO und CCITT, die gegebenenfalls durch nationale Festlegungen ergänzt werden (/1/, /2/).

Technisch wird das DFN durch Dienst- und Protokollfestlegungen definiert, welche die Art der Kommunikation der am DFN beteiligten Rechner beschreiben. Die folgenden Dienste werden dem Benutzer zur Zeit im Rahmen der Protokollgeneration 1 zur Verfügung gestellt:

- Dialogverkehr nach den X.3/X.28/X.29 Empfehlungen der CCITT.
- Filetransfer gemäß einer DFN-eigenen Zwischenlösung. Der Übergang zu ISO-konformem Filetransfer (FTAM) ist baldmöglichst geplant.
- Remote Job Entry (RJE): Auch hier wird mit einer DFN-speziellen Zwischenlösung gearbeitet bis ein ISO-Standard vorliegt.
- Message Handling (Elektronische Post) nach der Serie von X.400 Empfehlungen der CCITT.

Das Transportsystem für diese Dienste basiert auf den X.25 und T.70 (ISO Transport Class 0) Protokollen.

Zusätzliche Entwicklungen wurden angestoßen im Bereich graphische Kommunikation als einem wichtigen Anwendungsgebiet für die Rechnerkommunikation. Die folgende Abbildung gibt eine Zusammenfassung dieser DFN-Protokollarchitektur:

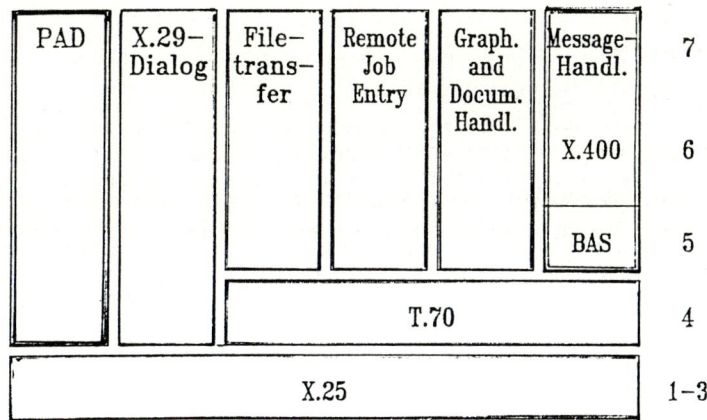

Abbildung 1: DFN-Protokollstruktur Generation 1

Der DFN-Verein betreibt derzeit kein eigenes Vermittlungsnetz. Diese Leistung wird u.a. durch den Datex-P Dienst der Deutschen Bundespost (DBP) erbracht. Dieses Netz wird an vielen Stellen durch X.25-Untervermittlungen im privaten Bereich erweitert. Als zusätzliche Verbindungen werden dort, wo dies aufgrund des Verkehrsaufkommens wirtschaftlich sinnvoll ist, Direktruf- (HfD-) Leitungen eingesetzt, auf denen ebenfalls X.25 Protokolle verwendet werden. Das Betriebskonzept des DFN sieht als ein Grundkonzept eine möglichst verursacherorientierte Abrechnung für alle Kostenarten auf bilateraler Basis zwischen Nutzer und Anbieter vor (/3/). Für die Übertragungskosten ist dies unproblematisch, da sie den Nutzern (Kostenverursachern) von der DBP für die Datex-Dienste direkt in Rechnung gestellt werden.

Als Alternative zu dieser technischen und organisatorischen Struktur des Vermittlungsdienstes wurde auch die Möglichkeit des Aufbaus und Betriebs eines DFN-eigenen Vermittlungsnetzes auf Basis von Direktrufleitungen und vom DFN betriebenen Vermittlungsknoten untersucht

(/4/). Es stellt sich dabei heraus, daß ein solches DFN-Netz zur Zeit aus rechtlichen, organisatorischen, technischen und wirtschaftlichen Gründen nicht gerechtfertigt werden kann.

Das Datex-P Netz der DBP wird zur Zeit ausgebaut und wird deshalb bis mindestens Mitte der neunziger Jahre zur Verfügung stehen. Es kann also für diesen Zeitraum als DFN-"Basisnetz", das die Erreichbarkeit jedes Teilnehmers gewährleistet, eingesetzt werden. Die Einführung von neuen Kommunikationsdiensten wie mit ISDN angeboten bzw. von neuen Übertragungsqualitäten wie sehr schnellen HfD-Leitungen bedingen jedoch neue Überlegungen. Es ist zu untersuchen, wieweit und in welcher Weise diese neuen Kommunikationsmöglichkeiten in die skizzierte Struktur des DFN integriert werden können. Eine solche Integration kann einerseits Auswirkungen auf die Protokollarchitektur des DFN haben und andererseits eine Reihe von betrieblichen und organisatorischen Implikationen mit sich bringen. Hierfür müssen rechtzeitig Lösungsmöglichkeiten gesucht und in die Wege geleitet werden.

Es ist anzustreben, daß der Übergang zu höheren Übertragungsgeschwindigkeiten und anderen Übertragungstechniken für die bisherige DFN-Protokollarchitektur möglichst wenig Änderungen mit sich bringt. Insbesondere sollten die oberen, anwendungsbezogenen Schichten der DFN-Protokolle unverändert beibehalten werden. Dies schließt jedoch nicht aus, daß durch neuartige Anwendungen, die auf der Basis schneller Datenkommunikation erst möglich werden, zusätzliche Dienste und Protokolle auf den oberen Ebenen des Referenzmodells zu entwickeln sind. Dabei ist z.B. über die "klassische" Punkt-zu-Punkt-Kommunikation hinaus an die Konzeption und Realisierung verteilter Anwendersysteme zu denken.

2.   Schnelle Datenkommunikation

Innerhalb des DFN werden zur Zeit in den meisten Fällen X.25-Anschlüsse im Geschwindigkeitsbereich 2.4 - 19.2 Kbit/s genutzt. Unter schneller Datenkommunikation sei im folgenden Kommunikation im Bereich 64 Kbit/s - 2 Mbit/s verstanden. Dienste in diesem Geschwindigkeitsbereich werden von der DBP seit kurzem angeboten bzw. sind in naher Zukunft zu erwarten.

Gründe für den Einsatz schneller Datenkommunikation im Wissenschaftsbereich seien im folgenden kurz zusammengestellt:

- Konzentration von Verkehr zur Kosteneinsparung:

  Multiplexing mehrerer langsamer Verbindungen einer höheren
  Kommunikationsschicht auf einer schnellen Verbindung einer
  niederen Schicht führt als bewährtes technisches Prinzip zu
  Einsparungen bei Anschluß- und Verkabelungskosten und - wie
  oben angedeutet - bei Tarifen.

- Verbesserung existierender Anwendungen:

  Anwendungen, die den Transport großer Datenmengen einschlies-
  sen, können wesentlich beschleunigt bzw. in Extremfällen erst
  sinnvoll ermöglicht werden. Besonders wichtig ist dieser Aspekt bei der Versorgung von Vektorrechnern im Zusammenhang
  mit der wachsenden Zahl graphischer Workstations. Das Abset-
  zen von Aufträgen und die Sammlung sowie Aufbereitung von Er-
  gebnissen benötigt die Dienste RJE, File-Transfer und graphische Kommunikation mit jeweils großen Datenmengen.

- Neue Anwendungen:

  Aufsetzend auf schneller Datenübertragung werden sich auch
  überregional neuartige Anwendungen ergeben. Solche Anwendungen sind durch Transport großer Datenmengen und/oder schnelle
  Reaktionszeit gekennzeichnet. Beispiele sind verteilte CAD-
  Systeme, welche die Speicherung umfangreicher Konstruktions-
  daten sowie aufwendige Berechnungen auf einem Großrechner
  durchführen, während die graphische Aufbereitung und Interaktion auf lokalen Workstations stattfindet. Auch für den
  Zugriff auf Bilddatenbanken z.B. in Medizin und Geowissen-
  schaften sowie die Fernsteuerung aufwendiger, datenintensiver
  Experimente (Chemie, Physik) kann schnelle Kommunikations-
  fähigkeit unabdingbar sein.

3.　　　　ISDN

Die flächendeckende Einführung von ISDN (Integrated Services Digital Network, /5/) ist für den Bereich der DBP für den Zeitraum von 1988 bis 1993 geplant. Der ISDN-Endteilnehmer erhält mit der So-Schnittstelle einen einheitlichen Anschlußpunkt mit zwei Basiskanälen mit je 64 Kbit/s Übertragungsrate (B-Kanäle) sowie einem Signalisierungskanal mit 16 Kbit/s (D-Kanal).

Der Schwerpunkt der momentan erkennbaren Planungen der DBP liegt in der schrittweisen Übernahme des analogen Fernsprechdienstes durch ISDN. Die Tarifierung von ISDN wird sich daher eng an den Fernsprechgebühren orientieren. Daraus läßt sich schon jetzt erkennen, daß für die Übertragung großer Datenmengen erhebliche Kosteneinsparungen im Vergleich zu den bisherigen Alternativen (Datex-P, HfD, bei den bisherigen Tarifen) möglich sein werden. Andererseits ist die zeitabhängige Tarifstruktur von ISDN für den typischen Dialogverkehr (wenig Datenvolumen, lange Zeitdauer) im Fernbereich sehr ungünstig.

Der Einsatz von ISDN im DFN ist in zwei Formen denkbar: Einmal die Ausnutzung von ISDN-Wählverbindungen zur Punkt-zu-Punkt Kommunikation und andererseits der Einsatz von mit ISDN integrierter Paketvermittlung.

ISDN-Wählverbindungen erlauben Punkt-zu-Punkt Datenkommunikation mit 64 Kbit/s Übertragungsrate. Die Endgeräte sind dabei direkt an die So-Schnittstelle angeschlossen oder indirekt über sog. Terminaladapter (TA) mit konventioneller Schnittstelle (z.B. X.21). Alternativ zu den ISDN-Wählverbindungen können in geeigneten Fällen auch ISDN-Festverbindungen ("semipermanente" Verbindungen) geschaltet werden.

Im Rahmen der ISDN-Festlegungen von CCITT und DBP sind die Protokolle für Verbindungsauf- und -abbau bis zur Vermittlungsschicht definiert. Für die Übertragungsphase einer ISDN-Datenübermittlungsverbindung ist nur die Bitübertragungsschicht festgelegt. Darüber können beliebige Protokolle eingesetzt werden. Dies bedeutet für das DFN, daß die bisherige Protokollarchitektur ab Schicht 2 im wesentlichen beibehalten werden kann (siehe Abbildung 1). Geringe Modifikationen sind für Adressierung, Verbindungsauf/abbau etc. im ISDN-Kontext notwendig.

Die CCITT hat in ihrer Empfehlung X.31 bereits Vorstellungen entwickelt, wie paketorientierte Endgeräte mit X.25 Schnittstelle in
ISDN integriert werden können (/5/). Bei der sog. "Maximalintegration" geschieht die Paketvermittlung in den ISDN-Vermittlungsstellen
parallel zur normalen Leitungsvermittlung. Der Teilnehmerzugang kann
dabei entweder über den B-Kanal mit 64 Kbit/s oder über den D-Kanal
(16 Kbit/s) abgewickelt werden. Die DBP wird die Maximalintegration
wohl erst Mitte der neunziger Jahre anbieten. Bei "Minimalintegration" wird nur ein Zugang zu einem gesonderten Paketvermittlungsnetz
(in unserem Falle Datex-P) über einen B-Kanal angeboten. X.25-fähige
Endgeräte sind in diesem Falle über einen Terminaladapter TA-X.25 an
die So-Schnittstelle angeschlossen. Auf diese Weise ist auch gewährleistet, daß Teilnehmer mit ISDN-Anschluß und Teilnehmer mit Datex-P-
Anschluß miteinander kommunizieren können. Minimalintegration ist von
der DBP ab Ende 1988 vorgesehen (/6/).

Wegen der erst im Laufe der Zeit flächendeckenden Verfügbarkeit von
ISDN und aus Migrationsüberlegungen heraus wird das DFN vorläufig auf
Datex-P als wesentliche Komponente im X.25-DFN-"Netz" nicht verzichten können. Aus dem Gesagten ergibt sich jedoch, daß für das DFN ein
sanfter Übergang zu ISDN möglich ist. So wie im DFN zur Zeit "parallel" zu Datex-P einzelne HfD-Strecken eingesetzt werden, wird es in
Zukunft zusätzliche ISDN-Wähl- oder Festverbindungen geben. Alle
bisherigen Aussagen der DBP zur Tarifierung von ISDN lassen erwarten,
daß die Gebühren von Festverbindungen denen von Wählverbindungen
immer mehr angeglichen werden. Dies wird erreicht, indem auch für
Festverbindungen ein zeitabhängiger Tarif gültig sein wird (/6/).
Daraus ergibt sich für das DFN, daß der Aufbau eines DFN-Vermittlungs-
netzes auf Basis von ISDN-Festverbindungen und mit vom DFN betriebenen Vermittlungsknoten keinerlei Kostenvorteile gegenüber der Benutzung des ISDN-Wählnetzes haben wird.

4.   Schnelle Direktruf-Leitungen und lokale Netzwerke

Wie bereits erwähnt, bedeutet die Einführung von 64 Kbit/s-Diensten
(ISDN, HfD-Leitungen) gegenüber der jetzigen Situation im DFN bereits
eine signifikante Effizienzsteigerung bei günstigen Kosten. Erst
durch den Einsatz von 2 Mbit/s-Verbindungen werden jedoch auch im
überregionalen Bereich Übertragungsraten möglich, die bisher nur im
Bereich der lokalen Netze (LAN) zur Verfügung standen. Die DBP stellt
seit kurzem 2 Mbit/s (genauer 1.92 Mbit/s) Direktrufleitungen zur

Verfügung. Deren Tarife sind entfernungs- und (zumindest in der Absicht) zeitabhängig und sind degressiv gestaltet: Nach der aktuellen Gebührenordnung kosten 2 Mbit/s-HfD-Leitungen bei 200-facher Kapazität nur das ca. 24-fache von HfD-Leitungen mit 9.6 Kbit/s. Falls die Kapazität einer solchen schnellen Leitung ausgenutzt werden kann, ist diese Tarifstruktur recht attraktiv. In absoluten Zahlen ausgedrückt sind die Gebühren für den Fernbereich jedoch sehr hoch: Eine Direktrufleitung mit 2 Mbit/s und 167 km Länge kostet ca. 130000.- DM/Monat (120 Std Nutzungsdauer).

Bei den Infrastruktur-Planungen der wissenschaftlichen Rechenzentren steht die Interkonnektion von LAN's mittels schnellen HfD-Leitungen im Mittelpunkt des Interesses. Die Übertragungs- und Anschlußtechnologie von LAN's hat sich mittlerweile konsolidiert und neuartige Anwendungen, die schnelle Datenkommunikation nutzen, werden zunächst aus dem LAN-Bereich erwachsen. Es ist deshalb sinnvoll, diese lokal meist bereits vorhandene Struktur bei Bedarf auf den überregionalen Bereich auszudehnen. Allerdings steht dieser Einsatzform schneller Direktrufleitungen als Teil überregional verteilter LAN-Topologien zumindest für den Fernbereich die aktuelle Tarifierung der DBP, die von mindestens 80 Stunden Nutzungszeit pro Monat ausgeht, gegenüber. Bekanntlich können viele LAN-Architekturen ihre nominelle Übertragungskapazität nur zu wenigen Prozent nutzen. Eine effektive Nutzungszeit von 2 Prozent entspricht z.B. nur ca. 22 Stunden Nutzungszeit im Monat.

Die Grenzen zwischen lokaler und überregionaler Kommunikation, die sich bisher in der jeweiligen Protokollarchitektur widergespiegelt haben, werden mit dieser Entwicklung weiter verschwimmen. So wie bisher private X.25-Untervermittlungen das Datex-P Netz in den lokalen Bereich hin erweitert haben, werden zukünftig über schnelle Verbindungen verknüpfte LAN's sich überregional ausbreiten. Wegen dieser Tendenz, aber natürlich auch wegen der grundsätzlichen Bedeutung von LAN's ist die Integration von LAN's in das DFN notwendig.

Es hat sich mittlerweile für den LAN-Bereich ein klares ISO-konformes Protokollprofil durchgesetzt. Dieses Protokollprofil wird von verschiedenen Interessengruppen (ECMA, SPAG, MAP, TOP) vorgeschlagen und wurde kürzlich auch als Europäische Vornorm verabschiedet. Es sieht das ISO-Transportprotokoll Class 4 über einem verbindungslosen (gegebenenfalls leeren) Vermittlungsdienst vor. Aus Sicht des DFN ergibt sich damit die Notwendigkeit, neben der Paketvermittlung basierend auf X.25 nun auch (ebenfalls paketvermittelnde) Systeme mit dem LAN-Protokollprofil zu integrieren. Deshalb ist hier eine Erweiterung der bisherigen DFN-Protokollarchitektur vorgesehen (siehe Abbildung 2). Damit für die höheren Kommunikationsebenen die Unterschiede der verschiedenen darunterliegenden Transportsysteme verborgen bleiben, ist es sinnvoll, eine einheitliche Transportdienstschnittstelle vorzusehen. Um die Kommunikation zwischen Teilnehmern im LAN-Bereich (mit dem Class 4 Transportprotokoll) und Teilnehmern mit X.25/T.70 Anschluß zu ermöglichen, müssen geeignete Gatewaysysteme (Übergangs-rechner) entwickelt werden.

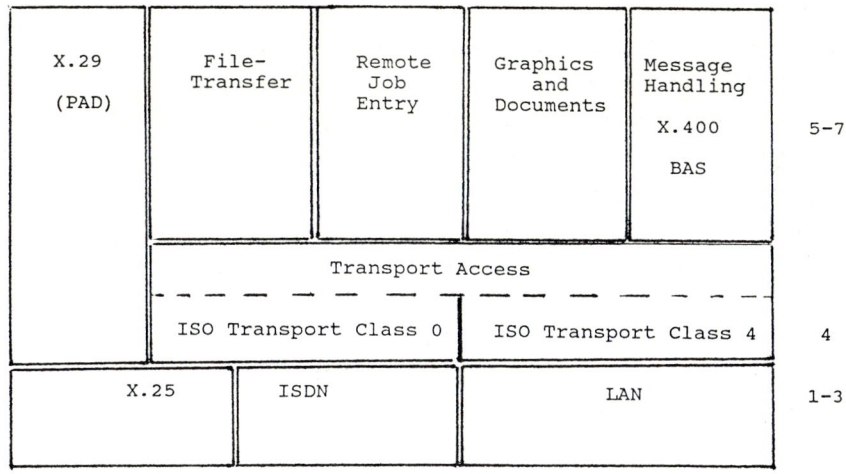

__Abbildung 2:__ Erweiterte DFN-Protokollarchitektur

Der Umfang des Bedarfs nach schneller Datenkommunikation ist bisher erst in Ansätzen erkennbar. Der DFN-Verein wird einige richtungs-weisende Pilotvorhaben in diesem Bereich beginnen, um sowohl von der technischen Seite als auch von den Anwendungen her entsprechende Erfahrungen zu gewinnen. Zunächst wird sich der Bedarf nach Daten-kommunikation im Hochgeschwindigkeitsbereich um die Vektorrechen-zentren konzentrieren. Dieser Bedarf kann vermutlich zunächst durch die Installation einzelner schneller Direktrufleitungen auf den am stärksten belasteten Strecken abgefangen werden. Sollte der Bedarf nach Datenkommunikation im Bereich 2 Mbit/s längerfristig deutlich ansteigen und flächendeckend verfügbar gemacht werden müssen, so wird sich die Frage nach einem eigenen DFN-Vermittlungsnetz ("DFN-Back-bone") basierend auf HfD-Leitungen unter neuen Vorzeichen stellen. Im Gegensatz zu den schmalbandigen Diensten bis 64 Kbit/s steht im Hochgeschwindigkeitsbereich bis zur Einführung des Breitband-ISDN kein alternatives Vermittlungsnetz der DBP zur Verfügung. Allerdings erscheint nach der aktuellen Gebührenstruktur ein weiträumiges Netz auf Basis von 2 Mbit/s Direktrufleitungen im Wissenschaftsbereich kaum finanzierbar.

Literaturverzeichnis

/1/   Jessen E.: Das Deutsche Forschungsnetz (DFN);
        In: Kommunikation in verteilten Systemen I; Informatik
        Fachberichte 95, Berlin Heidelberg, Springer, März 1985.

/2/   Bauerfeld W., Ullmann K.: Eine Idee wird realisiert;
        DFN-Mitteilungen, Heft 4, März 1986.

/3/   Truöl K.: Aufbau eines Deutschen Forschungsnetzes - Stand der
        Realisierungen und Konzepte zum Betrieb;
        GI Fachgespräch über Rechenzentren Kassel, Juni 1985.

/4/   Bauerfeld W., Wilhelm M.: Ein eigenes Netz für das DFN?;
        DFN-Mitteilungen, Heft 5, Juli 1985.

/5/   Bocker P.: ISDN - Das diensteintegrierte digitale
        Nachrichtennetz; Berlin Heidelberg, Springer, 1986.

/6/   Schön H.: ISDN und Ökonomie;
        In: ISDN und Telekommunikationsumfeld; Vorabdruck aus dem
        Jahrbuch der Deutschen Bundespost 1986.

ANSCHRIFTEN DER VERFASSER

Dr. Albrecht Achilles	Hochschulrechenzentrum Universität Münster Einsteinstraße 60, 4400 Münster
Prof. Albrecht Beutelspacher	Siemens AG, Zentralbereich Forschung und Technik, ZT ZTI SYS 413, Otto-Hahn-Ring 6, 8000 München 83
Peter Brandt	Siemens AG, Bereich Datentechnik, K D VS28 Otto-Hahn-Ring 6, 8000 München 83
Kurt Freudenthaler	Kraftwerk Union AG Hammersbacherstraße 12 + 14, 8520 Erlangen
Gerd Hartmann	IBM Deutschland GmbH, IS IZ Zentrales Information Center, Schwertstraße 58 - 60, 7032 Sindelfingen
Heinz G. Hain	Anstalt für Kommunale Datenverarbeitung in Bayern, Rechenzentrum, Herzogspitalstraße 24, 8000 München 15
Dr. Johannes Heigert	DFN-Verein, Zentrale Projektleitung Pariser Straße 44, 1000 Berlin 15
Horst Hessenauer	Kraftwerk Union AG Hammerbacherstraße 12 + 14, 8520 Erlangen
Frank Hoffmeister	Universität Dortmund, Fachbereich Informatik Postfach 500 500, 4600 Dortmund 50
Dr. David F. Ilten	Control Data GmbH Stresemannallee 30, 6000 Frankfurt/Main 70
Ida Kachel	Siemens AG, Bereich Datentechnik, K D VS 2811 Otto-Hahn-Ring 6, 8000 München 83
Hans von Koch	Siemens AG, Bereich Datentechnik, K D VMP 1322 Otto-Hahn-Ring 6, 8000 München 83
Dr. Hartmut Koke	Gesellschaft für wissenschaftliche Datenverarbeitung mbH Göttingen, Am Faßberg, 3400 Göttingen
Volkmar Krafft	DATEV e. G., Postfach 1815, 8500 Nürnberg 1
Detlev Kraft	Siemens AG, Bereich Datentechnik, D ST TZ 211 Otto-Hahn-Ring 6, 8000 München 83
Günter Lessing	Schloß Kellenberg, 5170 Jülich-Barmen
Thomas Luckenbach	Techn. Universität Berlin, Inst. f. Software u. Theore- tische Informatik, Franklinstraße 28/29, 1000 Berlin 10
Michael Nilgens	IBM Deutschland GmbH, IS Datensicherung Pascalstraße 100, 7000 Stuttgart 80
Dr. Friedrich Roithmayr	EDV-Zentrum, Universität Linz, A-4040 Linz-Auhof
Wolfgang Stahl	Universität Hamburg, Fachbereich Informatik Bodenstedtstraße 16, 2000 Hamburg 50
Dr. Werner Stehle	Universität Karlsruhe, Rechenzentrum Zirkel 2, 7500 Karlsruhe
Dr. Clemens Stoffel	Orga-Soft GmbH, Weidacher Straße 26, 7024 Filderstadt 1
Dr, Eckart Weese	DR. WEESE & PARTNER, Domstraße 39, 5000 Köln 1
Günter Werner	Bayer. Hypotheken- und Wechselbank, Zentrale EDV-Anwen- dungsentwicklung, Arabellastraße 12, 8000 München 81